ERIC T. HANSEN

NÖRGELN!

Des Deutschen größte Lust

Unter Mitarbeit von
Astrid Ule

Fischer Taschenbuch Verlag

Originalausgabe
Erschienen im Fischer Taschenbuch Verlag,
einem Unternehmen der S. Fischer Verlag GmbH,
Frankfurt am Main, September 2010

© S. Fischer Verlag GmbH, Frankfurt am Main 2010
Satz: Pinkuin Satz und Datentechnik, Berlin
Druck und Bindung: Druckerei C. H. Beck, Nördlingen
Printed in Germany 2010
ISBN 978-3-596-17859-9

Für Oskar, Max und Fine, Ruby und Merve, Katharina, Moritz und Oskar, die in der besten aller möglichen Welten aufwachsen werden, auch wenn alle um sie herum ständig das Gegenteil behaupten. Hört nicht auf sie, meine kleinen Freunde, das sind Nörgler.

Inhalt

1. Willkommen in der wunderbaren Welt des Weh und Ach

Was ist Nörgeln und warum?

Seit der Mensch existiert – mindestens seitdem – isst er. Doch erst in den 1950er Jahren wurde an der Londoner Universität das Fach Ernährungswissenschaft gegründet. Schlafen tut der Mensch genauso lange, doch erst in den 1920ern Jahren haben Biologen begonnen, Schlaflabors einzurichten. Sex wurde sogar schon vor dem Menschen erfunden – die Sexualwissenschaft erst von Sigmund Freud.

Der Mensch nörgelt, seit er den Mund aufmacht, aber bis auf den heutigen Tag gibt es kein wissenschaftliches Fach, das sich mit Nörgelei befasst. Es scheint, dass wir wie immer am wenigsten über die Dinge wissen, die wir am liebsten tun.

Schon in meinem Buch *Planet Germany* habe ich beklagt, dass diese faszinierende menschliche Aktivität nicht wissenschaftlich erforscht wird. Damals habe ich eine Handvoll deutscher Universitäten angeschrieben, sie mögen bitte einen Lehrstuhl für Nörgelei einrichten und mich darauf sitzen lassen. Zwar hat sich bis jetzt kein Lehrstuhlsponsor gefunden, doch anscheinend hatte ich in ein Wespennest gestochen. Rein theoretisch waren sich alle einig: Die ehrwürdig Disziplin der Nörgelei braucht endlich eine eigene Wissenschaft.

Denn Nörgeln ist kein Privatvergnügen wie in der Nase bohren. Es ist das ursprüngliche Fundament der Gesellschaft und die heimliche Quelle der nationalen Identität. Es gibt jedem Deutschen einen Grund zu leben. Um es mit Descartes zu sagen: Ich nörgele, also bin ich.

Wenn die akademische Elite dieses Landes nicht den Mut hat,

9

jene dringend benötigte Wissenschaft zu begründen, muss ich es selbst tun. Mit diesem Buch lege ich unerschrocken und vorausschauend dafür den Grundstein.

Was genau ist Nörgeln?

Wäre ich nicht Autor dieses Buches, sondern ein Kritiker, dessen Aufgabe es ist, an diesem Buch herumzumäkeln, würde ich als Erstes irgendwas Grundsätzliches in Frage stellen, zum Beispiel die im Buch angewandte Definition von »Nörgeln« und sagen: *Der Autor habe sein Thema nicht ausreichend eingegrenzt.*

Diesem Kritiker will ich hiermit vorauseilend begegnen und mein Thema definieren. (Im Übrigen nennt man diese Art von Kritik, zuerst irgendwas Grundsätzliches in Frage zu stellen, »ablenkendes Nörgeln« – weil es gekonnt von der Tatsache ablenkt, dass dem Kritiker nichts Besseres eingefallen ist, oder auch »philologisches Nörgeln«, weil man das im ersten Proseminar an der Uni lernt.)

Es gibt viele Formen des Nörgelns, aber allen scheint die Ohnmacht zugrunde zu liegen: Man ist unfähig oder unwillens, etwas zu ändern, was einen nervt, und meckert in der Hoffnung, jemand anderes werde es richten. Nehmen wir zum Beispiel ein Kind, das im Supermarkt quengelt, weil es ein Eis will. Seien wir doch ehrlich: Es könnte ja auch arbeiten gehen, das notwendige Geld verdienen und dann zum Laden zurücklaufen und das Zeugs selber kaufen, aber es denkt nicht dran. Also nölt es rum.

Der Feuilletonautor, der seine Meinung weltgeschehenstechnisch für besonders wertvoll hält, könnte sich einer politischen Partei anschließen und dort versuchen, seine Ideen umzusetzen, doch doof ist er nun wieder auch nicht. Er weiß genau, seine Meinung ist zwar prächtig formuliert, aber sonst eher fragil, und sein hoch abstraktes Gedankengebäude könnte in der realen Welt schnell in Gefahr geraten, von anderen Ideengebern der Partei zu Staub zertreten zu werden. Also zieht er es gleich vor, zu nörgeln. Damit spart er sich eine Menge Energie.

Das sind nur die beiden Enden des Spektrums: Das primitive und das hochgebildete Nörgeln. Dazwischen bewegen sich die nörgelnden Eheleute und die jammernde Sekretärin, ebenso der schwankende Partygast, der spätnachts, leider ohne weibliche Begleitung, auf einen Bus wartet, der niemals kommt, und vor sich hin schimpft. All diese Nörgler haben eines gemeinsam: Sie sind momentan hilflos, ihre Situation zu ändern, müssen aber irgendwas tun, also machen sie den Mund auf, und raus kommt Jammern, Quengeln, Mosern, Maulen, Murren, Meckern, Wimmern, Winseln, Sticheln, Nerven, Kritteln, sich Beschweren, Klagen, Auseinanderpflücken, Kritisieren, Blocken, Mauern, Bremsen und Lamentieren.

Doch Nörgeln ist mehr als ein x-beliebiges Körpergeräusch, es ist auch eine emotional zutiefst befriedigende Lebensauffassung.

Es ist das Genießen der wohligen, inneren Hilflosigkeit; es ist das dem eigenen, herrlich winselnden Unterton Hinterherlauschen; es ist die erhebende Empörung, dass man es doch hätte besser machen können, wenn Frau Merkel nur auf einen gehört hätte. Es ist die schaudernde, erregende Angst: Wenn er nicht endlich anfängt, die Zahncremetube zuzumachen, werde ich ihn verlassen! Der Rausch der Verzweiflung: Aber habe ich den Mut dazu? Dann bin ich allein. Der kitzelnde Flirt mit dem Endgültigen: Da bringe ich mich lieber gleich um. Es ist das Martyrium aus dem Nichts, das aus dem stinknormalen Menschen einen Helden macht: Und was wird er wohl ohne mich anfangen? Er kann doch gar nicht für sich selber sorgen. Dann schraube ich die Tube lieber selber zu. Und morgen auch. Und übermorgen. Bald bin ich 30 Jahre mit diesem Arsch verheiratet – Jesus musste nur drei Tage leiden. Und am Ende ist Nörgeln auch die aufgewühlte Erotik des Unterwerfens – denn wenn man den Arsch, der zum 560sten-mal die Zahnpastatube nicht zumacht, nicht verlassen kann, so ist er doch der Stärkere geblieben – noch dazu ein Stärkerer mit verdammt gut gepflegtem Gebiss.

Es ist wie eine Achterbahn der Gefühle, eine Seifenoper, in der man selbst der Hauptdarsteller ist. Nörgeln ist ganz großes Kino, das man lebt, und bedenken Sie: Heute kostet eine Kinokarte mindestens acht Euro – das bisschen Nörgeln kostet nur Nerven.

Ich schätze mich jeden Tag glücklich, dass ich als ausgewanderter Amerikaner in einem Land leben darf, wo das Nörgeln wie ein feiner Wein geschätzt wird, wo alle seine Ausformungen, vom simplen Quengeln über praktisches Schimpfen bis hin zur abstrakten Kulturkritik, wie Jahrgänge und Rebsorten erkannt, diskutiert und zelebriert werden:

Jammern klingt wie süffiges, schmatzendes, vollmundiges Ur-Nörgeln;

Maulen riecht nach muffigem, einfallslosem Maulwurfs-gemurmel;

Kritisieren erzeugt ein scharfkantiges, frisch-spritziges, mitunter herbes Nörgeln;

Quengeln dagegen ist ein kindlich-unschuldiges, zielloses, nicht ausgereiftes Nörgeln;

Mosern macht auf naseweises, kritteliges Nörgeln, das Kopfschmerz verursachen kann;

Herumkritteln ist schlecht komponiertes Reste-Nörgeln mit pelzigem Nachgeschmack;

Bedenkentragen ist nörgeln in Bandwurmsätzen, Bremsen ist nörgeln in die Tat umgesetzt, Schadenfreude ist nörgeln im Nachhinein, und Wimmern ist nörgeln ohne Worte.

Hierzulande weiß man auch ganz genau, zu welchem Anlass welche Nörgeltechnik am effektivsten einzusetzen ist:

Will man jemanden in die Fresse hauen, bringt aber nicht das dazu notwendige Adrenalin auf und sagt ihm stattdessen »endlich mal die Wahrheit«, ist das Kampfquengeln;

diskutiert man mit den Kollegen rege, witzig und fasziniert in der Kaffeeküche, im Flur, in der Kantine, auf dem Klo, handelt es sich um Büro-Beckmessern;

plärrt man ständig über Politik, hat aber das Problem, dass einem keiner zuhört, weil die Kritik weder neu, aussagekräftig noch besonders witzig ist, macht dies aber auf einer Bühne, dann ist das politisches Kabarett;

will ein Politiker im fünftreichsten Land der Welt, in dem die soziale Absicherung besser ist als in 99 Prozent aller anderen Länder, mit ernsthafter Miene vor zunehmender sozialer Kälte warnen, handelt es sich um Wählerfang-Lamento;

bringt der *Spiegel* die erfreulichen Nachricht, dass der NPD die Wähler davonrennen, und versieht sie mit der Furcht erregenden Überschrift, die lautet: »NPD kann auf rechtsextreme Stammwähler bauen!«, ist das eine wirtschaftlich sinnvolle Nörgelei, die auf Ihre 3,80 Euro abzielt;

flattert ein Schreiben vom Finanzamt ins Haus, in dem das Wort »Pfändung« mehrmals auftaucht, ist das eine peinliche, hirnverbrannte, primitive Korinthenkacker-Besserwisserei, und ich will es nicht mehr sehen.

Aber: Wenn ein Autor ein Buch über das Nörgeln schreibt, ist das natürlich ganz was anderes.

Die allererste Äußerung aus dem Munde eines Neugeborenen ist lautes Nörgeln. Wie sonst wollen Sie das herzhafte Geschrei eines Säuglings interpretieren? Könnten wir das erste, enthemmte Ur-Wort eines frisch gebackenen Babys verstehen, würden wir ganz sicher feststellen, dass es sowas ausdrücken will wie: »Was soll der Scheiß? Was seid ihr für Typen überhaupt?« Und das immer wieder, bis die Eltern an den Rand der Verzweiflung getrieben werden.

Nicht nur der Mensch nörgelt. Auch Tiere tun es.

»Im Wesentlichen geht es beim Nörgeln um das Wiederholen

eines Wunsches oder einer Beschwerde, immer wieder«, sagte die Amerikanerin Amy Sullivan, als ich sie telefonisch ausfindig machte, um sie zum Thema zu befragen. Sullivan ist nicht nur Tiertrainerin und Autorin, sie ist auch leidenschaftliche Nörgelforscherin – davon später mehr. »Eine Katze streicht Ihnen immer wieder um die Beine; ein Hund winselt und japst und springt so lange, bis er bekommt, was er will. Der ausschlaggebende Unterschied ist: Tiere leben nur im Moment, also nörgeln sie auch nur über aktuelle Anliegen. Haben sie gerade Hunger, nörgeln sie nach Essen. Menschen dagegen denken vorausschauend. Einer Ehefrau könnte beim morgendlichen Kaffeeschlürfen einfallen, dass es nett wäre, wenn ihr Mann das nächste Mal nichts daneben kippt, wenn er den Müll rausbringt. Dann kommt er ahnungslos in die Küche und kriegt mir nichts, dir nichts was zu hören.«

Doch ob Tiere nicht doch abstrakt nörgeln können, ist eine andere Frage.

Ich lebe mit einer Katze zusammen, die sehr genau weiß, was sie will. Eines Tages wollte sie gerade zu ihrem täglichen Streifzug nach draußen aufbrechen, als sie feststellen musste, dass es regnete. Sie streckte eine Pfote in den Garten, die wurde nass und sie zog sie wieder herein. Sie setzte sich auf die Türschwelle. Der Regen ließ nicht nach. Ihr Fell zuckte, ihr Schwanz peitschte. Endlich gab sie auf und kam wieder in die Wohnung herein. Ihre Augen waren nur noch Schlitze, ihr Kiefer hing leicht herunter.

Nun war es so, dass sie vor einigen Monaten Mutter geworden war, und ihre Kätzchen waren für jede Aufmerksamkeit dankbar, die sie von ihr bekamen. An diesem Tag beobachteten sie alles genau, was die Mami tat, und machten sich womöglich Hoffnungen, sie würde jetzt, wo sie nicht raus konnte, mit ihnen spielen. Als Mama auf sie zukam, blickten sie ihr erwartungsvoll mit großen Augen entgegen. Doch ihre Mutter ging, ohne den Nachwuchs auch nur eines Blickes zu würdigen, schnurstracks an ihnen vorbei. Als sie fast schon aus dem Blickfeld war, versetzte sie jedem der beiden wie nebenbei schnell noch eine saftige Ohrfeige: Zack! Zack! Dann schlenderte sie weiter ins nächste Zimmer, ließ sich auf ein Kissen fallen und starrte an die Wand.

Selbst Gott nörgelt gern. Oder was soll man sonst von den Zehn Geboten halten? »Du sollst dies nicht, du sollst das nicht«. Oh Mann, immer nur negativ, immer nur Verbote, darf ich denn gar keinen Spaß haben? Weiß Gott denn nicht, wie das bremst? Wie wäre es mal mit der Kraft des positiven Denkens? Das ist doch kein Leben.

Und was soll das mit dem »Du sollst keine anderen Götter neben mir haben«? Stellen Sie sich mal vor, Ihr neuer Freund würde Ihnen kaum, dass sie sich kennengelernt haben, mit so was kommen. Da würden Sie ihm doch eine Standpauke über krankhafte Selbstüberschätzung halten, dass ihm Hören und Sehen vergeht.

Nicht nur Menschen und Tiere, auch Dinge können nörgeln. Als überzeugter Cowboystiefelträger kann ich Ihnen das aus eigener Erfahrung versichern. Eine Socke, die sich in einem Stiefel allmählich und zielstrebig im Laufe eines Abends Richtung Zehen gearbeitet hat, nörgelt mit jedem Schritt ihr Herrchen an, er möge doch bitte den Stiefel aus- und die Socke hochziehen. Und sie hört den ganze Abend nicht auf zu nerven, obwohl sie ganz genau weiß, ihr Herrchen steht gerade in einem großen Raum, mitten unter Leuten, die gutes Geld bezahlt haben, ihn aus seinem Buch lesen zu hören, und er kann den Stiefel nicht ausziehen.

Nörgeln funktioniert sogar ohne Worte.

»Bei uns in der Beziehung ist es ein bisschen anders als bei den meisten Paaren«, gestand mir die Journalistin Wiebke M., als wir uns im Restaurant Seidls zu einem Bierchen und einem zwanglosen Gespräch über das Nörgeln trafen – ein Thema, das uns beide brennend interessiert. »Jürgen ist derjenige, der zu Hause Ordnung braucht. Mir ist die Seele wichtiger als Ordnung. In unserer Beziehung war das lange ein Problem. Er hat mich immer wieder angemäkelt, ich solle aufräumen. Mit der Zeit haben wir uns beide ein wenig angenähert. Ich tue mein Bestes, und er wirft mir keine Schlampigkeit mehr vor.«

»Ich erziehe sie nicht mehr«, warf Jürgen stolz ein. »Ich habe mich damit abgefunden, ich sage kein Wort mehr, es stört mich auch nicht.«

»Nun ist es so, dass Jürgen früher aufsteht als ich«, fuhr Wiebke fort, »und er macht Kaffee und ist so lieb, dass er mir den dann ans Bett bringt. Am Bett habe ich einen kleinen weißen Nachttisch. Da liegen meine Uhr, meine Brille und ein Buch drauf. Und hin und wieder mehr. Ein Nachttisch wird halt manchmal unordentlich. Er sagt aber nichts. Demonstrativ nichts. Er bringt mir morgens den Kaffee ans Bett, ich höre ihn kommen, er schaut auf den Tisch und steht nur da, ohne die Tasse abzusetzen. Ohne ein Wort. Nur ein paar Sekunden, aber ich weiß sofort Bescheid.«

Glauben Sie nicht, dass nörgeln nichts bewirkt. Wenn ein Paar zum Therapeuten geht, muss es oft hören, dass solch ein Verhalten in einer Beziehung »unproduktiv« sei und niemals das erwünschte Ziel erreicht. So wollen sie unschuldigen Paaren das Rummäkeln austreiben. Hören Sie nicht auf Sie! Denken Sie lieber an Cato den Älteren, der in Rom, 150 Jahre vor Christus, in jeder, aber wirklich jeder Senatssitzung seine Reden, egal, worum es eigentlich ging, mit den Worten beendete: *Ceterum censeo Carthaginem esse delendam* (Im Übrigen bin ich der Meinung, dass Karthago zerstört werden muss). Endlich hielt der Senat die fortgesetzte Krittelei nicht mehr aus, und Karthago wurde zerstört. Folgenreicher kann Nörgelei gar nicht sein. Merken Sie sich das für Ihre nächste paartherapeutische Sitzung.

Im Gegensatz zu Sehkraft, sexueller Leistung und den Fähigkeiten von Telekommunikationsfirmen, die ihre Dienste billig anbieten, entwickelt sich das Nörgeln immer weiter, je älter wir werden. In einer Langzeitstudie hat das Institut für Sozialforschung an der Universität Michigan 800 Menschen zu ihren Lebenspartnern befragt. Das Ergebnis: Je älter sie waren, desto schlimmer fanden sie ihren Lebenspartner, und desto ungehemmter teilten sie das dem anderen auch mit, dem Arsch. »Je älter man wird und je mehr man sich aneinander gewöhnt, umso besser sind wir in der Lage, uns gegenseitig mitzuteilen, was wir empfinden«, erläuterte Kira Birditt, Leiterin der Studie, diesen Tatbestand.

Ulrike A., Dokumentarfilmerin und Nörgelforscherin mit ungewöhnlicher Beobachtungsgabe, hat solch ein glückliches älteres Paar ausfindig gemacht, und mir bei einem gemütlichen Abend davon berichtet:

»Die Eltern meiner Freundin Kerstin freuen sich richtig, wenn Besuch kommt«, sagte sie, »weil sie dann wieder einmal öffentlich übereinander herziehen können. Sie lieben es vor Publikum, das ist noch viel besser als alleine. Sie brauchen das Gezänk wie die Luft zum Atmen. Und es geht nur unter die Gürtellinie. Er macht ihr klar, sie sei dumm und schusselig. Sie hält dagegen, er sei cholerisch und fett, und sie habe ihre besten Jahre als Dekoration an seiner Seite verschwendet. Ihre Bomben schießen sie mit besonderer Treffsicherheit aus dem Hinterhalt ab, und der Gegenschlag tut immer weh. Das ist so eine Familie, die ihre Befriedigung in der Herabsetzung sucht. Ihr Sinn für Humor ist es, im Beisein anderer den Partner gnadenlos runterzumachen. Sie kommen aus dem gehobenen Mittelstand und halten sich für ausgesprochen kultiviert, doch ihre ganze Kultur besteht nur aus Spott.«

Nörgeln kann sogar eine Waffe sein, die karateartig einen ganz gewöhnlichen Menschen in eine Kampfmaschine verwandelt.

»Ich war mal nachts mit meinem Freund unterwegs in Frankfurt am Main, es war schon spät und wir gingen zu Fuß zu seiner Wohnung, die mitten in der Fußgängerzone lag«, erzählte meine Freundin Ute A., Lektorin und langjähriger Nörgelfan, als wir uns zu einem Milchkaffee bei ihrem Lieblingsitaliener in der Kolonnenstraße in Berlin trafen. »Wir liefen eine ganze Weile durch dunkle, völlig ausgestorbene Geschäftsstraßen. Es war gespenstisch. Meine Absätze klackten auf dem Pflaster, das war das einzige Geräusch weit und breit. Doch auf einmal waren da andere Schritte. Hinter uns liefen zwei Typen, die plötzlich aus dem Nichts aufgetaucht waren. Ich guckte mich verstohlen um und wurde nervös. Das waren athletische Amis, GIs, sie waren beide etwa einen Kopf größer als mein Freund, sie waren besoffen und sahen aus, als hätten sie kein Geld, aber Lust auf Ärger. Wir versuchten, uns extra normal zu benehmen und diskutierten zwanglos weiter. Die Typen aber kamen zügig immer näher, bis ich schon fast ihren Atem im Nacken spüren konnte. Ich weiß nicht, wie groß die Gefahr war, was sie wirklich vorhatten, aber sie wollten uns auf jeden Fall herausfordern. Sie liefen direkt hinter uns her in der menschenleeren Fußgängerzone, machten Sprüche über uns und wollten uns provozieren. Und mein Freund, der mir noch vor einer Woche angeboten hatte, als mich jemand auf der Tanzfläche anrempelte: ›Soll ich den für dich verprügeln?‹ – genau der guckte mich jetzt nur mit großen Augen an. Irgendwann wurde mir das zu blöd. Ich konnte es nicht mit den Typen aufnehmen, hatte keine Ahnung, was ich sagen sollte, um die Situation zu deeskalieren, aber mich herzhaft beschweren – wie das geht, wusste ich. Ich blieb mitten im Laufen so abrupt stehen, dass der Kerl, der hinter mir ging, direkt in mich reinlatschte. Er trat mir auf die Sandale, und ich drehte mich um und zeterte: ›Kannst du nicht aufpassen, du Depp? Was soll das, mir auf den Schuh zu treten? Also wirklich, unerhört, mein guter Schuh!‹ Ich machte einen Riesenaufstand, ganz laut, es hallte durch die Fußgängerzone. Ich kanzelte ihn völlig ab, aber nur wegen der Schuhe, als ob wir in einer Schlange bei Aldi stünden, und er war so aus dem Konzept gebracht, dass er sich wortreich entschuldigte und sich mit seinem Freund in die nächste Nebenstraße verdrückte.«

Es gibt Menschen da draußen, die sind Nörgeleien in Menschengestalt.

Sie nörgeln nicht um des Nörgelns willen. Sie sind raffinierter. Sie wissen, welche Schuhe von welchen Kindern in welchen Ländern genäht werden; was die Bezeichnungen für die Zusatzstoffe in Nahrungsmitteln bedeuten; welche Indianerstämme in Brasilien wie viel weniger Fisch fangen, weil Sie Alufolie gekauft haben. Sie sind nett, sie sind freundlich, sie sind höflich, aber sie geben Ihnen die Hand und es friert Sie; sie lächeln und Sie fragen sich, was Sie im Leben falsch machen; sie sagen Ihnen, »das macht nichts, sei einfach du selbst«, und Sie wollen von der nächsten Brücke springen.

»Ein Alt-68er-Kollege von mir hat kürzlich eine Iranerin geheiratet«, berichtete Käthe C., Zeitungsredakteurin aus Hamburg, »und seitdem sagt er, er würde nie einen Fuß auf israelischen Boden setzen. In den Iran zu fahren, damit hat er allerdings keine Probleme. Als es mal im Sommer richtig heiß war, hatten wir in der Redaktion eine Evian-Sprühflasche geschenkt bekommen, mit der wir uns zur Erfrischung angesprüht haben. Eines Tages kam er rein, sah das und sagte nur nebenbei: ›Und in Palästina verdursten die Kinder.‹«

Genau wie ein schmächtiger Junge, der kein Mädchen abkriegt, es zu seinem Lebensziel macht, irgendwann ein waschechter Intellektueller zu sein, der am laufenden Band Texte produziert, die kein Mensch versteht, um den Rest der Welt intellektuell zu überflügeln, genauso sind diese Menschen von dem Ehrgeiz befeuert, dem Rest der Welt moralisch überlegen zu sein.

19

Ich wurde als Mormone erzogen. Mormonen erkennen sehr viele göttliche Gebote an: Nicht nur die Zehn Gebote, sondern auch solche wie »Du sollst keine Drogen zu dir nehmen«. Das schließt nicht nur jede Art von Alkohol, sondern auch Kaffee aus. Da kommt irgendwann die Frage auf: Wenn Gott nicht will, dass man Kaffee trinkt, weil Koffein eine Droge ist, was sagt er zu Coca-Cola? Das enthält auch Koffein. Allerdings hat Gott sich nie ausdrücklich zu Cola geäußert, also heißt es offiziell: Von Gott aus gäbe es kein Cola-Verbot, jeder solle das für sich entscheiden. Seitdem gibt es zwei Fraktionen in der Kirche: Diejenigen, die Cola trinken und diejenigen, die keine Cola trinken. Manchmal, in schwachen Stunden, lassen diejenigen, die keine Cola trinken, gelegentlich fallen, dass sie sich einem »höheren Gesetz« verpflichtet fühlen, das Gott zwar nie erlassen hat, das aber irgendwie trotzdem existiert.

Diese Menschen sind Nörgeleien in Menschengestalt. Auch Veganer, militante Tierschützer und Zen-Buddhisten sind Nörgeleien in Menschengestalt. Das sage ich frei von jedem Neid.

Nörgeln macht Stimmung. Ach, wie oft habe ich selbst den Fehler gemacht, auf einer Dinner-Party mit redegewandter Gesellschaft in Jeans, Rollkragenpullis und sehr bunten Brillengestellen bei der dritten Flasche importierten italienischen Rotweins, gerade dann, wenn die Stimmung auf dem Höhepunkt war, zu sagen: »Moment mal! Was heißt hier Volksverdummung? Die Deutschen verdummen, nur weil sie Dieter Bohlen gucken? Die Statistik zeigt doch, dass der durchschnittliche Intelligenzquotient in der gesamten westlichen Welt kontinuierlich steigt.«

Da war die Stimmung hin, und sie kam auch nie wieder. Und auch ich wurde nie wieder eingeladen.

Nörgeln schafft Glaubwürdigkeit.

Ich wurde einmal gebeten, vor einer Gruppe mittelständischer Unternehmer einen Vortrag über Optimismus zu halten. Die Unternehmer machten gerade harte Zeiten durch, und wir Amerikaner sind von Natur aus Optimisten, also rief man mich. In einem Gespräch vor der Veranstaltung klagte mir der Vorsitzende sein Leid: Dass man in Deutschland immer alles schwarzmale, sei furchtbar, eine schlimme Sucht sei das, von der man nicht loskäme, man wüsste eigentlich, dass man abgesichert sei, und dass es auch wieder bergauf ginge und selbst in einer Finanzkrise ginge es den Deutschen besser als den Menschen in anderen Ländern, doch jede Kleinigkeit würde als Zeichen für das Ende der Welt gedeutet. Das nerve ihn, er hielte es nicht aus. Ich sollte den Jammerlappen klarmachen, dass sie auch mal optimistisch sein könnten.

Die Veranstaltung begann, und er stand auf, um mich der Gruppe vorzustellen. Interessant war, wie er es tat: »Meine Damen und Herren, es ist schlimm um uns bestellt und es wird noch schlimmer …« Und in diesem Tenor ging es zehn Minuten lang.

War das nicht genau das Gegenteil dessen, was er glaubte, oder zumindest, was er mir gerade gesagt hatte?

Doch als ich die Zuschauer anguckte, verstand ich. Ich spürte, wie alles im Raum sich schlagartig konzentrierte. Weg war die lockere Atmosphäre. Es wurde still, die Blicke wurden intensiver, alle Aufmerksamkeit wurde auf den Punkt fokussiert, den er ihnen vorgaukelte: die nahende Katastrophe. Erst dann war die Bühne für mich bereitet.

Vor seiner Nörgelouvertüre war ich nur ein grundlos optimistischer Amerikaner; jetzt war ich jemand, dem man zuhören sollte – ja musste, um nicht völlig unterzugehen.

Nörgeln schafft Zusammenhalt.

Lange Zeit war ich bei deutschen Frauen nicht erfolgreich. Ich konnte sie ansprechen, ich konnte eine anfängliche Konversation eingehen. Ich glaube sogar, ich habe in vielen Fällen Interesse geweckt. Doch dann passierte Folgendes: Das Thema kam auf Popkultur oder auf gemeinsame Bekannte oder sogar auf Politik. Ihr grauste es vor Reality-TV; ich empfand es immerhin frischer als alles, was man in den öffentlich-rechtlichen Sendern zu sehen bekommt. Sie vertrat die Ansicht, dass Georg danebengegriffen hatte, als er Claudias Wunsch ausschlug, nach drei Monaten gemeinsam in den Urlaub zu fahren. Ich fand, das war Georgs Problem. Sie war überzeugt, dass eine verheerende Klimakatastrophe auf uns zusteuert und dass der unverantwortliche Wohlstand, den wir angehäuft haben, bald in alle vier Winde zerstreut sein wird. Ich dagegen hatte noch nie in einer deutschen Zeitung eine Vorhersage gelesen, die dann tatsächlich eingetroffen ist. Die Beziehung war vorbei, bevor sie anfangen konnte.

Doch irgendwann begriff ich, und es eröffneten sich mir völlig neue Welten.

Ich entdeckte das Prinzip des Harmonienörgelns: Man ziehe gemeinsam über irgendwas Drittes her und komme sich so näher – in der Kneipe, im Kino und irgendwann bei Ikea. Die meisten Kinder, die heute noch in Deutschland geboren werden, haben ihr Leben im Prinzip dem Harmonienörgeln zu verdanken.

Seitdem nörgele ich vor dem Spiegel, so oft ich kann, wiege bedenkenschwer mein Haupt und übe eine kritische Miene, obwohl es das Rasieren schon etwas erschwert.

Heute weiß ich, dass ich schon in meiner Heimat Hawaii dann und wann genörgelt habe. Für mich als kleinen Jungen gab es dort entschieden zu wenig mittelalterliche Burgen, und die ganzen Mangos konnte ich irgendwann nicht mehr sehen. Trotzdem bin ich Deutschland dankbar, dass ich hier das volle Potential der Mäkelei erst richtig kennenlernen konnte. Ich entdeckte eine wunderbare, vielschichtige und mit Überraschungen gespickte Welt. Wer lernt, das Leben durch die Brille des Nörgelns zu betrachten, wird Zeuge einer Urkraft, die einen Menschen, ein Paar, ja, ein ganzes Volk umwälzend verändern kann. Ich hoffe, mit diesem Buch kann ich Ihnen, liebe Leserin und lieber Leser, die/der eine treffende Krittelei dann und wann zu schätzen weiß, diese wunderbare, verborgene Welt etwas näherbringen.

Ich fange da an, wo auch ich in Deutschland angefangen habe: Mit einem Blick auf das deutsche Nörgeln mit den Augen eines Ausländers.

2. Der Nebel des Nörgelns

Das deutsche Gesamtmeckervolumen im internationalen Vergleich

Jeder kennt es. Und wer es nicht selbst erlebt hat, hat es von anderen gehört: Man hat gerade den Urlaub seines Lebens hinter sich. Eine Woche New York. Diese vibrierende Stadt, die selbst im letzten Landei das Gefühl weckt, alles sei möglich, wenn man sich nur traut; diese Stadt, die irgendein längst vergessenes Mach-Was-Hormon freisetzt; wo jeder, auch der Ängstlichste, der Vorsichtigste das dringende Bedürfnis verspürt, sich in den Trubel zu stürzen, endlich das eigene Ding durchzuziehen und zu gucken, ob die anderen New Yorker, diese Leute, die allesamt vom Lockruf des Möglichen angetrieben werden, einen mit Applaus oder Hohn belohnen werden.

Noch auf dem Rückflug nach Deutschland ist man zappelig und voller Energie, man will zu Hause die alten Träume umsetzen, was auf die Beine stellen, kann nicht erwarten, endlich damit anzufangen. Dann die Landung, in Berlin, in München, in Hamburg, Frankfurt am Main. Man steigt aus, hört die Durchsagen im Flughafen, macht ein paar Schritte durch die geschäftigen Straßen, atmet ein – und weg ist es. Es ist einem vorher noch nie aufgefallen, aber hier ist alles anders. Irgendwie …, sagen wir bedächtiger. Hier gehen die Leute sparsam mit ihrer Energie um. Sie halten sich zurück und behalten ihre Gedanken für sich, sie gucken ernst, sie sprechen nicht miteinander, keiner wartet auf neue Ideen, im Gegenteil, man will damit in Ruhe gelassen werden. Statt Aufregung liegt etwas anderes in der Luft. Das ist der Nebel des Nörgelns.

»Das kenne ich«, sagte Elisabete Köninger aus Stuttgart am

Telefon. Köninger ist Brasilianerin, Übersetzerin, Dolmetscherin, Nörgelkennerin und lebt seit 25 Jahren in Deutschland. Sie ist mit einem Deutschen verheiratet, spricht mittlerweile mit einem schwäbischen Akzent, und als wir miteinander telefonierten, musste sie immer wieder lachen. »Ich besuche Brasilien, dann fliege ich nach Deutschland zurück, und ich komme mit viel Energie an, aber plötzlich ist die Energie weg. Diesmal war ich länger in Brasilien und habe es deutlich gemerkt. Dort herrscht Aufbruchsstimmung. Die Leute haben das Gefühl, die Finanzkrise sei schon vorbei. Man schaut auf das neue Jahr mit der Zuversicht, dass gute Dinge auf uns zukommen. Hier ist es genau umkehrt. Hier habe ich den Eindruck, wenn man was Neues anfangen will, sagt jeder: ›Ja, aber in dieser Zeit? Überleg dir das lieber zweimal.‹«

Dora Bravin ist ebenfalls Brasilianerin, mit einem deutschen Mann verheiratet und lebt in Berlin. Als sie hörte, dass ich mehr über den Nebel des Nörgelns wissen wollte, wurde sie ganz aufgeregt und meinte, wir müssten uns auf einen Wein in ihrem Stamm-Restaurant Archimboldo treffen.

»Es war immer mein Traum, eine Sambaschule zu eröffnen«, erzählte sie. »Und als ich es dann tatsächlich tat, sagte mein Mann: ›Du hast zu wenig Schüler und musst auch noch arbeiten, wie willst du das schaffen?‹ Als er dann sah, dass es funktionierte, war er dabei. Vorher war es ›meine‹ Schule, nachher war es ›unsere‹. Auch als ich beschlossen habe, mich als Pflegerin selbständig zu machen, meinte er, ›das schaffst du nicht‹. Anfangs war es auch schwer, aber nur wegen des Papierkrams. Es gibt sehr viel Papierkram in Deutschland. Jetzt bin ich seit 2004 selbständige Pflegerin. Und trotzdem. Wann immer ich etwas Neues machen will, sagt mein Mann: ›Was bringt dir das?‹. Und ich antworte: ›Eine neue Erfahrung.‹«

Man muss kein Ausländer sein, um den Nebel des Nörgelns wahrzunehmen. Der Filmemacher und Journalist Tim H. erzählte von einem gewissen Wilfried Merle, über den er einen Dokumentarfilm gedreht hatte. »Das war ein wirklich interessanter Typ«, erinnerte sich Tim. »Anfang der Sechziger ging er als Entwicklungshelfer nach Venezuela und hat in den Slums gearbeitet. In dieser Zeit sind zwei seiner Kinder an simplen Kinderkrankheiten gestorben – an Krankheiten, die in Deutschland ganz leicht geheilt worden wären. Da hat er sich mit seiner Frau hingesetzt und gesagt, das geht nicht. Das können wir unserer Familie – sie hatten noch drei Kinder – nicht antun. Sie kamen nach Deutschland zurück und übernahmen von den Schwiegereltern eine Weinkneipe. Aber er hatte schon fast zwanzig Jahre in einer anderen Kultur gelebt, und er konnte dieses ständige Nörgeln nicht aushalten. Eines Tages hat irgendein zehnjähriges, völlig verfettetes Kind sich beschwert, dass die Nudeln nicht durch waren. Da ist ihm der Kragen geplatzt. ›Das hier ist auch nicht der richtige Platz für meine Kinder‹, sagte er, und ist zurückgegangen und hat die venezolanische Staatsbürgerschaft angenommen.«

Warum ist Deutschland so reichlich mit dem Nebel des Nörgelns beschenkt worden?

Ich rief einige Freunde und Bekannte an, alles Ausländer, die schon länger hier leben und eine Vergleichsmöglichkeit hatten, und fragte sie, ob man in ihrer Heimat ebenso gern mault und nölt wie hierzulande.

»Es gibt eine Art Basismeckern in Deutschland«, beschrieb es der Kanadier Scott Roxborough, Journalist bei der Deutschen Welle. »Eine grundsätzliche Missbilligung von … na ja, von allem. Es ist nicht unbedingt so, dass man unglücklich ist – nur, dass man niemals erwarten würde, dass etwas Gutes passiert. Es ist diese Einstellung: ›Ich bin nicht so dumm, zu glauben, dass alles gut gehen könnte. Ich lasse mich nicht von dir verarschen, Welt.‹«

Sachiko N., japanische Künstlerin und Büroangestellte in

Berlin, war überrascht zu erfahren, was einen Deutschen alles verstimmen kann. »Deutsche ärgern sich sogar, wenn wir Japaner zu oft ›Danke‹ sagen«, erzählte sie, als wir uns auf ein Bier im Seidls trafen. »Das tun wir aus Gewohnheit. Ich versuche, es abzustellen, aber es passiert mir ständig. Ich sage ›Danke‹, und sie korrigieren mich. Sie sagen, ›du sollst nicht so viel Danke sagen‹. Dann antworte ich, ›oh, Entschuldigung!‹, und dann ärgern sie sich auch darüber.«

Deutsche sind so sehr von der Unentbehrlichkeit des Meckerns überzeugt, dass sie es gelegentlich sogar ins Ausland zu exportieren versuchen.

»Ich bin mal mit meiner Frau an den Gardasee gefahren« erzählte Francesco D'Angelo, der schwäbisch-italienische Betreiber des kleinen, aber feinen italienischen Stehbistros in der Kolonnenstraße in Berlin, als ich ihn eines Tages mit der Frage konfrontierte, ob Italiener anders nörgeln als Deutsche. »Wir wollten mit der Fähre über den See und standen in der Schlange, um Karten für das Schiff zu kaufen. Vor mir stand eine deutsche Familie und vor ihnen eine englische. Die Briten stellten dem Mann am Ticketschalter tausend komplizierte Fragen und brauchten so lange, dass das Schiff inzwischen abfuhr. Es hieß also fünfundvierzig Minuten warten, bis die nächste Fähre kommen würde. Die englische Familie fluchte: ›Shit, shit, shit!‹ Aber wer wirklich aufgeregt war, das waren die Deutschen: ›Doofe Engländer! Typisch italienisch hier! Wie konnten die nur ohne uns abfahren? Die sehen doch, dass wir warten!‹ Meine Frau und ich fanden das ganz normal: Das Schiff fuhr nach Fahrplan ab. Wir gingen also bis zur nächsten Abfahrt in aller Ruhe einen Cappuccino trinken. Vom Café aus hatten wir einen tollen Blick über den See, es war prima Wetter. Wir nahmen dann die nächste Fähre. Die Deutschen waren mit an Bord, und sie schimpften immer noch über die Engländer. Das war inzwischen fünfundvierzig Minuten her.«

Über den ausgeprägten deutschen Nörgelnebel hatte mein Ausländer-Expertenausschuss einige Theorien.

»Es ist eine Frage der Werte«, vermutete die Neuseeländerin Victoria J. per Telefon aus München. »In Deutschland ist Meckern ein Zeichen von Intelligenz. In Neuseeland ist es bloß ein Zeichen, dass du schlecht erzogen bist.«

»Es steht hier nicht nur für Intelligenz, sondern auch für Durchsetzungsvermögen und überhaupt für eine starke Persönlichkeit«, stimmte ihr Scott zu. »Für uns ist Meckern Aggression, und das ist in Kanada nicht positiv. Wir lernen, dass wir immer versuchen sollen, nett zu sein. Von uns Kanadiern sagt man ja, dass wir uns sogar entschuldigen, wenn wir in einen Baum reinlaufen. So ist es überall in der englischsprachigen Welt. Das kommt aus Großbritannien. Es ist diese Sache mit der *stiff upper lip*. Wer sich beklagt, zeigt, dass er nicht allein mit der Situation zurechtkommt. Er zeigt Schwäche. Für Deutsche ist das umgekehrt: Wer nett und glücklich ist, ist geistig irgendwie zurückgeblieben, er sieht die Dinge nicht, wie sie wirklich sind.«

»Als ich hierher kam, dachte ich lange, die Deutschen sind aber kindisch«, lachte Sachiko N. »Weil sie so schnell sagen, ›das ist Scheiße‹, und sich ihrer schlechten Laune überlassen. In Japan dürfen das nur Kinder. Bei den Deutschen sieht man sofort, wenn einer schlechte Laune hat. Selbst die Politiker in Deutschland sind wie Kinder. Sie zeigen sich sehr emotional, sie haben sehr wenig Kontrolle über sich. In den Talkshows im Fernsehen streiten sie miteinander, sie unterbrechen sich, und wenn einer seinen Satz zu Ende sprechen will, muss er sagen: ›Jetzt hören Sie mal zu, lassen Sie mich ausreden.‹ Als ich das zum ersten Mal sah, war es spannend, weil ich mitgekriegt habe, dass es Krach gibt. Ich war schockiert.«

Carrie D. ist kanadische Journalistin und lebt in Berlin, wo wir uns auf einer lauten Silvesterparty zwischen zwei Martinis begegneten. »Mein Mann ist halb deutsch, halb britisch und zum größten Teil hier aufgewachsen«, erzählte sie. »Er meint immer, ich muss in Deutschland lernen, zu meckern, wenn ich hier überleben will. Das zeigt den Leuten, dass du stark bist. Das ganze kanadische Zeugs mit dem nett und höflich sein, das legen Deutsche dir als Schwäche aus. Wenn du was erreichen willst, musst du dich beschweren. Mein Mann meckert über Kleinigkeiten wie das Essen im Restaurant, und er kann sich über Politik sehr aufregen. Und in Behörden. Ich bin da anders. Meine Mutter sagte immer, man kann mehr Fliegen mit Honig fangen als mit einer Fliegenklatsche. Ich habe probiert, mich zu beschweren und zu schimpfen, und es stimmt wirklich, was mein Mann sagt – es bringt was. Die Leute reagieren. Nur, das widerspricht allem, was ich sein will.«

Sie ist nicht allein – jeder, der von woanders her nach Deutschland kommt und hier überleben will, muss sich früher oder später mit der Frage auseinandersetzen: Schließe ich mich dem Lockruf des Nörgelns an oder leiste ich Widerstand?

»Ich weiß gar nicht, welche Art besser ist. Ich habe inzwischen gelernt, mich etwas deutscher zu verhalten, und ich finde es nicht schlecht«, gestand Scott. »Man hält nichts zurück. Die Deutschen halten sich für sehr vernünftig und friedliebend, aber in Wahrheit pflegen sie eine sehr aggressive Kultur. Jetzt kann auch ich die Leute in den Läden anschreien, und das ist schon eine Befreiung.«

Allerdings soll das nicht heißen, dass andere Länder gar nicht nörgeln. Im Gegenteil, es scheint da noch einiges zu geben, was sich die Deutschen bei anderen abgucken können.

»Die Deutschen sind nichts im Vergleich zu den Spaniern!«, sagte Felix W. begeistert. Ihn rief ich an, weil er Dolmetscher bei der Europäischen Union in Brüssel ist und tagtäglich in den Genuss einer aufregenden Kakophonie von multinationalem Genörgel kommt. »Sie haben so eine Art, wie sie sich in Kleinigkeiten reinsteigern. Der Mythos ist, dass die mediterranen Völker immer so gut drauf sind, aber in den Fahrstühlen in Brüssel fällt mir auf, wie sie sich aufplustern und alles unmöglich finden. Sie haben eine universale Art, sich aufzuregen: ›*Como es posible que nos hacen eso?*‹ (Wie ist es ist möglich, dass man uns wieder so was antut?). Das ist eine Klage, die in den Raum hinein gebellt wird, ohne dass man das konkretisieren kann, ein missmutiges Aufheulen, wie ein Ventil, das plötzlich pfeift.«

»Ach was«, spottete die englisch-, italienisch-, deutschsprachige Französin Brigitte Le Gouez, Dozentin beziehungsweise *Maître de conference* an der Sorbonne, als sie in ihrem engen Zeitplan eine Lücke für ein Telefonat mit mir über einen deutsch-mediterranen Meckervergleich fand, »die Franzosen sind sehr viel besser im kritisieren, ärgern und schimpfen als die Deutschen. Weil sie nicht groß darüber nachdenken, wie sie sich in der Öffentlichkeit korrekt benehmen. Zumindest trifft das für die Pariser zu. Das Leben in Paris ist härter als in Berlin, und das, obwohl Berlin eine ärmere Stadt ist. Der Umgangston in Berlin ist entspannter. Die Pariser sind immer sehr nervös und eigentlich stets bereit zu explodieren. Sie stehen immer unter Druck. Wir haben diesen Witz: Wie lange dauert eine Sekunde? Das ist die Zeit zwischen dem Moment, wo die Ampel grün wird, und der Typ hinter dir anfängt zu hupen.«

Felix W. dagegen, mit einer Französin verheiratet, bewundert die Franzosen ob ihres Nörgelns. »In Frankreich kann man sich mit geistreichem Nörgeln interessant machen«, schwärmte er. »Das ist die Pose des kritischen Intellektuellen.«

»Aber machen das die Deutschen nicht genauso?«, fragte ich. »Ich kenne keinen deutschen Intellektuellen, der nicht ständig versucht, sich intelligenter zu machen, indem er alles bekrittelt.«

»Ha! Das kriegen aber die Deutschen nicht so gut hin wie die Franzosen«, meinte Felix. »Das französische Nörgeln hat was Theatralisches. Es explodiert und knallt und sprüht Funken, und dann ist es wieder weg. Das deutsche Nörgeln dagegen bleibt.« Er seufzte.

In Italien, so Brigitte, meckert man zwar weniger als in Deutschland, das heißt aber nicht, dass man sein Missfallen nicht auszudrücken weiß: Wer nicht ins Schema passt, wird einfach ignoriert. »In Italien ist es nicht wichtig, wie viel Geld du hast, solange du nach Geld aussiehst. Hauptsache, man macht eine *bella figura*. In Deutschland ist das nicht so wichtig. Auch reiche Deutsche kleiden sich schlicht, und das ist egal. Als ich zwanzig war, hatte ich eine gute Freundin in Florenz, sie stammt aus einer sehr vornehmen Familie. Wir gingen zusammen shoppen, und es war ihr total peinlich, dass ich mit einer Plastiktüte loszog und nicht mit einer Lederhandtasche. In Deutschland ist so was nicht so wichtig. Frankreich liegt irgendwo dazwischen: Plastiktüte ist okay, aber es sollte schon eine Chanel-Tüte sein.«

Wenn man in anderen Ländern auch gern und ausgiebig lamentiert, warum hängt der Nebel des Nörgelns so hartnäckig nur über deutschen Köpfen herum?

Vielleicht nörgeln die Deutschen einfach anders.

»Die Deutschen sind ernster dabei«, meinte Elisabete Köninger. »Wir Brasilianer nörgeln auch gerne, aber es ist nur ein kurzes Aufflackern– wir vergessen es dann schnell wieder.«

»Die Italiener motzen nur, wenn es einen konkreten Anlass gibt«, warf D'Angelo ein. »Die Italiener meckern auch nicht darüber, dass sie meckern. Zum Beispiel Berlusconi – wir schimpfen über ihn, aber immerhin funktioniert seine Regierung, und wir gehen sowieso davon aus, dass alle Politiker Verbrecher sind, also wählen wir ihn auch. Was soll's?«

Ich traf mich mit Sonia Vea, Tonganerin, Künstlerin und Lebenskünstlerin in Berlin, zu einem Teller Chili con Carne in dem kleinen Café Ess Eins in Schöneberg, und sie erzählte mir vom Meckern im Paradies.

»Deutsche können sich über alles beschweren«, amüsierte sie

sich. »Über den Kellner, über die Nachbarn, wenn die Kinder auf der Couch rumspringen. Und vor allem, wenn etwas nicht in Ordnung ist. Man muss innerhalb der Markierung parken. Man muss die Gebrauchsanweisungen genau befolgen, wenn man einen neuen Fernseher kauft. Für uns Polynesier ist all das nicht wichtig. Wir meckern erst, wenn jemand uns umbringen will. Dann fangen wir an, uns Sorgen zu machen.«

»Komm schon, irgendwas muss euch doch auch mal ärgern«, sagte ich.

»Na ja«, überlegte sie. »Wenn eine Samoanerin oder eine Tonganerin einen Deutschen heiratet, stellt sie schnell fest, dass der europäische Mann mehr für seine Freunde tut als für die Liebe. Das ist ein Grund, warum die Mädchen aus Tonga oder Samoa meckern. Dass er immer vor dem Computer sitzt. Dass er nicht heißblütig ist. Dass sie es nicht wirklich mögen – du weißt schon. Jedenfalls nicht so oft.«

Das reichte mir schon, aber Sonia kam gerade in Fahrt.

»In Tonga schimpfen die Frauen meist nur, wenn die Männer anderen Frauen nachgucken. Und in Samoa nörgeln die Frauen, wenn die Männer nicht zur Arbeit gehen oder nicht kochen. Dort kochen die Männer, nicht die Frauen. Das ist Tradition. Wenn eine Frau einen europäischen Mann heiratet, dann jammert sie oft, dass er ihre Familie nicht finanziell unterstützen will, und er beschwert sich, weil er das Gefühl hat, er soll wohl für ihre ganze Familie aufkommen. Aber so ist das eben bei uns. Man heiratet die ganze Familie.«

»Du musst das Leben hier hassen«, vermutete ich.

»Ich habe keinen Grund zu klagen«, sagte sie und grinste. »Ich bin glücklich hier, weil ich gelernt habe, zu überleben, wenn es schneit. Das ist etwas, wovon die Leute zu Hause niemals wissen werden, wie das geht.«

Sonia mit ihren langen schwarzen Locken sitzt immer irgendwie der Schalk im Nacken. Ich bin sicher, als sie damals über

Frankreich nach Deutschland auswanderte, gehörte es nicht zu ihrem ursprünglichen Plan, in einem Land zu leben, in dem es bis zu 50 Grad kälter ist als in ihrer Heimat.

»Auf jeden Fall beklagt ihr euch auf Tonga nicht über das Wetter«, scherzte ich.

»Och, das kommt schon vor«, meinte sie und rührte in ihrem heißen Tee. »Wenn der Hurrikan kommt, zum Beispiel.«

Das Meckern anderer Völker kann zeitweilig so andersartig sein, dass man als Deutscher gar nicht in der Lage ist, es als Kritik zu identifizieren.

»Wir haben mal in im Gemeindehaus eine Versammlung unter Kollegen gehabt, und ich habe den Tisch mit ein paar Getränken und Keksen und so eingedeckt«, erzählte Teresa U., Pfarrerin aus Gelsenkirchen. »Die Sachen habe ich nicht besonders schön ausgelegt, es sah ein bisschen jugendherbergsmäßig aus. Hätte ein Westfale einen Kommentar abgegeben, wäre es so was gewesen wie: ›Also mit der Ästhetik hast du es wohl nicht so‹. Es war aber eine Österreicherin, die hinterher etwas dazu gesagt hat: ›Ja, so ein schön gedeckter Tisch, wo alles zusammenpasst, ist schon was Gutes.‹ Erst als sie weg war, verstand ich, dass es gar kein Kompliment war.«

Auch die Schweizer nörgeln so, dass man es auf Anhieb gar nicht erkennt – mit Zeitverzögerung sozusagen. Vielleicht, weil man in so engen Tälern nicht so schnell weglaufen kann.

»Ich war einem Streichorchester in Luzern beigetreten und schon bei zwei Projekten dabei«, sagte Werner S., der aus Bielefeld kommt, aber seit einiger Zeit berufsbedingt in der Schweiz lebt. »Aber dieser Mensch lernte mich erst in diesem Projekt kennen, obwohl er eigentlich langjähriges Orchestermitglied war. Das neue Projekt war schwierig – es ging um Hindemith –, es gab sehr viele Diskussionen und viele Meinungen, was man tun sollte, und ich hatte auch eine. In der Pause hat er mich dann angesprochen, ob ich neu dabei sei. Er selbst sei schon seit vielen Jahren dabei, deswegen würde er sich auch erlauben, ab und zu mitzureden. Erst hinterher dämmerte mir, dass er mir sagen wollte, du bist ja ganz schön forsch, dass du als Neuer dein Maul so aufreißt.«

Allerdings ist ein Deutscher immer in der Lage, sich flugs einem neuen Nörgelstandard anzupassen.

»Wir Deutsche werden von den Schweizern als besserwisserisch, laut und unsensibel tituliert«, meinte Werner leicht indigniert. »Was ich für unberechtigt halte, weil die Schweizer nämlich genauso sind. Aber sie haben auch Schwächen. Zum Beispiel Hochdeutsch.« Er lächelte. »Alles, was im Hochdeutschen im Genitiv steht, fällt den Schweizern schwer. Es macht einfach Spaß, sie zu korrigieren. Zum Beispiel, wenn einer auf Hochdeutsch etwas Falsches sagt, sich dumm zu stellen und zu fragen, was er damit meint. Ein Helvetismus – so nennt man diese kleinen sprachlichen Abweichungen – ist zum Beispiel das Wort ›allfällig‹. Es steht für eventuell und wird so benutzt: ›Für allfällige Reklamationen wenden Sie sich bitte an unser Supportteam‹. Da hake ich nach: ›Meinen Sie *alltäglich*? Meinen Sie *abfällig*?‹ Das ist eine Art, die ich erst von ihnen gelernt habe. Ich finde, es geschieht ihnen recht, weil sie das auch mit mir machen.«

Eine interessante Theorie besagt, dass so etwas wie ein Nörgelnebel sich nur in einem zutiefst protestantischen Land in voller Schönheit entfalten kann.

»Ich denke, Brasilien ist katholisch geprägt, und in katholischen Ländern nörgeln die Leute generell anders«, sagte Köninger. »In Deutschland prägt das Protestantische ein bisschen mehr als das Katholische. Alles wird ernster genommen und man braucht länger zum Lachen.«

Dass Deutschland auf jeden Fall zutiefst protestantisch ist, darin waren sich alle meine Befragten einig. Selbst die Katholiken in Deutschland sind protestantisch. Mit einer Ausnahme:

an Fastnacht natürlich. Da bricht sich plötzlich vom Alkohol beflügelt die Selbsterkenntnis Bahn, und sie lassen sich gehen und singen begeistert mit, wenn ihnen ein Sänger wie Ramon Chormann mit den Worten kommt:

Die Traurigkeit blüht in mir wie eine Rose,
früher war ich ein kleiner Jammerlappen,
und heut bin ich ein große',
und was mir immer noch am meisten Kummer macht,
das ist und bleibt die Fassenacht.

Die polnischstämmige Journalistin und Nörgelforscherin Wiebke M., die in Deutschland aufgewachsen ist und deren Familie in Polen lebt, glaubt, dass auch die polnische Art der Nörgelei maßgeblich mit der Religion zusammenhängt. »Die Grundeinstellung ist: Man ist hier auf Erden in diesem Jammertal, um das Schrecklichste zu erleben, was es gibt«, erklärte sie, »und umso schlimmer das Leben hier unten ist, desto besser wird es im Himmel sein. Man kann sowieso nichts machen. Also nehmen die Polen alles mit einer großen Schicksalsergebenheit hin. Das führt dazu, dass sie weniger nörgeln, oder mindestens dazu, dass es kein Nörgeln ist, das zur Depression führt.«
Ich bat sie um ein Beispiel.
»Ich war letzte Woche in Polen«, erzählte sie. »Meine Tante und mein Onkel waren krank. Eine Bypass-OP, eine künstliche Hüfte, es geht ihnen gar nicht gut. Sie leben von nur einer Rente. Und sie haben genörgelt: ›Alles wird schlimmer, wir Rentner sind am Arsch‹, und so fort. Aber es hat sie nicht daran gehindert, zu lachen und zu scherzen. Ich glaube, das erhöht die Lebensqualität. Sie sind nicht bereit, zu Gunsten des Nörgelns auf die Freuden des Lebens zu verzichten. Wenn sie sich die ganze Zeit aufregen würden, wäre es aus.«
»Ich habe den Eindruck, wenn es den Leuten gut geht, su-

chen sie einen Grund, warum es ihnen schlecht geht«, überlegte die Brasilianerin Köninger. »In Brasilien ist alles viel schwieriger: Die öffentlichen Verkehrsmittel funktionieren nicht; wenn es regnet, steht die Straße unter Wasser; die ärztliche Versorgung ist schlecht, wenn man nicht viel Geld hinlegt; man steht am Markt ewig in der Schlange. Aber man ärgert sich dort nicht so sehr darüber wie hier.«

Wer vom Leben erwartet, dass die Dinge funktionieren, der nörgelt auch mehr, scheint es. Die armen Schweine am anderen Ende der Hotlines können ein Lied davon singen. Wie man auf die Idee kommen kann, dass die Welt stets funktionieren sollte, weiß ich auch nicht, aber scheinbar ist Nörgeln ein Zeichen von gehobenem Anspruch, und wenn die Deutschen eines haben, dann sind es Ansprüche.

»Hier in Deutschland funktioniert alles«, stimmte D'Angelo zu, »und man ist erstaunt, wenn einmal etwas nicht funktioniert. In Italien sind wir erschrocken, wenn mal was funktioniert. Die Deutschen glauben, ihre Bürokratie sei kompliziert. Das ist nichts gegen Italien. Wenn man in Deutschland zwei Stunden im Einwohnermeldeamt warten muss, meckert man. In Italien wartet man zwei Monate.«

In Deutschland sind die Erwartungen so unrealistisch hoch, dass Frauen sogar erwarten, dass ihre Männer funktionieren. Das würde zumindest einiges erklären, was mich seit vielen Jahren in einer Beziehung mit einer deutschen Frau wundert. Auch Scott Roxborough, der, wie so viele der hier befragten Ausländer, mit einer Deutschen verheiratet ist, hat dieses Phänomen beobachtet.

»Die wichtigsten Frauen in meinem Leben sind meine Frau Andrea und meine Mutter«, erklärte er. »Das Seltsame ist, unter der Oberfläche haben sie beide ganz ähnliche Persönlichkeiten, mit der einzigen Ausnahme, dass sie anders mit Ärger umgehen. Andrea greift an. Wenn etwas in einem Laden nicht stimmt, schreit sie die Leute an, bis etwas passiert. Das ist deutsch. Meine Mutter würde einen strengen Brief schreiben.«

Eines Tages kamen seine Eltern aus Kanada zu Besuch. »Wir dachten, wir reisen zusammen ein bisschen in Europa herum«, erzählte er. »In Kopenhagen wollte ich zwei Hotelzimmer für den nächsten Tag buchen, und ich buchte zwei ›Doppelzimmer‹, ohne zu wissen, dass es sich aus irgendeinem Grund nicht um Zimmer mit Doppelbetten handelte, sondern um Zimmer mit zwei Einzelbetten. Wir trafen uns dann auf einem großen Platz und Andrea fragte, was ich gebucht hätte. ›Warum brauchen wir zwei Betten? Bist du ein Idiot?‹, fragte sie. Meine Mutter bekam mit, dass irgendjemand gerade ihren Sohn kritisiert, und gab zu bedenken: ›Nun ja, ich glaube, wir sollten versuchen, ihn zu verstehen, und zulassen, dass er die Dinge auf seine Art regelt‹. Andrea meinte: ›Er macht immer so einen Scheiß.‹ Da sagte meine Mutter: ›Das hört sich ein bisschen an wie eine Kritik darüber, wie er erzogen wurde.‹ Andrea: ›Hättest du ihn mal richtig erzogen, wäre er nicht so.‹ Darauf meine Mutter eiskalt: ›Ich nehme ihn jederzeit zurück.‹ Das war's dann. Alles explodierte. Andrea griff meine Mutter an und meine Mutter griff Andrea an, und all das mitten auf diesem öffentlichen Platz in Kopenhagen. Ab und zu warf mein Vater hoffnungsvoll noch ein: ›Na, ist doch schön, dass das alles endlich ausgesprochen wurde‹, aber das tat dem Streit keinen Abbruch. Die Frauen ließen die Fetzen fliegen. Mein Vater und ich pflegen die gleiche kanadische Einstellung zu Konflikten. Uns blieb nichts übrig als verlegen rumzustehen und hin und wieder zu murmeln, ›na? Schöner Tag, was? Hat irgendwer Hunger?‹«

Die Frage, die mir meine internationalen Nörgelforscher jedoch nicht beantworten konnten, war: Wie weit reicht die Kultur des Krittelns hierzulande eigentlich zurück?

3. Die Literatur des Lamentierens

Wie aus Klagen, Kritteln und Keifen
Kunst wurde

Wir können nur vermuten, was die ersten Sätze waren, die der deutsche Mensch gesprochen hat. Wenn wir in einer Zeitmaschine in die Ur-Geschichte zurückreisen und ihnen lauschen könnten, kann es schon sein, dass wir so etwas hören würden wie »alle Menschen sind gleich« oder »die Würde des Menschen ist unantastbar«, oder gar *all you need is love.*« Ich vermute aber, dass es eher so etwas war wie: »Scheiße nochmal! Heute geht aber wirklich alles schief! Zuerst zertrampelt dieses blöde Mammut mein Weib, dann ist das Fleisch auch noch angekokelt, und jetzt hat irgendein Arsch meinen Stein geklaut – wie soll ich schlafen ohne Stein unterm Kopf? Es war so ein bequemer Stein.«

So war es besonders für Nörgelforscher interessant, als 2009 bekanntgegeben wurde, dass Nicholas Conard, ein Professor am Institut für Ur- und Frühgeschichte der Universität Tübingen, bei Ausgrabungen im Höhlensystem »Hohlen Fels« am Fuß der Schwäbischen Alb die älteste figürliche Darstellung eines Menschen gefunden hat. Die mindestens 35 000 Jahre alte sogenannte »Venus vom Hohlen Fels« ist eine aus Mammut-Elfenbein geschnitzte Figur, nicht ganz so groß wie ein menschlicher Daumen, und war offenbar dazu bestimmt, an einem Lederriemen um den Hals getragen zu werden.

Sie hat auch alles, was eine ideale Frau so braucht – Beine, Po, Bauch, alles nackt natürlich – und große Brüste. Diese sind so riesig, dass sie etwa ein Fünftel der Gesamtmasse der Figur ausmachen. Dafür fehlt der Kopf.

Jetzt wissen wir, was der Deutsche vor rund 35 000 Jahren zu meckern hatte: »Weib, das nennst du Oberweite? Schau her – siehst du, das ist ein richtiger Busen. Kannst du da nicht was machen?«

Doch allein über die körperlichen Unzulänglichkeiten der Lebenspartnerin zu nörgeln ist noch keine Leistung. Steinzeitmenschen auf der ganzen Welt müssen dies regelmäßig und mit großer Lust zwischen oder auf Mammutjagden getan haben. Kann auch jeder. Die Elfenbeinschnitzer vom Hohlen Fels haben es aber nicht dabei belassen: Sie haben ihre Nörgelei in etwas Neues verwandelt: in Kunst. Offenbar waren die Schwaben in der Technik des Jammerns den restlichen Europäern schon damals weit voraus, denn der Hohle Fels ist eine wahre Brutstätte der Meckerkunst gewesen. In der gleichen Höhle wurde 2008 eine fast vollständige Gänseknochenflöte gefunden, die genauso alt wie die Venusfigur war.

Wurde die Flöte benutzt, um das gemeinschaftliche Mosern in neuer Harmonie erklingen zu lassen? Handelt es sich um die letzten Überreste des welterersten Nörgelorchesters? Ach, wie gern hätte ich jenen wilden Orgien mit großbusigen Frauen, die wild nach Flötenmusik getanzt haben, beigewohnt. Diese attraktive Paarung von rhythmischer Musik mit gutgebauten, kopflos-enthemmten Weibern erinnert an eine andere Tradition. Im Süden der Vereinigten Staaten entstand im frühen 20. Jahrhundert in einschlägigen Lasterhöhlen aus genau den gleichen Zutaten die wichtigste Nörgelmusikgattung der modernen Welt – der Blues. Handelt es sich im Falle der Flöte von Hohlen Fels um den ersten Blues?

Oh no, no, I got a flat-chested woman,
A flat-chested woman,
A flat-chested woman!
I'm singing those flat-chested woman blues!

Die Erfindung der jammernden Steinzeitschwaben machte schnell Schule, und bald arbeitete die ganze Welt das Murren, Mäkeln und Motzen in ihre höchsten Künste ein. Heute gibt es kaum einen Helden, der nicht sein Schicksal beklagt; kaum eine Mutter, die sich nicht über das Los ihrer Kinder beschwert, kaum eine Liebende, die nicht zwischen heißen Liebesschwüren beiläufig fallen lässt, wie sehr ihr Herz schmerzt. In epischen Gedichten, in intimen Gesängen und in Opernspektakeln sowie in der bildenden Kunst wird geklagt, gemosert und geheult, was das Zeug hält.

Bald entstanden ganze Gattungen, die sich nur der Jammerei widmeten. Schon rund 550 Jahre vor Christus wurde in der Klage des Jeremias im Alten Testament auf höchstem Niveau über alles gemault: Gott über sein Volk, das Volk über Gott, und der Prophet Jeremias nölte darüber, dass er mit dieser Prophezeierei völlig überfordert sei. Ein Hauch von Jeremias klingt heute noch in den wimmernden Gesängen des modernen Troubadours Xavier Naidoo, der schon in den ersten Zeilen seiner *Klagelieder* in das Gewand des Propheten schlüpft: »Ich stimm die Klagelieder an«, trällert er und klagt daraufhin minutenlang über irgendjemanden, ob über einen ungenannten Zuhörer oder einfach über alle seine Zuhörer, ist unklar.

Im Mittelalter gab es ein literarisches Genre, das alle anderen überragte: Weder Krimis wollte der mittelalterliche Europäer lesen noch Vampirromane und auf gar keinen Fall lange kapitalismuskritische Abhandlungen, sondern Ritterromane, auch bekannt als *König-Artus*-Epos. Und in jenen Romanen kam immer wieder eine Figur vor, die man als die erste Nörgelserienfigur bezeichnen kann: der Truchsess Keie am Artushof, der Ur-Querulant der Literatur. Keie spielt in fast allen Artus-Epen – in den französischen, den deutschen und den englischen – die gleiche Rolle: Er macht Ärger. Er verhöhnt die Helden, er führt König Artus an der Nase herum, er drischt auf die Damen ein und geißelt die Dummheit der Ritter, bis in dem Leser die brennende Frage aufkommt: »Warum schmeißt Artus diesen Typen nicht einfach raus?« Bezeichnenderweise ist es ein deutscher Dichter, nämlich Wolfram von Eschenbach, der allein den Mut hatte, auf diese Frage zu antworten: Keies Unart, alle zu nerven, liebe Leser, erfüllt eine wichtige Funktion am Hof, nämlich die, alle zu nerven.

Auch in *Meister Pfriem* setzten die Brüder Grimm einem Nörgler, Besserwisser und Rechthaber par excellence ein unvergessliches Denkmal, und in *Kritik des Herzens* beschrieb Wilhelm Busch den stillen Genuss sowie die sozialen Vorteile der Selbstkritik. Doch die bleibende Leistung der deutschen Nörgelkunst ist das eloquente Leiden.

In *Nänie* (Klage), beklagt Schiller das Vergehen der Schönheit. Mit seinem melancholischen Meisterwerk *Kindertotenlieder* vertonte der österreichische Komponist Gustav Mahler das Leid Friedrich Rückerts, der in seiner Trauer über den Tod seiner beiden Kinder sage und schreibe 428 Kindertotenklagen dichtete. Das Liebesgedicht gilt als Königsklasse der Dichtkunst, doch ein Liebesgedicht, das nicht das Leid der Liebenden hervorkehrt, ist schlicht Kitsch. Schon Walther von der Vogelweide verstand das Prinzip: »Ihre Liebe muss immer sein mein Herzensleid«, schrieb er. Und setzte noch einen drauf: »Manch einer klagt, dass sein Weib ›Nein‹ sagt – ich klage, dass mein Weib ›Ja‹ sagt.« Der Mann traute sich was für die Kunst.

Seit der erste Germane schreiben gelernt hat, wird in der deutschen Hochkultur gelitten, was das Zeug hält.

Kein Lächeln mehr, das nicht abrupt in einen Ausdruck des Horrors umgewandelt wird; keine Freude, die nicht enttäuscht wird; keine Hoffnung, die nicht scheitert. Alles andere verdient nicht das Kultursiegel. Ein Film mit einem Happy End ist Kitsch; ein Bild, das einfach ein Bild ist, ist kein richtiges Bild und ein bloß spannender oder witziger Roman ist naiv. Deutsche Kultur hat viele faszinierende Facetten, doch nur ein Thema: Leiden. Selbst in der populärsten aller Kunstrichtungen, dem Fernsehen, wird diesem Gesetz ausnahmslos gehorcht. Deutsche TV-Schauspieler kennen nur einen Ausdruck: Den des Bedenkens. Noch nie hat in einem *Tatort* eine Figur gelächelt, es sei denn, um Schmerz auszudrücken. Bestellt ein Kommissar Kaffee, spürt man seine Sorge. Drückt eine Frau ihre Liebe zu ihm aus, sieht man ihre Angst. Holt ein Assistent das Auto, weiß man schon: Irgendwo auf der Welt weint ein Kind.

Mit der Neuzeit erreichte die deutsche Nörgelliteratur neue Höhen: Man entdeckte die Kritik. Es war, als ob deutsche Dichter erst nach dem Fall des repressiven Kaiserreichs 1918 endlich frei atmen, denken, fühlen und alles sagen und tun konnten, was sie schon immer wollten. Und schon geigten sie allen die Meinung. Es entstand ein Krittelmeisterwerk nach dem anderen, von *Im Westen nichts Neues* bis hin zu *Der Mann ohne Eigenschaften*. Dann kam, worauf alle gewartet hatten, womit jedoch niemand mehr gerechnet hatte: Der Jammerhöhepunkt der deutschsprachigen Literatur wurde zu unseren Lebzeiten erreicht. Leider geschah es zwar nicht in Deutschland, glücklicherweise aber in der deutschsprachigen Literatur:

Im Abstand von nur 15 Jahren wurden die österreichischen Schriftsteller Thomas Bernhard und Elfriede Jelinek geboren.

Diesen Meckerpoeten geht es nicht mehr um die gebildet-gehobene, wohlüberlegte, Kaffeekränzchen-gerechte Gesellschaftskritik, oh nein, es geht ihnen um grenzenlose, haltlose, rücksichtslose und gnadenlose Beschimpfung von allem und jedem.

Bernhards große Kunst bestand in der nörgelnden Superlative: Für ihn gab es nichts, was einfach nur schlimm war, alles musste gleich das denkbar Schlimmste sein – von Geburtstagsfeiern (»es gibt ja nichts Verlogeneres«) über die Wissenschaft

(»das übelste Geschäft, das es gibt«) bis hin zum eigenen Tun: »Die Kunst ist das Höchste und das Widerwärtigste gleichzeitig.« Wer sonst hätte die unsterbliche Wahrheit aussprechen können: »Jeder ist an allem Schuld.« Niemand konnte eloquenter schimpfen als Thomas Bernhard.

Elfriede Jelineks Jammerpoetik besteht aus der Verzweiflung. Sie ist keine kritische Schriftstellerin im herkömmlichen Sinne, sondern vielmehr versteht sich von selbst, dass alles schlecht ist; anstatt das jedoch groß auszubreiten, leidet sie einfach darunter mit einer atemberaubenden Selbstverständlichkeit.

»Nachdem man die Frau jahrhundertelang auf ihre biologische Funktion festgelegt hat, kann man sie jetzt ganz abschaffen«, schrieb sie seufzend. »Wir finden Worte für das, was los ist, aber es bleibt folgenlos.« Selbst ihre Freude über die Verleihung des Nobelpreises, der sie über Nacht zur Millionärin gemacht hat, drückte sich in Bedenken aus: »Natürlich freue ich mich, da hat es keinen Sinn zu heucheln, aber ich verspüre eigentlich mehr Verzweiflung als Freude«.

Doch die Geschichte des deutschsprachigen literarischen Lamentierens ist im Grunde nichts weiter als eine einzige Verneigung vor dem wahren Nörgelmeister Johann Wolfgang von Goethe.

Schon als junger Dichter mit nur einer zarten Vision von einem späteren Gesamtwerk und kaum beschriebenem Papier baute Goethe seine literarische Strategie gezielt auf der Ästhetik des Jammerns auf.

Bereits sein erstes Theaterstück *Die Laune des Verliebten* handelt von zwei jungen Damen, die sich die meiste Zeit genüsslich über Männer beschweren: »Du denkst, er liebe dich«, meint schon in der ersten Szene die eine Freundin zur anderen, »oh nein, ich kenn ihn besser!« Goethe hat als Erster die Durchschlagskraft von Geschichten erkannt, in denen Frauen herumsitzen und über Männer meckern und hat damit eine ganze literarische Gattung entworfen, deren zeitgenössischer Höhepunkt *Sex and the City* ist.

Dass Goethe irgendwann über den brachialen Raubritter Götz von Berlichingen schreiben musste, war unvermeidlich. Keine andere historische Persönlichkeit hat eine so anerkannte und weit verbreitete Reputation als ewiger Mauler. Dieser Aspekt inspirierte den Dichter so sehr, dass er ihn in seinem Stück über alles schimpfen lässt, was Goethe als nörgelwürdig erschien, von den Mühlen der Bürokratie (»nun ergehn Verordnungen über Verordnungen«) bis hin zum Mobbing (»da ziehen sie nun um mich herum, verschwärzen mich bei Ihro Majestät und ihren Freunden und meinen Nachbarn, und spionieren nach Vorteil über mich«). Es zeugt von Goethes Voraussicht, dass ausgerechnet diese Themen den Nörgler von heute noch immer beschäftigen. Durch Götz schenkte Goethe der Welt und jedem Grantler das Killer-Argument schlechthin, mit dem man auch heute noch den Widrigkeiten des Lebens entgegentreten kann: »Leck mich am Arsch!«

Es war nur eine Frage der Zeit, bis Goethe ein Werk schaffen konnte, in dem es – welch Ehrgeiz! – allein um Nölen geht: In *Die Leiden des jungen Werthers* macht der junge Held kaum etwas anderes als konsequent und unaufhörlich seine Unzufriedenheit mit der Gesamtsituation auszudrücken. Mit diesem literarisch einmaligen Vorbild schenkte Goethe seiner Zeit eine neue Art der Problemlösung. Bis dahin mussten junge, unglücklich verliebte Männer überall auf der Welt nach der Abfuhr durch irgendeine eingebildete Zicke mit ihren Kumpeln einen saufen gehen, danach in den nächstbesten Puff und schon am nächsten Abend wieder auf die Pirsch auf der Suche nach einer anderen unerreichbaren Frau. Sie kannten nichts anderes, die Armen! Erst der *Werther* eröffnete ihnen eine Alternative zu diesem emotional einseitigen Verhaltensmuster. Fortan konnte

jeder junge Mann, der eine Abfuhr erhielt, das Wirtshaus mei-
den und sich stattdessen konsequent zu Tode jammern.

Wie viele junge Männer, von Werthers Beispiel beflügelt, den
Jammertod gewählt haben, ist nicht bekannt. Schon zu Lebzeiten
Goethes sprach man von einer gewaltigen Welle, obwohl Skep-
tiker darauf hinweisen, dass nur etwa in einem Dutzend doku-
mentierter Selbsttötungsfälle, die Opfer das Buch bei sich führten oder gar die Werther-Tracht trugen (blauen Tuchfrack mit
Messingknöpfen, gelbe Weste, Kniehosen aus gelbem Leder und
einen runden, grauen Filzhut auf ungepudertem Haar). Dennoch sprechen Wissenschaftler heute bei einem Nachahmungs-
selbstmord vom *Werther*-Effekt.

Als Herr von Goethe seinen vorläufigen Nörgel-Höhepunkt
mit *Die Leiden des jungen Werthers* erreicht hatte, glaubten viele,
seine literarische Karriere wäre beendet: Wie ließe sich eine solche Leistung noch steigern? Doch der Gipfel seiner Nörgelkunst
sollte erst noch kommen.

Mit *Faust* hat Goethe ein Sinnbild des deutschen Nörglers geschaffen, das heute noch gültig ist. Keine andere Figur drängt so
tief in den Kern des deutschen Wesens wie Goethes Teufelsver-
bündeter. Schon im ersten Monolog beschreibt der Dichterfürst
mit atemberaubender Pointiertheit, was das Deutschsein aus-
macht: Was deutsch ist, leidet.

»Es möchte kein Hund so länger leben!«, nörgelt der Doktor erhaben und sprachgewaltig in seiner einsamen Kammer,
und listet auch gleich die Hauptpunkte seiner Beschwerde
auf: »Daß ich nicht mehr mit saurem Schweiß zu sagen brauche, was ich nicht weiß«, jammert er, und: »Weh! steck ich
in dem Kerker noch? Verfluchtes dumpfes Mauerloch.« Mit
diesen Dichterzeilen definiert Goethe gekonnt und souverän
die wichtigsten Nörgelthemen der Deutschen für alle Zeiten –
unzumutbare Arbeitsbelastung und Unzufriedenheit mit der
Wohnsituation.

Doch Goethe wäre nicht Goethe, wenn er nur an der Oberfläche kratzen würde. Nein, er steigt tiefer in die seelischen Abgründe des Idealnörglers hinab und fahndet nach den Urquellen des Unmuts. Warum jammert der Deutsche? Aus Hunger? Ach was. Seit dem Dreißigjährigen Krieg hat der Deutsche nicht mehr gehungert. Wegen der Unfreiheit des feudalen Systems? Wie denn? Als Lieblingsdichter der Fürsten hat Goethe von der Unfreiheit des feudalen Systems profitiert. Aufgrund von Krieg? Naturkatastrophen?

Nein: Der wahre Deutsche leidet daran, dass es ihm zu gut geht.

Faust stellt von Anfang an klar: Es gibt wenige Menschen auf Erden, die so klug sind wie er: »Zwar bin ich gescheiter als all die Laffen, Doktoren, Magister, Schreiber und Pfaffen«, sagt er. An gesundem Selbstbewusstsein fehlt es ihm offensichtlich nicht: »Mich plagen keine Skrupel noch Zweifel, fürchte mich weder vor Hölle noch Teufel.« Was harte Arbeit betrifft, so hat der Mann offensichtlich nicht viel Zeit hinter einer fettverschmierten Theke bei McDonald's verbracht. Im Gegenteil, die schier endlose Zahl der Universitätsfächer, die er belegt hat, spricht dafür, dass er eher den Lebenswandel eines ewigen Studenten geführt hat: »Habe nun, ach! Philosophie, Juristerei und Medizin, und leider auch Theologie durchaus studiert, mit heißem Bemühn.« Dabei hat er mehr Titel eingeheimst als ein Langzeitstudent jemals könnte: »Heiße Magister, heiße Doktor gar.« Nein, ein Loser ist er nicht, eher ein Erfolgsmensch, ein Alphatier, ein mehrfacher Doktor, jemand, der in unserer Zeit in diversen hochdotierten Gremien sitzen würde, die von ihm nur verlangen, dass er einmal im Jahr auftaucht, oder besser noch, in den oberen Etagen des ZDF.

Mit Faust nimmt Goethe die gelangweilten Hollywood-Stars von heute vorweg, die ihrer existentiellen, ideellen Unzufriedenheit dadurch entgehen wollen, indem sie sich einer Sekte anschließen oder Babys in allen Farben adoptieren: »Ich armer Tor!« Kurzum: Faust hat alles erreicht, was er erreichen wollte, und genau deswegen leidet er auch bei lebendigem Leibe: »Das will mir schier das Herz verbrennen!«

In der Nörgelgeschichte der Literatur steht *Faust* als literarisches Meisterwerk einsam da. Alles, was vor ihm kam, führt zu ihm hin; alles, was nach ihm kam, feiert ihn. Er ist der Spiegel, den Goethe seinem Publikum vorhält.

Goethes wahres Genie im Erschaffen dieser Jahrtausendfigur wird erst recht deutlich, wenn man *Faust* mit anderen großen literarischen Jammerern der Weltliteratur vergleicht. Auch der von den Engländern so geschätzte Hamlet ist ein Moserer vor dem Herrn, doch schon da endet die Ähnlichkeit. Denn Hamlet beschwert sich nicht aus rein ideellen Gründen. Nein, Shakespeare hat seine beste literarische Figur geradezu mit berechtigten Gründen zur Klage überfrachtet:

1. Hamlet wird von einem Gespenst geplagt;
2. Hamlets Onkel hat dessen Vater umgebracht;
3. derselbe Onkel hat sich flugs zu Hamlets Stiefpapa gemacht;
4. seine Freundin Ophelia zickt rum, und
5. er weiß nicht, was er tun soll, und auch darunter leidet er.

Wie viel konsequenter und authentischer wäre es gewesen, wenn Shakespeares Held ohne jeden Grund unzufrieden wäre. Hätte Shakespeare nur den Mut gehabt, ohne jede Effekthascherei zu schreiben, und ein Werk verfasst, in dem kein Vater umgebracht und keine Ophelia verrückt geworden wäre! Um wie viel reicher wäre die literarische Welt, wenn Hamlet auf der Bühne stünde und sagen könnte:

Bin nun, ach! Prinz,
erfolgreich, wohlhabend,
erbe demnächst ein Königreich,
und bin leider auch gutaussehend,
die sexy Ophelia macht mir durchaus
Augen mit heißem Bemühn.
Da steh ich nun, ich armer Tor!
Und finde alles genauso Scheiße wie zuvor.

4. Pfannkuchenscheißer und Grimassengretel

Nirgends wird schöner gegrantelt als auf dem Land

Wer richtig vom Leder ziehen will – also nicht nur dilettantisch rummaulen, sondern farbig, saftig, deftig und auf höchstem Niveau zetern –, dem reicht das gemeine Hochdeutsch nicht. Er muss eine Fremdsprache lernen. Und zwar eine deutsche Fremdsprache.

Im Hochdeutschen herrscht nämlich ein trauriger Schimpfwortmangel, wie ein Blick in den *Duden* zeigt. Unter den beiden Zwillingsbegriffen »Idiot« und »Dummkopf« listet das Synonymwörterbuch insgesamt nur 68 Wörter. Dem Betrachter fällt schnell auf: Die allermeisten dieser Synonyme werden im Alltag nicht verwendet. In meinen 25 Jahren in Deutschland habe ich Worte wie »Boofke«, »Dämlack«, »Fetzenschädel«, »Grützkopf« oder gar »Klaus« im Zusammenhang mit einem ordentlichen Genörgel nie gehört. Und mit Verlaub, »Weihnachtsmann« und »Mondkalb« sind als Beleidigungen in der heutigen Zeit wirklich nicht zu gebrauchen. Auch wenn solche Beschimpfungen theoretisch zur Verfügung stehen, ist es in der Praxis doch so, dass die überwiegende Mehrheit der Hochdeutschsprecher ihr Leben lang über »Blödmann« und »Arschloch« nie hinauskommen.

Nein, man muss mit einer gewissen Enttäuschung feststellen, dass zum Zwecke des Schimpfens das Hochdeutsche völlig unzulänglich ist.

Zum Glück gibt es für den ehrgeizigen Nörgler, der sich nicht mit den engen Grenzen des Hochdeutschen abgeben will, Abhilfe. Das *Rheinhessische Mundart-Lexikon* von Hartmut Keil zum Beispiel erklärt rund 800 Schimpfwörter. Dabei hat das Buch insgesamt nur 2400 Mundartbegriffe – der Schimpfwortanteil macht ein stolzes Drittel aus.

Wer auf Rheinhessisch mosern will, kann wahlweise »bebbern«, »breewele«, »knoddern« oder »mosere«. Wer das tut, ist ein »Knodderdibbe«, eine »Knodderbix« oder eine »Knoddergaaß« (Nörgeltopf, -büchse beziehungsweise -ziege). »Über ein Vorhaben sagen bei uns die Nörgler: ›Des werd nix‹«, erzählt der Mundartlexikograf Keil. »Wenn es dann wirklich nicht klappt, heißt es: ›Des hab isch glei gsaat.‹ Gelingt es doch, dann heißt es: ›Warum hädden des nix werre solle?‹«

Den Schwaben dagegen stehen »bruddeln«, »schimpfen« oder »goscheln« zur Verfügung.

»Das typisch schwäbische Wort für nörgeln ist ›bruddeln‹«, erklärt Wilfried Albeck, schwäbischer Mundart- und Nörgelexperte sowie Autor zahlreicher Bücher in Mundart, unter anderem *Guat gmoint und saudumm gloffa*. »Der Schwabe bruddelt, wenn er nichts zu arbeiten hat. Andere Leute sind froh und glücklich, wenn sie frei haben. Der Schwabe fühlt sich dann nicht wohl. Die Hausfrau erwartet, wenn sie gut gekocht hat, dass der Mann sie ein bisschen lobt. Es gibt den Ausdruck hier im Schwäbischen: ›Net bruddelt isch globt gnuag‹. Wenn der Mann gar nichts sagt, seinen Teller leer isst und vom Tisch verschwindet, dann hat es ihm geschmeckt. Das ist eine typische Aussage und typisches Verhalten. Das wird in Schwaben jeden Nachmittag tausendfach praktiziert.«

»Wann haben Sie das letzte Mal gebruddelt, Herr Albeck?«, fragte ich.

»Heute«, gestand er. »Es war beim Mittagessen. Es gab Schupfnudeln mit Sauerkraut. Es war natürlich gut, und ich habe den Teller leer gegessen, und als ich Dreiviertel fertig war mit dem Essen, sagte ich, ›das Kraut ist aber heut sauer‹. Am Anfang hätte ich es nicht sagen können, weil ich Hunger hatte und da schmeckt alles gut, aber wenn man schon satt ist, sucht man nach etwas, und man findet es auch.«

»Besonders nörgelbegabt sind die Sachsen«, behauptete Stefan Schwarz, scharf beobachtender Satiriker in Leipzig, der gerade seinen nächsten Band *Hüftkreisen mit Nancy* vorbereitete, als ich ihn telefonisch vom Schreibtisch wegzerrte. »Nörgeln heißt auf Sächsisch ›ningeln‹. ›Ich mach dich ningelig‹ heißt ›ich mach dich fertig‹. Das Sächsische ist fürs Nörgeln prädestiniert, weil es aus harten Konsonanten wie K weiche Konsonanten wie G macht. Deshalb sagt man übers Sächsische: ›Die Weichen besiegen die Harten.‹ Zufällig könnte man genau diesen Satz auch als Motto für das Nörgeln nehmen. Die große Motivation des Nörgelns ist ja: ›Ich kann dich schwächen. Du bist mit Lust mit deinem Projekt an mich herangetreten und ich lasse dir seelenruhig die Luft raus.‹«

Laut einer dieser Umfragen, die ab und zu auftauchen – diesmal von der *Bild Zeitung* ins Leben gerufen – war im Jahre 2009 Sächsisch die unbeliebteste Mundart Deutschlands. Vermutlich ist es auch die unbeliebteste Mundart Sachsens. »Der Sachse selber liebt seine Mundart nicht unbedingt«, enthüllte mir Barbara Petzold, Leiterin des Leipziger Mundart-Kabaretts »De Fischelanden Gaffeedanden«, »was ich sehr traurig finde«.

Es ist auch traurig, denn wer sich ärgert oder auch so schimpfen will, ist mit Sächsisch bestens bedient. »Ich bin wütend« heißt zum Beispiel, »ich habe Schdinggche«.

»Wenn eine Frau etwas, sagen wir mal, redselig ist, dann ist sie eine »Gwasselresse««, sagte die Gaffeedande. »Und ein dummes Frauenzimmer ist eine ›Glabsresse‹. Andererseits kann ein Mann ein ›Zwiggl‹ sein, wenn er albern ist, oder ein ›Griehwahdsch‹, wenn er klein ist, oder wenn er friert, dann ist er ein ›Frosdhugge‹ – weil er seine Schulter hochzieht und es aussieht, als ob er eine Buckel hat – ein ›Hugge‹.«

»Das Schöne am Sächsischen ist, man kann alles kürzer, prägnanter ausdrücken«, meinte Conny Kretschmar, deren Mundart-Glossar auf ihrer »Echte Leipziger«-Website sie als handfeste Ningel-Expertin ausweist. »Wenn ich sage, ›Sie brauchen nicht beleidigt zu sein, nun machen Sie sich keinen Kopf‹, dann versuche ich Sie mit vielen Worten zu überreden, und je mehr Wörter es sind, desto unglaubwürdiger ist es. Aber wenn ich sage, ›sei keine Fläbbe‹, bringt es das auf den Punkt und das auch noch charmant.«

Das gilt für die meisten Mundarten: Hier findet sich schnell das geeignete Schimpfwort, wo man auf Hochdeutsch lange um den heißen Brei herumreden müsste.

In Harzer Platt müssen oft ganze Berufszweige dran glauben. Ein »Kallfakter« ist eine leitende Persönlichkeit in der Industrie, erklärte Manfred Heyder vom Heimatverein Benneckenstein, »und einer, der angibt, etwas zu wissen, aber in Wirklichkeit nichts dergleichen weiß. Und ein ›Prillekenschieter‹ ist abgeleitet von einem Bäcker, der seine Pfannkuchen zu klein macht, das wird aber heute auf geizige Leute angewandt.« Wer nur dummes Zeug redet, ist in Harzer Platt ein »Quadderballich«, und wer mit nichts zufrieden ist, ist ein »Mutteljorrich« oder gar ein »Muttelheinrich«. Es gibt sogar Schimpfworte für verlauste Pantoffel und für Päpste, die sich albern verhalten: »Lusetoffel« und »allewarner Pawest«.

»Mein Sohn versteht Oberpfälzisch, spricht aber nur Hochdeutsch«, bedauerte Stefan Eber aus der Oberpfalz, Autor des Mundartlexikons auf »eber-online«. »Finde ich ein bisschen schade. Wenn ich mit ihm schimpfen muss, kann ich nur oberpfälzisch schimpfen. Auf Hochdeutsch kriege ich den richtigen Ton nicht hin.«

Die Oberpfälzer unterscheidet zwischen dem »Nisserer« (unablässiger Motzer mit weinerlichem Unterton), dem »Goscherer« (ein Polterer), dem »Grantlhauer« (chronisch Unzufriedener), dem »Lammendierer« (Jammerer) und dem Nörgler, der immer widersprechen oder das letzte Wort haben muss – dem »Noumaaler« (Nachmauler).

»Alle Saarländer neigen zum Nörgeln. Wieso, weiß kein Mensch«, sagte Paul Glass aus Fichtenberg am Telefon, Mundartexperte für die saarländische Mundart Ensheimer Platt und Autor des *Ensheimer Online-Lexikons*. »Mein Lieblingswort für Nörgeln ist ›grammäddschele‹, das ist so ein unausstehliches Quengeln. Wenn man mit dem Essen nicht zufrieden ist, wenn das Wetter nicht so ist, wie man's gern hätte oder wenn man einen Film ansieht, und er gefällt einem nicht, am liebsten wurde man den Fernseher ausschalten, aber stattdessen schaut man weiter und ›grammäddschelt‹ dabei. In der Kneipe gibt's nichts Schöneres als an der Theke zu stehen und über alles zu ›grammäddscheln‹. Wir können sogar nörgeln, ohne etwas zu sagen: Man verzieht die Mundwinkel, zieht die Augenbrauen hoch, macht ein mürrisches Gesicht. Meine Frau, die nicht aus dem Saarland kommt, nennt mich dann immer ›du waschechter Saarländer‹. Eine Frau, die das macht, nennt man eine ›Flännschegreed‹ – wobei ›greed‹ von ›Margarete‹ kommt. Wir können sogar nörgeln, wenn wir höflich sein sollen, stellen Sie sich das vor. Der Ausdruck ›joo!‹ heißt eigentlich ›ja‹, aber wenn die Frau fragt, ob das Essen geschmeckt hat, und es hat nicht geschmeckt, da sagt man ›joo‹, – und unterstreicht das mit einem leicht genervt wirkenden Tonfall.«

Nicht nur die Vielfalt macht Mundartnörgeln so erfreulich. Mundart hat einen weiteren, überzeugenden Vorteil: Während eine Nörgelei im protestantisch-moralisch-geprägten Hochdeutsch selbst im 21. Jahrhundert noch den Anstrich von etwas Verwerflichem hat, ist Mundartgrummeln charmant; ja, in Mundart wird Nörgeln nicht nur anerkannt, es wird erwartet und genossen.

»Ob wir Bayern mehr schimpfen als andere, das weiß ich nicht«, überlegte Rupert Frank, Humorist, Autor und die eine

Hälfte des beliebten Mundartkabaretts »MundARTissimo«. »Aber wir ›granteln‹. Das ›Granteln‹ ist fast eine liebenswürdige Anerkennung. Grundsätzlich nörgeln wir an allem rum, im ersten Moment. Es ist wie Schnaufen. Ein ›Grantler‹ ist einer, der steht beim erstem Augenaufschlag auf und sagt sich: ›So ein Scheißtag, muss ich wieder aufstehn‹. Er schneidet sich beim Rasieren: ›So ein ›Fix‹‹ (Fix beziehungsweise Zefix kommt von Kruzifix). Dann setzt er sich an den Frühstückstisch: ›Ja Himmelarsch, der Kaffee, der brennt mir die Zunge.‹ Der findet überall was. Dann holt er die Zeitung aus dem Briefkasten und die Werbung fällt ihm entgegen: ›Ja was ist das für ein Schmarrn da drin.‹ Hat er was gekauft, heißt es, ›Kruzifix, die lästige Verpackung, so viel Müll zu produzieren‹.«

Man kann sagen, dass fast alles, was im Hochdeutschen verpönt, peinlich oder unmoralisch ist, in einer Mundart hohes Ansehen genießt. Was auf Hochdeutsch einfach eine unangenehme Angewohnheit ist, hat in einer Mundart Stil.

»Der Bayer ist manchmal umständlich oder sogar faul, würde ich sagen«, meinte Frank. »Es gibt so einen Witz, der sagt alles über die Bayern und ihr ›Granteln‹: Zwei Münchner und ein Berliner sitzen im Münchner Hofbräuhaus zusammen an einem Tisch. Jeder hat eine Maß Bier und eine Portion frischen Leberkäs mit Kartoffelsalat vor sich. Einer der Bayern nimmt den Pfefferstreuer und versucht, seinen Kartoffelsalat nachzuwürzen. Trotz mehrfachen Schüttelns kommt nichts raus. Sein Spezl, der ihn aufmerksam beobachtet hat, nimmt ebenfalls den Pfefferstreuer, schüttelt ihn, haut ihn ein paar Mal vorsichtig auf den Tisch – ohne Erfolg. Es will nix raus, obwohl das Glasl noch mindestens Dreiviertel voll ist. Dem Berliner ist das Bemühen der beiden nicht entgangen. Wortlos nimmt er den Pfefferstreuer und beginnt, mit einem Zahnstocher die Löcher des Deckels freizustechen. Und siehe da, es kommt Pfeffer heraus, soviel man mag. Die zwei Münchner schauen sich nachdenklich an. Schließlich brummt der eine: ›Siehgst, drum mog i's ned, de Preissn!‹«

Mundart hat etwas Anarchistisches. Politisch gesehen kann man sogar sagen, Mundart untergräbt die Idee des nationalen Zusammenhalts und feiert die regionale Abgrenzung, egal, wie ähnlich die Regionen sich in Wirklichkeit sind. Während Deutschland seit vielen Jahren nach Einigkeit strebt – seine politische und wirtschaftliche Stellung in der Welt kann das Land nur deshalb genießen, weil es ein großes Land ist –, sehnt sich die Mundart nach der Zeit der Kleinstaaterei zurück.

»Der Oberbayer behauptet von sich, er sei der Ur-Bayer, aber das stimmt nicht«, grummelte der Oberpfälzer Eber. »Der Ur-Bayer stammt von nördlich der Donau, aus der Region um Regensburg. Aber der Oberbayer bleibt stur dabei, das ist die Arroganz an sich. Der Oberpfälzer würde das nie behaupten, auch nicht darüber sprechen, aber insgeheim weiß er, er ist eigentlich viel näher am ursprünglichen Bayer als der Oberbayer.«

Der Mundartsprecher betrachtet anderssprechende Deutsche als eine Gefahr. »Nachdem der Oberpfälzer sich lange für seine Mundart geschämt hat, fand eine Verwässerung statt, wo das Hochdeutsche eingeflossen ist«, so Eber. »Und es gibt viele merkwürdige Mischformen. Auf der Schule gab es Mädchen, die sich für etwas Besseres hielten, sie sprachen nur eine Mischung aus Hochdeutsch und Oberpfälzisch, es war sowas von lächerlich, dass man es nicht hören konnte.«

Während auf Hochdeutsch jede Art von Fremdenfeindlichkeit zu einem Aufschrei führt, macht die Feindschaft gegen andere Regionen in einer Mundart einfach Spaß.

»Im Grunde meint man mit ›Preissn‹ alles, was nicht Bayerisch ist«, erklärt Barbara Lexa, Mundartkabarettistin, Musikalhumoristin und die andere Hälfte von »MundARTissimo«. »›Saupreiss‹: ist einfach ein Schimpfwort für ›Fremder‹. ›Du Saupreiss, du schwedischer; du Saupreiss, du französischer.‹ Das war mal gang und gäbe. ›Saupreissn‹ reden zu viel, sie mischen sich überall ein, sie müssen immer ihren Senf dazugeben und die Ruhe wird gestört. Das Alteingesessene und die Gewohnheiten, all das wird dadurch gestört.«

»Ach, ich weiß noch gut, wie ich vor vielen Jahren von Berlin nach Bayern kam«, erinnerte sich der kritische Geist und Fernsehautor Frederick C. am Telefon aus seiner Wahlheimat München, mit einer gewissen Nostalgie in der Stimme. »Am ersten Morgen ging ich in die Bäckerei und habe ein Brötchen bestellt, und die Bäckerin hat mich angeschnauzt, als ob ich auf das Foto von Franz Josef Strauß getreten sei: ›Das heißt Semmel, du Preiß, du damischer!‹ Ich war fünfzehn. Ich bin mit Tränen in den Augen rausgestürmt.«

Doch das Schönste an der Welt der Mundart ist, dass sie einem ermöglicht, seine Mitmenschen bis zum Gehtnichtmehr zu beleidigen, ohne sich hinterher schämen zu müssen.

»In den Mundarten gibt es eine riesige Auswahl an Schimpfwörtern, die ganz gezielt in ganz bestimmten Situationen einzusetzen sind«, sagte Albeck.

Während es im Hochdeutschen nicht erlaubt ist, behinderte Menschen zu verspotten, gibt es in den Mundarten sogar spezielle Begriffe dafür. Ein Mann, der zurückgeblieben ist und sich nicht viel zutraut, ist im Schwäbischen ein ›Häfelesscheißer‹: ein Kleinkind, das noch in den Nachttopf macht. Dann gibt es den Mann, der noch am Rockzipfel der Mutter hängt: Das ist ein ›Fiedleshänger‹ oder eine ›Mamasuggele‹. Ein eher ungebildeter Mann ist ein ›Hutsimpel‹, während ein einfaches Gemüt ›Dädschkappa‹ heißt. Andererseits kriegt auch der gebildeter Mann sein Fett weg: ›i-Düpfelesscheißer‹ ist einer, der alles besser weiß.

Auch das Bayerische liebt es, die Dinge beim Namen zu nennen.

»Es gibt in Bayern drei verschiedene Begriffe«, erklärte Eber:

»›Das issa Sau‹, da meint man einen Menschen, der sich wie ein Schwein aufführt. ›Das issa Hund‹: Das ist ein verstärktes Kompliment, ein bisschen negativ, aber mit Hochachtung. Ein ›Hund‹ ist ein cleverer Kerl. Wenn einer mein *Online-Lexikon* durchschaut und sagt, das ist ein ›Hund‹, dann weiß ich, ich hab's gut gemacht. Dann gibt's die Steigerung: ›Das issa Sauhund.‹ Das ist wirklich eine ganz respektvolle Bezeichnung. Aber da ist auch schon ein bisschen was Negatives dabei: zum Beispiel so ein cleverer Banker, der die Welt um Millionen beschissen hat. Franz Josef Strauß war ein typisches Beispiel für einen ›Sauhund‹.«

Will ein Mundartsprecher auf Hochdeutsch schimpfen, führt das nicht immer zum Erfolg.

»In Mundart gibt es mehr Nuancen, als man schimpfen kann«, so Eber. »Ich versuche Hochdeutsch zu schimpfen, aber ich übersetze nur Mundartbegriffe ins Hochdeutsche, und es hört sich nicht echt an, und der andere muss lachen, und ich muss lachen, und es gelingt mir einfach nicht.«

»Man kann viel mehr Böses sagen, ohne dass es als schlimm empfunden wird«, meinte auch Heinz Webers, ehemaliger Krefelder, städtischer Beamter und Herausgeber eines Mundart-Wörterbuchs aus Krefeld. »›Hüür op, do alden Doll‹, (Hör auf, du alter Verrückter) – also, auf Hochdeutsch ist das ein Grund, zum Schiedsmann zu gehen. Aber auf Platt ist es fast eine Belobigung. Auch schön: ›He es am Jraase wie ene röesijen Honk‹. Auf Hochdeutsch: Er quengelt wie ein aufgeregter Hund«.

»Mundart ist schon witziger als hochdeutsch«, sagte Paul Glass, »aber nur, wenn es Absicht ist. Wenn jemand einen anderen schimpft, ›oh du Pinnsa und Aäänsa, härr doch uff‹ (Du wehleidiger Jammerer und Winseler, hör doch auf), kann es sein, dass es die Situation auflöst und beide darüber lachen, allein durch den Ausdruck.«

»Wenn ich auf Hochdeutsch im Durchschnitt zehn Schimpfwörter benutze, dann benutze ich auf Kölsch bestimmt fünfzig«, bestätigte Alice Herrwegen von der Akademie för uns kölsche Sproch in Köln. »Ich schimpfe aber selten auf Hochdeutsch – wenn man Mundartsprecher ist, wechselt man dann automatisch vom Hochdeutschen in Mundart.«

Unter Herrwegens Lieblingsschimpfwörtern befinden sich »Freese«, »Lötschendötsch« und »Dötschemann«. »Kölsch ist sehr extrovertiert«, so Herrwegen. »Sehr plastisch. Es arbeitet viel mit Bildern, auch mit ungewöhnlichen. Eine kleine Person ist zum Beispiel ein ›Föttchen-an-der-Ääd‹ – die trägt ihren Hintern an der Erde; und Männer, die gern Frauen betätscheln, sind ›Föttchesföhler‹.« Ein ›Freese‹ ist ein Ekel, ein widerlicher Mensch. »Der Begriff kommt von kaltem Fieber und ist sehr kraftvoll, man kann ihn richtig rausschreien.« »Lötschendötsch« und »Dötschemann« bedeuten beide Idiot oder Blödmann. »Das ist einer, der mir mit Absicht auf die Füße tritt. Das Wort ist lautmalerisch und klingt einfach schön.«

Das Ö wie in »Nörgeln« scheint sich besonders fürs Schimpfen und Jammern zu eignen. »Auf Krefelder Platt heißt es beispielsweise nicht ›Räuber‹ sondern ›Fiese Möpp‹«, sagte Heinz Webers. »Für ein Kleinkind ist ›Möppke‹ allerdings ein Kosewort – ein ganz liebenswürdiges Menschlein. ›Ach, wat es dat en lecker Möppke.‹ Und der alte Mann, der sich nur ganz selten bei seiner Frau einmal bedankt und sich über alles beklagt, das ist ein ›Knötterer‹. Und wenn er in den Bart knurrt, das ist ›Pröttele‹.«

»Es gibt da diesen Witz«, erzählte Eber. »Wie bringt man einen Oberpfälzer zum Bellen? Man sagt: ›Da drüben gibt's Freibier‹, und der Oberpfälzer fragt: ›Wou, wou, wou?‹.«

Wer auf Bayerisch schimpfen will, muss dagegen erst einmal eine spezielle Grammatik verinnerlichen, die es nur im Bayerischen und im Österreichischen gibt: die »Komma-du-elender«-Regel.

»Mein Lieblingsschimpfwort ist männlich: ›Voidepp‹, und zwar verbunden mit einem ›du saubläda‹«, erläuterte der bayerische Humorist und Grantler Rupert Frank. »Warum man immer das ›du‹ und ein Adjektiv wie ›bläd‹ etc. hinzusetzen muss, kann ich auch nicht sagen. Das bringt noch mal eine Verstärkung, das tut gut. Wenn mir ein Fehler unterlaufen ist, sage ich, so ein Mist, so ein blöder. Wenn ich eine Verpackung aufmachen will und kriege sie nicht auf: ›So a Glump, so a varreckts‹ (Gerümpel, verrecktes). Wenn man sich über Norddeutsche aufregt, heißt es: ›Du bläda Hund, du preissischer.‹«

Mundarten haben auch keine Angst vor dem Vorwurf des Sexismus. Im Gegenteil, ein Mundart-Wortschatz ist erst dann vollständig, wenn ein Sprecher über Männer beziehungsweise Frauen herziehen kann wie ein Wikinger über ein Nonnenkloster.

»Mein persönliches Lieblingsschimpfwort ist ›Dollbohrer‹« (von toll und Bohrer), sagte Keil. »Es wird eher für das männliche Geschlecht verwendet. Gemeint ist eine ungeschickte und beschränkte Person. Ich benutze es, wenn ich auf Rheinhessisch über jemanden schimpfen muss. Für Frauen gilt eher ›Dunsel‹, das kommt aus dem Französischen *Donzelle*, also launisches Frauenzimmer.«

Im Bayerischen ist eine Frau oft eine ›Bisgurn‹ – eine bissige Stute – wenn nicht gar eine ›bläde Hena‹. Erst wenn sie älter wird, mutiert sie vom Tier zum Gefährt: Eine ältere Dame ist eine ›oide Schäsn‹ – ein alter Handwagen. Ein Mann dagegen ist öfters mal ein ›Zipfe, bläde‹ – und Männer wie Frauen können durch einen kleidungstechnischen Fehltritt leicht zum Pfingstochsen mutieren. »Man hat damals zu Pfingsten einen kastrierten Stier mit Strohblumen und Bänden geschmückt«, erklärte Barbara Lexa. »Heute, wenn ein Nicht-Bayer mal in einer Tracht ankommt und die Lederhose hat die falsche Farbe, die Socken haben das falsche Muster, und den falschen Hut hat er auch auf, oder die Frau denkt, sie trägt ein Dirndl, es ist aber kein echtes, da sagt man, ›schau den an, er kommt daher wie ein Pfingstochs‹.«

Auch das Kurpfälzische macht eine klare Trennung zwischen den Geschlechtern, so Charly Weibel, Lexikograph des *Reilinger Mundart Online-Lexikons* und Experte im Mundartschimpfen aus der baden-württembergischen Region um Heidelberg und Mannheim. »Rindsbeidel« (Rindsbeutel) zum Beispiel gilt nur für den Herrn, während »Schnall« beziehungsweise »Schnepf« für die Dame reserviert ist. »Eine ungepflegte Frau nennt man eine ›Babbschachtel‹«, sagt Weibel. »Das ist eine Schlampe, wobei in Mundart der Begriff nicht sexuell gemeint ist. Er bezeichnet eher eine Frau, die in ihrer Erscheinung schlampig ist, aber auch unzugänglich.«

Irgendwie, auf unerklärliche Weise, hat die Mundart es geschafft, gleichzeitig abfällig, brachial, derb, beleidigend, frauenfeindlich, männerfeindlich, ausländerfeindlich, hochdeutschfeindlich, zugezogenenfeindlich, bauernfeindlich, rückständig und ignorant zu sein – und trotzdem charmant. Der Mundart verzeihen wir alles.

»Eine Mundart ist lustiger. Und nicht so hart«, meinte Weibel. »Das ist der große Vorteil der Mundart, weil es nicht so direkt ist. Das nimmt dem Ganzen die Spitze. Mundart neigt dazu, nur anzudeuten.«

»Das Bayerische klingt härter als das Hochdeutsche, ist aber nicht so böse gemeint«, sagte Frank. »Als Bayer weiß ich, wenn Sie auf Hochdeutsch zu mir ›Blöder Hund‹ sagen, dann ist das ernst gemeint. Wenn ich meinem Sohn sage, ›Du benimmst dich wie ein Aff‹, dann ist es nicht so schlimm.«

Doch muss man sich fragen, ob eine Mundart wirklich so lustig ist, wie sie sich anhört. Es kann sein, dass sie nur so tut, damit keiner erkennt, was wirklich los ist.

»Ich bin mit Platt groß geworden«, schimpfte Gerd Spiekermann, Radio-Redakteur bei NDR 90,3 in Hamburg, »und wenn die Leute aufeinander sauer waren, dann schimpften sie los, und bei denen, die es betraf, kam das aber genauso an wie auf Hochdeutsch. Wenn Ehepaare sich streiten, wenn da bestimmte Beleidigungen fallen, das trifft.«

»Können Sie mir ein Beispiel geben?«, fragte ich und freute mich schon.

»Wir hatten mal Nachbarn, die stritten sich sehr laut: Sie nannte ihn einen ›Suupsack‹. Ein ›Saufsack‹ ist schlimmer als ein ›Säufer‹. Da nannte er sie eine ›Zeeg‹, eine Ziege und einen ›Hungerhoken‹. Sie war mager. Dann ging er unter die Gürtellinie: ›Olle Kutt‹ – wir würden sagen ›alte Fotze‹. Das ist nicht niedlich, das ist genauso ein Tabuwort wie bei uns. Sie gab es natürlich zurück. Ganz gemein und fies ist ›Pöselborg‹ – ›Borg‹ ist ein kastrierter Eber und ›Pösel‹ ist Pimmel – das ist also jemand, der impotent ist.«

Spiekermann ist niederdeutscher Mundartautor von Büchern wie *Allens Logen!*, und er meint, dieses Image, das Mundart habe, dass sie so volkstümlich sei, lustig, niedlich und harmlos, sei eine typische Haltung bei Menschen, die selber keine Mundart mehr sprechen. »Man redet die Mundart schön«, grummelte er. »›Ach schade, dass ich das nicht mehr kann‹. Ich mag die Euphemisierung von Mundart nicht. Ich bin Autor, und ich will nicht in einer Sprache schreiben, der dieser Stempel aufgedrückt wird: ›Och, das ist alles nicht so schlimm.‹ Ich will nicht in einer Sprache arbeiten, die nur noch niedlich ist.«

»Auf Kölsch zu schimpfen ist schon ernsthaft gemeint, aber für andere klingt es einfach weniger ernst«, meinte Alice Herrwegen. »Es kommt vor, dass Leute in Köln bei der Polizei anrufen und wissen wollen, ob dies oder jenes ein Schimpfwort sei, um klarzustellen, ob sie gerade beleidigt wurden oder nicht. Und dann ruft die Polizei bei uns in der Akademie för uns kölsche Sproch an und fragt uns. ›Aal Määl‹ zum Beispiel heißt ›alte Amsel‹ und stammt aus dem Französischen *le merle*. Die Polizei wollte wissen, ist das nun eine Beleidigungsklage wert oder nicht. Natürlich war es ein Schimpfwort, aber dem Polizisten sagte ich, es sei keines.«

Einer Mundart kann man unterstellen, sie sei politisch unkorrekt – oder man kann sie als die höhere Sprachkunst bewundern, denn was Witz, Poesie und Lautmalerei angeht, kann Hochdeutsch mit einer Mundart nicht mithalten.

Schon von der Klangfarbe her hat Mundart Humor. »Wenn man nörgelt, sagt man: ›fixefeierdunnerwedda‹«, sagt Weibel. »Es hat keine Bedeutung. Es ist, wie wenn der Blitz eingeschlagen ist, und man sagt ›sakrade‹. Warum sagt man das? Es hat keine Bedeutung, man sagt es halt. Man mag, wie es sich anhört.«

Bisweilen beobachtet man sogar etwas, was man nur als Dadaismus bezeichnen kann.

Zu den besten Möglichkeiten, einen Kölner zu informieren, er sei ein Idiot, zählen so seltsame Sprüche wie »do schääl Pann Ääpel« und »do fuule Kis«: Du schielende Pfannenkartoffel beziehungsweise Du fauler Käse.

Ähnlich skurrile Beispiele gibt es aus dem Sächsischen. Da bedeutet »Geh auf dem Mond Gras rupfen«, man solle bitte hier verschwinden, und »Du verblühtes Radieschen« ist irgendwie ein Schimpfwort, aber wo ist der Stachel?

Als Kind zu Hause in Ebendorf, erinnerte sich Eber, wenn er sich langweilte und nicht wusste, was er mit sich anfangen sollte, empfahl ihm die Mutter: ›D'schnäggen aaf d'schwanz' schlong dass niad nissern‹ – Geh den Schnecken auf den Schwanz schlagen, damit sie nicht nörgeln.

Er wusste, was gemeint war. Auf Hochdeutsch allerdings, fürchte ich, haben diese Hinweise nicht den gleichen Effekt.

Doch was wäre eine Abhandlung über deutsches Nörgeln wenn man die jüngste der ehrwürdigen deutschen Mundarten aussparen würde, Türkisch natürlich?

5. Tadeln wie ein Türke

Manche Völker wissen noch, wie man
richtig zetert

Wer wie ich die gesellschaftlichen Trends der letzten Jahre verfolgt hat, dem ist folgende faszinierende Entwicklung nicht entgangen: Seit einigen Jahrzehnten lebt in Deutschland eine wachsende Gemeinde türkischer Einwanderer.

Doch doch, das stimmt. Aber was, frage ich mich und Sie sich vielleicht auch, was hält die Türken ausgerechnet hier in Deutschland? Ist es in der Türkei nicht viel sonniger? Auf diese Frage gibt es nur eine Antwort: Seelenverwandtschaft. Weil eines die Türken mit den Deutschen aufs Engste verbindet: ihre Liebe zum Nörgeln. Ja, manch ein Nörgelforscher behauptet sogar, die Türken lamentierten noch mehr als die Deutschen.

»Auf jeden Fall meckern die Türken mehr«, bestätigte ein Stand-Up-Komiker und scharfsinniger Beobachter in Sachen Türknörgeln, der anonym bleiben wollte und den ich Erkan S. nennen möchte. »Das fängt schon morgens mit diesen Jammerfrauensendungen im türkischen Fernsehen an: ›Mein Mann ist gestorben, meine Tochter ist weggerannt, mir geht's so schlecht.‹ Es gibt keine lustigen Sendungen. In der Türkei musst du nur die Straße runterlaufen und ein bisschen rumgucken, schon schimpft einer: ›Arschloch, was guckst du meine Frau an?‹ Ich war mal mit einem Kumpel in der Türkei am Meer. Die Sonne ging gerade unter, es war fabelhaft. Wir schauten auf das Wasser, das Sonnenlicht spiegelte sich darin, und ich sagte, ›schau mal, wie schön das ist‹. Er guckte mich nur an und entgegnete: ›Bist du schwul geworden?‹«

»Aber hallo«, kommentierte Arzu Toker, Autorin und Expertin in Sachen Lamento, charmant. »Die Türken sind doch keine Nörgler. Die Türken sind Jammerlappen. Das ist ein himmelweiter Unterschied. Wer nörgelt, will was ändern, er wird aktiv, irgendwann unternimmt er was. Wer jammert, erwartet von jemand anderem, dass er was unternimmt.«

Mit »jemand anderem« meinte Toker vor allem einen: Gott.

»Die Türken überlassen alles Gott. ›Das Dach ist kaputt – *inschallah*! Gott soll es fügen!‹ Alles hat Gott gemacht. Wenn etwas Gutes passiert, heißt es *maschallah* – wie Gott will. Wenn etwas schiefgeht, heißt es *inschallah* – so Gott will.«

Diese gottergebene Jammerhaltung illustriert ein Witz, den die Türken selbst gern erzählen: Gott hält Mittagsschlaf und die Engel wecken ihn auf mit der verstörenden Nachricht: »Auf der Erde ist Krieg!« Gott ist unbeeindruckt: »Na und?«, sagt er, »ich mache Mittagsschlaf.« Nach einer Weile wecken die Engel ihn wieder und sagen: »Er weitet sich aus, jetzt mischen schon die Amerikaner mit!« »Na und?«, sagt Gott, »lasst mich schlafen!« Dann kommen die Chinesen dazu und alle anderen Völker auch und es wächst sich zu einer Riesenkatastrophe aus, aber immer, wenn die Engel ihn wecken, will Gott weiterschlafen. Endlich sagen sie: »Gott, jetzt sind die Türken auch noch dabei!« Plötzlich ist er hellwach: »Holt mir mein Schwert!« Die Engel sind erstaunt und fragen: »Warum wirst du ausgerechnet bei den Türken aktiv?« Da seufzt Gott: »Na, bei den Türken muss ich immer alles selbst machen.«

Toker, bekannt für ihre Vorträge über Integration und Islam, sieht den Ursprung für diese spezielle Nörgel-Tradition nicht in der türkischen Kultur. »Im Grunde sind die Türken ähnlich wie die Deutschen«, meinte sie. »Beide Völker haben eine Identitätsstörung. Die Deutschen suchen ihre Identität seit dem Zweiten Weltkrieg, und die Türken haben ihre Identität von den Arabern übernommen. Deswegen delegieren sie alles an Gott und machen ihn für alles verantwortlich, wie die Araber das tun.«

Auch im Schimpfen sind die beiden Völker einander ähnlicher, als sie glauben. Beide lieben Tiere, beide lieben Sex und diese Leidenschaften schlagen sich in der türkischen Schimpftradition nieder. Wer ein *uskumru* auf der Speisekarte sieht, kann eine »Makrele« bestellen, wer es aber ins Gesicht gesagt bekommt, wird gerade als »Gigolo« beschimpft. Und *nallı fatma* bedeutet Frau mit Hufen. Falls immer noch nicht klar ist, was gemeint ist, dann kann man es auch so ausdrücken: Esel, den man zum sexuellen Lustgewinn genötigt hat.

Überhaupt, Esel sowie deren Nachwuchs sind sehr begehrt. »*Scholischek* wird gern mal so in die Konversation geschmissen«, sagte der türkische Singer/Songwriter mit dem Künstlernamen Al Page, als ich ihn in dem kleinen Café Ess Eins in Schöneberg auf ein Sandwich und mehrere Tassen Kaffee traf. »Alp«, wie man ihn nennt, ist Autor des Schimpf- und Nörgelbuches *Türkisch Slang. Scholischek* bedeutet Esel und Sohn eines Esels. Auch *itoluit* kommt gut: Köter und Sohn eines Köters.

»Auf Deutsch klingt das vielleicht lustig«, versicherte mir Page, »aber es ist viel derber, wirklich heftig, es geht in Richtung tiefe Beleidigung.«

Page ist auch Deutschnörgelkenner und ist erschüttert über den Mangel an geeigneten deutschen Schimpfwörtern. »Ich habe das Gefühl, die Deutschen können gar nicht fluchen«, sagte er mit echtem Mitleid. »Hurensohn gab es in Deutschland vor zwanzig, dreißig Jahren noch nicht, das kam erst durch die Türken hierher.«

Ich wäre nicht überrascht, wenn bald weitere Schimpfwörter vom Türkischen ins Deutsche wandern würden, zum Beispiel »Pfarrer« oder »Grieche«.

»›Du Pfarrer‹ heißt bei uns, der Mann hat keine Ahnung von irgendwas«, erklärte Page. »Seine Welt kommt überhaupt aus einem anderen Universum. Und wenn es jemand sehr eilig hat, oder sehr schnell redet oder isst, sagen wir: ›Verfolgt dich ein Grieche?‹ Das ist zur Zeit des Ersten Weltkriegs entstanden, als Türken und Griechen verfeindet waren, und wurde gefragt, wenn jemand auf der Flucht war.«

Die wichtigsten Schimpfwörter stammen aber mit Abstand direkt aus dem sexuellen Bereich. »Vor allem unter Männern«, sagte Page. »Die beliebteste Beschimpfung ist: *Anam sikeyim* – Ich ficke deine Mutter.« Deine Mutter wird überhaupt hart rangenommen: *Ananın amı* heißt Vagina deiner Mutter und bedeutet so etwas wie »Hoppla!« Was man sagt, wenn man »Aua!«, »Aber hallo!« oder gar »Hilfe!« meint, will ich gar nicht wissen.

»Das Schöne daran ist, dass man ja prinzipiell alles ficken kann. Opa, Oma, die Kusine, die Schwester, die ganze Sippe. Man kann es auch mit anderen Beleidigungen kombinieren: ›Du verdammter Köter und Sohn eines Köters, ich ficke deine Schwester.‹ Das ist aber hochgradig gefährlich. Wenn Sie das einem Türken sagen, dann ist wirklich Gefahr im Verzug. Ist aber beliebt. Ich habe mal in einer Sendung gesehen, wie ein TV-Moderator auf Weltreise war, und in Afrika war er so mutig, einen Löwen zu streicheln, doch der Löwe hat zugeschnappt. Da hat der TV-Moderator den Löwen beschimpft: ›Ich ficke deine Großmutter!‹ Ich glaube, der Löwe hat's nicht verstanden.«

Ob die unmittelbare Gefahr besteht, dass diese Beschimpfung ins Deutsche wandert, ist unklar. »Junge Türken, gerade die, die in Deutschland leben, übersetzen es direkt ins Deutsche«, sagte Page amüsiert. »Zum Beispiel: ›Ich ficke deine Großmutter.‹ Nun, *ebe* heißt zwar Großmutter, aber es heißt auch gleichzeitig Hebamme, also übersetzen es die jungen Türken so: ›Ich ficke deine Hebamme.‹ Wenn das ein Deutscher zu hören kriegt, fasst er sich nur noch an den Kopf. Für die Türken aber ist das eine todernste Beleidigung.«

»Das funktioniert tatsächlich nur unter Türken«, pflichtete Toker bei. »Es gibt eine Geschichte, wie ein Franzose in die Türkei kommt und sich mit einem Türken streitet. Der wird sauer und sagt: ›Ich ficke deine Mutter!‹ Da muss der Franzose lachen. Der Türke ist irritiert: ›Was lachst du da?‹ Darauf der Franzose: ›Ich stelle mir das bildlich vor: Du gehst zur Botschaft, beantragst ein Visum, fliegst nach Paris, gehst ins Altersheim und willst meine Mutter ficken. Das stelle ich mir ehrlich gesagt schwierig vor.‹«

Überhaupt, der verstimmte Türke wirft dermaßen begeistert mit sexuellen Begriffen um sich, dass man schon von einer speziellen Kategorie des Schimpfens reden muss: dem Gürtellinien-Gestichel.

Wer jemanden einen »Peniskopf« (wörtlich: Eichelkopf) schimpfen will, sagt *yarak kafa*. Wer exklusiv eine Frau beleidigen will, tut gut, sich an *orospu* (Hure) zu halten. Ein *dönme* ist nicht nur ein Mann nach einer Geschlechtsumwandlung, es ist auch einer, der seine Meinung häufig ändert, und *abaza* ist einer, der lange keinen Sex mehr gehabt hat – wobei ich in diesem Fall nicht feststellen kann, wo das brüderliche Bedauern aufhört und das Herunterputzen beginnt.

»Frauen können ja nicht sagen, ›ich ficke deine Mutter‹«, meinte Toker. »Also greifen sie beim Schimpfen meist auf Gott zurück. Bei den Türken soll Gott ja überall und immer eingreifen, also muss er auch beim Schimpfen ran. Etwa: ›Gott verdamme dich‹, oder ›Gott soll dir Unglück bringen‹, oder ›Gott soll dir die Hände abhacken.‹«

So extrem das türkische Nörgeln sein kann, so hat es doch auch eine unerwartet charmante Seite.

Ich bat Arzu Toker, von ihrem schlimmsten Ehestreit zu erzählen. Ihr Ehemann ist Deutscher, und ich wollte gern wissen, was eine türkische Frau an einem deutschen Mann so alles auszusetzen hat und wie sie das auf den Punkt bringt. Erst, als die Geschichte zu Ende war, verstand ich, was sie mit einem Ehestreit zu tun hatte.

Die Geschichte ereignete sich ganz am Anfang ihrer Beziehung. Er hatte sich gerade frisch von seiner Frau getrennt und stellte Arzu zum ersten Mal seinen Freunden vor. »Und jedes Mal, wenn er mich vorstellte, sagte er, ›ich habe mich von meiner Frau getrennt, und zwar im Guten‹, und er war stolz darauf und erzählte von seiner wunderbaren Trennung. Und das passierte das nächste Mal, als wir bei seinen Freunden waren wieder, und ein drittes Mal auch. Irgendwann sagte ich: ›Ich möchte auch was erzählen.‹«

Sie erzählte die Geschichte von einem Mann, der zum dritten Mal geheiratet hatte. Es war Sommer. Nach der Feier ging er mit seiner Frau nach Hause, und weil es heiß war, schliefen sie auf dem Dach. Nach einer Weile ertönte ein Krach, seine Freunde eilten herbei und sahen, dass seine neue Ehefrau vom Dach gefallen war. »Um Gottes willen, warum hast du deine Frau runtergeschmissen?«, fragten sie ihn.

Er antwortete: »Das habe ich gar nicht getan. Wir lagen so dicht beieinander, dass kein Haar mehr zwischen uns gepasst hätte. Da kam ihr erster Mann, der so gut und toll war, legte sich zwischen uns und sagte zu mir: ›Ich hoffe, du bist auch so gut zu ihr, wie ich es war.‹ Dann kam meine erste Frau, sie legte sich auch zwischen uns und ermahnte mich ebenso, ein guter Ehemann zu sein. Dann kam ihr zweiter Mann und meine zweite Frau, bis so viele Leute zwischen uns lagen, dass es keinen Platz mehr auf dem Dach gab, und da fiel sie herunter.

Danach haben seine Freunde nichts mehr davon gehört, wie toll die Trennung von seiner Frau war.«

Je tiefer man in der Welt des Türknörgelns eindringt, desto mehr Ähnlichkeiten findet man zwischen Deutschen und Türken. Ist Ihnen schon mal aufgefallen, dass die Deutschen gern über die Deutschen nörgeln? Die Türken tun das auch!

»Wenn Türken in der Türkei über Politik nörgeln, dann geht es oft darum, dass es bei uns nicht so richtig demokratisch zugeht«, erklärte Erkan S., der in der Türkei aufgewachsen ist und seit einigen Jahren hier auf der Kabarettbühne steht. »Oder über Ehrenmorde, die zwar verboten sind, aber man findet immer einen Weg, dass der Mörder nach ein paar Jahren Knast wieder freikommt. Das sind alles schwierige Themen. Wenn die Türken in Deutschland über Politik mosern, ist es dagegen ganz einfach: Alle Politiker hier sind ausländerfeindlich.«

»Wenn ein Türke was getrunken hat, dann Auto fährt und von der Polizei angehalten wird und eine Strafe zahlen muss«, sagte Ilhan Atasoy, der Dortmunder Komiker, der auch »König vom Borsigplatz« genannt wird, am Telefon, »dann sagt er meistens, ›er hat mich ja nur angehalten, weil ich Ausländer bin.‹ Er sagt nicht: ›Ich habe aber nichts getrunken‹ oder sonst eine Ausrede, wie vielleicht ein Deutscher das tun würde, sondern: ›Sie sind wohl ausländerfeindlich‹. Wenn türkische Jugendliche in der Straßenbahn gebeten werden, nicht so laut zu sein, sagen sie: ›Sind Sie Nazi?‹«

»Allerdings ist es umgekehrt genauso«, fuhr er fort und kicherte. »Ich bin mal falsch in die Einbahnstraße hineingefahren und wurde angehalten. Der Polizist schaute mich streng an und sagte nicht, ›Sie fahren verkehrt herum in die Einbahnstraße‹, sondern: ›Gibt es bei Ihnen, wo Sie herkommen, keine Straßenverkehrsordnung?‹ Ich antwortete: ›Bei mir in meinem Dorf in Pakistan gibt es keine Straßen, nicht mal Autos, nur Elefanten.‹ Er wusste nicht, ob ich ihn verarsche oder nicht.«

Das gilt nicht nur für den Straßenverkehr: Auch Politiker haben die Vorteile des Klischees des ausländerfeindlichen Deutschen entdeckt.

»Das sah man auch bei diesem Brand in Ludwigshafen im Jahre 2008, als neun Türken ums Leben kamen«, erinnerte sich Atasoy. »Die Ermittlungen waren noch gar nicht in Gang gekommen, da stand schon in manchen türkischen Zeitungen: ›Verbrennen die Deutschen die Türken?‹ Sogar der Ministerpräsident Erdogan ist nach Ludwigshafen gefahren, um zu zeigen: ›Ich lasse euch nicht allein.‹ Es gibt übrigens auch in der Türkei solche Probleme. Vor einigen Jahren haben Fundamentalisten ein Hotel angezündet und siebenunddreißig Menschen sind umgekommen. Da hat sich kein Politiker sehen lassen.«

»Mein Vater ist ein gläubiger Moslem«, fügte Page hinzu. »Er betet fünf Mal am Tag. Aber sobald er Politiker im Fernsehen sieht, fängt er an, in den höchsten Tönen zu zetern – wie Scheiße die Türkei sei und was dort alles schief läuft. Dann schimpft meine Mutter mit ihm, er solle nicht so schimpfen.«

»In der Türkei ist der Türke überhaupt ganz anders«, stellte Atasoy klar. »Im Straßenverkehr zum Beispiel fahren manche Fahrer einfach bei Rot über die Ampel und irgendwann kracht es. Da schüttelt der Deutsch-Türke den Kopf und sagt: ›Bei uns in Deutschland könnte das nicht passieren‹. So sagen sie in der Türkei: nicht ›da, weit weg in Deutschland‹, sondern ›bei uns in Deutschland‹.«

»Wenn Türken aus Deutschland in die Türkei kommen, beschweren sie sich, was das denn hier für ein Chaos sei«, sagte Page. »Dann fahren sie wieder zurück nach Deutschland und machen Party bis zwei Uhr morgens, und wenn die Nachbarn klopfen, dann jammern sie: ›Was ist das nur für ein Land hier!‹«

Erfahrene Integrationsanalytiker teilen gern die in Deutschland lebenden türkischstämmigen Mitbürger mit Migrationshintergrund in zwei Gruppen: die Integrierten und die Nicht-Integrierten. Manchmal auch in: die aus Anatolien und die aus Istanbul. Solche unbedachten und ignoranten Pauschalisierungen tun einem Volk, das so vielfältig ist wie die Türken in Deutschland, unrecht. Viel fairer, menschlicher und näher an der komplizierten Wirklichkeit ist folgende Einteilung: Türken, die über Deutsche nörgeln, und Türken, die über Türken nörgeln.

»Die Deutschen haben Probleme mit den Türken, weil sie glauben, die Türken integrieren sich nicht«, sagte Erkan S. »Und das stimmt. Sie wollen sich nicht integrieren. Sie leben hier und können alles machen, was sie wollen – das sind Möglichkeiten, die sie in der Türkei nicht haben. Und sie leben trotzdem genauso wie in der Türkei: Sie wollen nur in türkischen Männercafés rumsitzen und schimpfen.«

Doch nur Geduld: Zumindest in der Themenwahl passen sich die Türken schon den nationalen Bräuchen an. »Der Deutsche stöhnt über das Wetter, wenn es ihm zu kalt oder heiß ist«, sagte Page. »Der Türke regt sich darüber nicht auf, das ist Gottes Wille. Bei den Türken in Deutschland ist es ein bisschen anders – inzwischen regen die sich hier auch über das Wetter auf.«

Auch diese Gewohnheit haben die Türken gemeinsam mit den Deutschen: über das Land schimpfen, aber es nicht verlassen.

»In Deutschland jammern sie, dass sie in einem fremden Land sind und in der Fremde leiden«, kritisiert Arzu Toker. »Aber sie ändern selbst nichts daran, sie gehen nicht zurück, sondern sie erwarten, dass die Deutschen etwas tun, damit es ihnen besser geht. Da finde ich die Deutschen aktiver. Wenn sie ihre Stadt hässlich finden, mosern sie so lange, bis einer von ihnen im Stadtteil eine Initiative gründet und Blumenkübel hinstellt, damit es ein bisschen hübscher wird.«

Je länger ich mich mit meinen scharfzüngigen Experten mit Migrationshintergrund unterhielt, desto mehr stellte ich fest, dass die Speerspitze der türk-türkischen Kritik sich gegen eine ganz bestimmte Gruppe zu richten scheint, die nach so vielen Jahren in der Fremde ihre eigene Nörgelkultur aufgebaut hat: die Deutsch-Türken.

»Die Türken behaupten, sie hätten keine Freiheit hier in Deutschland, aber sie wissen, dass das nicht stimmt«, schimpfte Erkan S. »In der Türkei kannst du nicht sagen, ›ich bin schwul‹, aber hier kannst du das, kein Problem. Aber es ist einfacher, zu behaupten, man wäre hier unfrei.«

»In der Türkei ist man fünfzig Jahre weiter als die Türken in Deutschland«, fügte er hinzu. »Hier leben die Türken ganz konservativ. Es gibt keine neue Mode, sie halten das alles für Quatsch. In der Türkei dagegen sind manche Leute moderner als in Europa.«

Toker glaubt, das hat mit einer Identitätsverwirrung zu tun: Die Türken in Deutschland glauben, sie seien Araber.

»Das Problem ist, als die Türken hierherkamen, waren sie Fremde, aber sie wurden auch in der Türkei abgelehnt, weil man dort sagte, das sind Ungebildete, die blamieren uns im Ausland. In den Siebzigern kamen dann die Saudis und sagten: ›Na, dann kommt doch zum Islam‹. Die arabischen Länder haben in Deutschland investiert, sie haben Videos und Kassetten unter den Türken hier verteilt, die sie dazu bringen sollten, Islamisten zu werden. Das führte dazu, dass die Identität der Türken in Deutschland eine komische Entwicklung genommen hat – sie haben die arabische Identität angenommen, obwohl das eigentlich etwas Fremdes war.«

Als Al Page seinen dritten oder vielleicht vierten Kaffee austrank, beugte ich mich vor und stellte ihm eine Frage, die mich schon lange beschäftigte: »Nicht nur von den Türken höre ich immer wieder Kritik an den Deutschen, auch von anderen Ausländern. Ich mache es ja auch«, flüsterte ich. »Selbst die Deutschen ziehen die ganze Zeit über ihr eigenes Land her. Doch wir bleiben alle. Wieso?«

Al blickte sich vorsichtig um.

»Ich kann nur sagen, ich mag es hier«, wisperte er. »Wem es nicht gefällt – ob türkisch oder deutsch – soll gehen.«

6. Jammern für die Jeinheit

Wieso heißt es eigentlich Jammerossi und
nicht Jammerwessi?

Es geht eine tiefe Kluft durch das Land. Ein unüberbrückbarer
Unterschied trennt Westdeutschland von Ostdeutschland, ein
Unterschied, der so subtil und doch so folgenreich ist wie der
zwischen Hund und Katze. Das Land, vermeintlich einig, wird
in Wahrheit durch ein steiles Nörgelgefälle getrennt, und es ist
nicht abzusehen, dass dieses Gefälle jemals überwunden wird.

Westdeutsche nörgeln, Ostdeutsche jammern.

»Ich erzähl dir mal ein Beispiel«, sagte mir Tim H., Journalist, ehemaliger Bürger der DDR und Experte für berechtigte
Einwände, als ich ihn in seiner schönen, mit Büchern angefüll-
ten Altbauwohnung in Berlin (Ost) bekniete, mich endlich über
die Unterschiede zwischen Ost- und Westmeckern aufzuklä-
ren. »Wir saßen mal zu viert in einem Restaurant irgendwo in
Ungarn – meine Wessi-Freundin, ich und noch ein Ossi-Paar.
Die Suppe war zwar unter aller Sau, völlig eklig, aber es gab
Wein, es war nett, wir plauderten und es ging uns gut. Nur Aimée nörgelte herum. ›Das ist ja eklig hier!‹ Die ganze Zeit. Endlich platzte meinen Freunden der Kragen: ›Kannst du nicht aufhören zu nörgeln? Natürlich schmeckt es eklig, was hast du
erwartet? Wir sind in Ungarn. Und jetzt verdirb nicht den ganzen Abend!‹«

»Also, du willst sagen, Ossis nörgeln nicht, weil sie autoritäts-
gläubig sind?«, fragte ich.

»Ich wusste, dass du das sagen würdest«, krähte er trium-
phierend. »Das interpretieren alle Wessis so, sie können nicht
anders. Aber es hat gar nichts damit zu tun. Wer in der DDR

aufgewachsen ist, ist in der Lage, unangenehme Dinge zu ver
drängen. Das ist ganz tief in mir drin. Aus der schlechtesten
Situation können wir das Beste machen. Wenn in einem Restaurant das Essen ganz schlecht ist, beschwert sich der Wessi
lautstark, wir nicht. Wir wissen, man kann es sowieso nicht
mehr ändern, es ist einfach eklig. Es gibt aber Wein, es gibt
gute Gesellschaft – warum sollen wir uns jetzt deswegen die
Laune verderben?«

Das leuchtete mir ein. Aber Aimée, einer Künstlerin aus
Westdeutschland und selbst gewiefte Stichelexpertin, überhaupt
nicht.

»Das hat nichts mit Ossi/Wessi-Unterschieden zu tun«, stellte
sie klar. »Tim ist harmoniesüchtig als Person und konfliktscheu
als Mann. Ich bin ein sehr extrovertierter Mensch und ziehe einen ordentlichen, reinigenden Streit einer langen Depression
vor. Ich muss eine italienische Großmutter haben – ich kann mit
Tellern werfen und mich hinterher entschuldigen, wenn ich getroffen habe. Ein Streit ist für mich nicht negativ belegt. Deshalb
liebe ich mein Gegenüber nicht weniger. Ich weiß aber nicht, ob
das ein Charakterzug von Wessis oder von Frauen überhaupt ist
oder nur von mir.«

Auch wenn Aimée glaubte, sie interpretiere Tims Verhalten
richtig, und er sein eigenes falsch, gibt sie zu, dass Wessis Ossis oft falsch verstehen. »Es gibt ein deutsch-deutsches Sprach-
problem«, sagte sie. »So kommt es zu vielen Missverständnis-
sen. Direkt nach der Wende habe ich hier im Osten zu meiner
großen Verblüffung die Beobachtung gemacht, dass die Leute
Schwierigkeiten hatten, überhaupt ihre eigene Meinung zu äußern. Wenn man in kleiner Runde diskutierte, zögerte der Ossi,
ein *Ich* vorzubringen. Er hat immer nur über *uns* und *wir* gesprochen, um scheinbar altruistisch über das Ganze zu diskutie-
ren. Schon wenn man über die eigenen Lebensziele spricht, ist
es für einen Wessi vom Konzept her einfacher, zu sagen, ›ich

will im Leben dies und das erreichen‹. Tim hat Schwierigkeiten, überhaupt zu verstehen, was ich als Wessi mit dem Wort
›Ziel‹ meine. Er sagt: ›Ich komme aus einem Land, wo ich sowieso nur bestimmte Dinge erreichen kann und andere nicht,
und deshalb habe ich bestimmte Ziele nicht, weil ich sonst enttäuscht werde.‹«

Andere Nörgelforscher bestätigten, dass ehemalige DDR-
Bürger zurückhaltender sind.

»Ich musste das nach der Wende lernen, diese Direktheit«,
gab der Filmproduzent und ehemalige DDR-Bürger Jürgen zu.
»Mein erster Film für das ZDF handelte von Leuten, die durch
die Stasi harte Brüche in ihren Biographien erlitten haben. Ich
war noch DDR-sozialisiert, noch auf der ironischen Schiene, ich
sagte alles durch die Blume. Als mein ZDF-Redakteur den Film
anschaute, hat er nur den Kopf geschüttelt. ›Was heißt *Leute, die
beobachtend unterwegs sind*?‹, fragte er. ›Na, die Stasi eben‹, antwortete ich – ›diese Verbrecher.‹ ›Dann nenn' sie doch *Verbrecher*‹, sagte er. Ich wusste gar nicht, dass ich das sagen durfte. Er
musste mir helfen, alles umzuschreiben.«

Das ist noch lange nicht die einzige Möglichkeit, den Nörgel-
kontrast zwischen Ost und West zu beschreiben.

Der Psychologe, Soziologe und Ost/West-Forscher Elmar
Brähler von der Universität Leipzig fand, im Osten beschwere
man sich mehr als im Westen.

»Es gibt schlicht eine andere Kommunikationskultur«, sagte
er am Telefon. »Die Ostdeutschen neigen mehr zum Klagen als
die Westdeutschen. Auch über körperliche Beschwerden. Sie
sind einfach mitteilungsfreudiger. Die Ostdeutschen beschweren sich sogar über ihre Freizeit. Der Westdeutsche hat eher eine
Art kapitalistisch-calvinistische Moral, à la ›Ein Indianer kennt
keinen Schmerz‹. Der Westdeutsche jammert weniger, aber
wenn er jammert, schämt er sich dafür; der Ostdeutsche jammert mehr, aber er fühlt sich sehr gut dabei.«

»Wessis nörgeln über Konkretes; Ossis über alles im Allgemeinen«, meinte Stefan Schwarz dazu, Kind der DDR und scharf beobachtender Satiriker. »Der Politikerinkompetenzverdacht ist zwar gleich groß in Ost und West, aber Ossis sind aufgrund ihrer Erfahrung generell ein bisschen pessimistischer, was das Managen der Welt angeht.«

Mit ostdeutschem Defensivmeckern ist auch Käthe C., Zeitungsredakteurin in Hamburg mit ostdeutschem Hintergrund, bestens bekannt. »Ich hab einen Ostkollegen, und meine Westkollegen wissen mittlerweile, wie sie den auf die Palme bringen können. Sie sagen nur … ›Plattenbauten!‹. Er geht sofort an die Decke: ›Das hattet ihr im Westen auch! Plattenbauten sind sowieso eine französische Erfindung!‹«

»Systemnahe Dozenten, leitende Ärzte und solche Leute, denen es in der DDR gut ging, schimpften noch nach der Wende herum, wie man hatte so dumm sein können, DDR-Republikflucht zu begehen«, schnaubte die Berliner Psychologin, Mutter, Ossibraut und Expertin für Jammern und Klagen Babsi K. bei einem leckeren Kumpir in dem kleinen Laden Schlaraffenland in Berlin-Schöneberg. »Heute treffen sich die Grenzsoldaten und jammern, dass sie ungerecht behandelt und als Verbrecher abgestempelt werden – einige wurden auf Bewährung verurteilt. Dabei seien sie alle so menschlich gewesen, sie hätten doch meistens danebengeschossen.«

»In der DDR meckerte man über die DDR«, sagte die Designerin und Nörgelexpertin Adele G. bei einer Tasse Kaffee in einem lauten Café in Tiergarten, »und darüber, dass die Waren so schlecht und sowieso nie zu haben waren. Heute meckert man, dass man sich ständig entscheiden muss, was das beste Angebot ist, bei Handys oder Internettarifen, das Überangebot ist anstrengend, der Mensch geht dabei verloren. Nach dem Mauerfall nörgelte man über die arroganten Wessis, die einen kleinmachten, da man zum Beispiel als DDR-Student das Falsche gelernt hatte. Und wir haben den Wessis das natürlich geglaubt, wenn sie das sagten, denn da sprach das überlegene System.«

Von den vielen großen Verdiensten, die Deutschland ums Nörgeln errungen hat, war die Erfindung des Jahrhundertbegriffs »Jammerossi« einer der größten.

Ähnlich wie »imperialistische Schweine« uns Amerikanern, »Warmbiertrinker« den Engländern und »Kinderficker« den Belgiern ein unverwechselbares Profil aufdrücken, verlieh kurz nach der Wende »Jammerossi« den Ostdeutschen ihre erste bedeutende regionale Identität.

Dabei ist der Begriff ein Rätsel. Einerseits wird zwar im Osten viel gejammert, und angesichts der Arbeitslosigkeit in manchen Ost-Regionen ist das auch mehr als verständlich. Andererseits lebe ich seit 25 Jahren in Deutschland, im Ruhrpott, in München und in Berlin, und in dieser Zeit hat der hohe Grad an intensivem Gejammer seitens der Westdeutschen nicht eine Sekunde lang nachgelassen. Dennoch werden die Wessis mit keinem vergleichbaren Begriff belegt – außer natürlich mit »Nazis«.

»Ich bin mir sicher, dass Ostler kreativer und krisenfester sind als die Westler«, bestätigte Babsi K. »Sie mussten schon immer aus Scheiße Bonbon machen. Die sind geübter, denn sie haben schon eine Krise überlebt, da stand schon mal alles Kopf.«

Was Krisen angeht, sind auch andere der Meinung, dass die Ossis mit diesen besser umgehen können als die Wessis.

»Ossis wissen, was es bedeutet, wenn etwas zusammenbricht«, erläuterte der Satiriker Schwarz. »Die Erfahrung, dass ganze Reiche untergehen können, fehlt dieser Generation der Westdeutschen. Ihre Großeltern haben noch einen richtigen Bruch miterlebt, als das Dritte Reich unterging. Aber die Wessiwelt von heute hat sich in den letzten Jahren nur marginal verändert – untergegangen sind höchstens irgendwelche kleinen Konsummarken. Wessis können sich gar nicht vorstellen, dass es noch vor ein paar Jahrzehnten bei ihnen ganz anders aussah: dass Ehen zwischen Protestanten und Katholiken zu Familienfehden führten, dass Frauen ohne die Erlaubnis ihres Ehemannes nicht arbeiten durften. Sie denken, hier gab es schon immer Latte macchiato an jeder Ecke. Ich kann mir als Ossi zum Beispiel vorstellen, dass Opel nicht gerettet wird. Der Wessi würde das nicht sagen.«

Die Frage, die sich jeder Nörgelforscher auf ostdeutschem Gebiet stellen muss, ist: Wenn es den Ostdeutschen im Durchschnitt politisch und wirtschaftlich heute besser geht als vor dem Mauerfall – und das tut es objektiv –, warum nörgeln sie genau über die Dinge, die besser sind: über den Staat, über die Demokratie, den Konsum und den Kapitalismus?

Aus Gewohnheit, besagt eine Theorie. Man nörgelt auch nach der Wende über die gleichen Dinge, über die man vor der Wende genörgelt hat.

»Das Schimpfen über den Staat war Alltag«, erklärte Adele G. »Jedes Kind kannte diese Doppelmoral: Du wusstest von Kindesbeinen an, was du zu Hause sagen durftest, und was in der Schule. Wenn man sich in der Schule über das System lustig gemacht hat, wurde man zusammengestaucht: ›Wir hätten aber mal ein bisschen sozialistischer zu sein‹. Daheim wurde aber äußerst kritisch über die Eliten – die Parteibonzen, die eifrigen Mitläufer, all die Bessergestellten, die sich dem System angedient hatten, also die Parteinahen – gesprochen. Wir lernten schnell, sie nicht allzu ernst zu nehmen, trotzdem ihnen gegenüber vorsichtig zu sein, und machten uns gern lustig über sie. Wir schimpften, die Privilegierten wären in ihrem Job oft nicht so gut wie andere, dennoch bekämen die ihre Wunschausbildung und hatten Karrierechancen, ein besseres Gehalt, eine bessere Wohnung, schneller ein Auto. Da man sich ständig als Opfer sah, hat man Antennen entwickelt, wo der nächste Täter lauern könnte.«

Heute sehen sich viele weiterhin als Opfer und suchen sich in den gleichen Gefilden ihre Täter aus: im Staatssystem Demokratie; in den Läden, die nicht zu wenig, sondern zu viel Waren anbieten; in den Menschen, vor denen man sich weiterhin in Acht nehmen muss, nicht mehr, weil sie hinterfotzig und unmenschlich waren und der Einheitspartei gedient hatten, sondern, weil sie kalt und unmenschlich sind und dem Mammon dienen.

»Ossis ging es damals grundsätzlich schlecht«, meinte Babsi K., »allein schon, weil man in diesem Land DDR eingesperrt war. Oder weil man mal wieder keine Cornflakes bekam. Über Klamotten gab es den Spruch: ›Andere Farbe, andere Form, anderes Material, dann wäre es ja ein wirklich schönes Stück.‹ Es gab diese gemeinsame Übereinkunft, dass wir alle furchtbar leiden müssen, und das war das Thema, das uns zusammenhielt, noch heute hält der Jammer-Smalltalk die Leute zusammen. Mein Vater zitierte damals oft das Motto: ›Lerne klagen, ohne zu leiden.‹«

Wie »Überstunden«, »Steuerhinterziehung« und »Ich werde dir ewig treu sein«, wird auch der schöne Begriff »Jammerossi« oft falsch verstanden. Gemeint ist nicht, dass Ossis mehr jammern als andere, sondern, dass sie jammern, obwohl sie nicht – in Gegensatz zu den Wessis – das Recht dazu haben. Es ist ein Zeichen von verletztem Stolz auf westlicher Seite.

»›Jammerossi‹ ist eine Erfindung der Westdeutschen«, erklärte Brähler. »Es ist eine Zuschreibung. Viele Westdeutsche haben das Gefühl, seit der Wiedervereinigung gehe es ihnen schlechter, und das hätten sie den Ostdeutschen zu verdanken, und die sind auch noch undankbar, sie jammern nur.«

Eine weitere Theorie besagt, dass die Ossis nach der Wende keine neue, eigene Identität aufbauten, zum Beispiel als Sieger im Kampf gegen eine Diktatur. Ein solches Selbstbild hätte sich in den Medien durchsetzen können, hätten sie sich nur ein bisschen Mühe gegeben. Weil sie dies aber versäumt haben, entstand ein Vakuum, und die Wessis waren so hilfsbereit, dieses sogleich zu füllen, und zwar mit dem Identitätsmerkmal »Jammerossi«.

»Der Westdeutsche macht es daran fest, dass er es ja auch nicht leicht hatte«, sagte Brähler. »Auch sie hätten zu kämpfen gehabt, um alles zu erreichen, was sie den Ossis jetzt schenken würden; die Ossis seien dagegen faul.«

Etwa fünf Minuten nach dem Mauerfall entstand eine Art moralisches Tauziehen zwischen Ost und West: Es war klar, dass der Westen wirtschaftlich gesiegt hat, nun musste nur noch entschieden werden, wer moralisch der Sieger war.

»Nach dem Mauerfall kam nicht nur die Unterscheidung *Ost* und *West*, sondern auch die Unterscheidung *gut* und *schlecht*«, erklärte Monika Stützle-Hebel, Westdeutsche, Psychotherapeutin und Krittelexpertin, am Telefon aus Freising. Ich hatte sie angerufen, weil sie Vorsitzende der »Deutschen Gesellschaft für Gruppendynamik und Organisationsdynamik (DGGO)« ist, und ich wissen wollte, inwiefern sich Ossis und Wessis als eigenständige Gruppen sähen. »Im Osten wurde vor und nach dem Mauerfall propagiert: ›Wir sind die guten Deutschen und die im Westen sind die schlechteren.‹ Das haben die Westdeutschen gespürt. Und dieses Gefühl wurde auch bestätigt: Die Ossis haben im Westen das gesucht, was ihnen im Osten gefehlt hat, und mussten feststellen, dass es einen Preis hat. Das hat viel Enttäuschung auf ostdeutscher Seite ausgelöst. Es war eine eigenartige Mischung aus Sehnsucht und Täuschung. Heute geht es weiter: Wenn es um das Thema Bildung geht, sagt man im Osten, ›wir sind die Besseren, wir haben die bessere Kinderbetreuung.‹ Der Westen kontert mit ›aber wir sind wirtschaftlich besser.‹«

»Wir stellten in einer Studie die Frage, wer der Gewinner der Wende war«, fügte Brähler hinzu. »Raten Sie mal, was rauskam.

Die Ossis glauben, es waren die Wessis; die Wessis glauben, es waren die Ossis. Da treffen eben zwei Kulturen aufeinander.«

Waren die Ostler vom Westen enttäuscht, so waren die Westler enttäuscht, dass die Ostler enttäuscht waren.

»Da hat man im Westen gesagt, ›ich trage dazu bei, dass der Ossi alles bekommt, was er will, und jetzt ist er nicht mal dankbar‹«, sagte Stützle-Hebel. »Daher kommt, denke ich, die Wahrnehmung ›Ihr jammert nur noch‹.«

»Die Wessis fühlen sich durch den Solidarzuschlag ausgenutzt«, meinte Babsi K., »aber die Ossis müssen den Soli ja genauso bezahlen. Ossis dagegen fühlen sich da noch mehr benachteiligt – sie kriegen immer noch weniger Lohn, aber ihre Lebenshaltungskosten sind ja inzwischen genauso hoch.«

Wer angegriffen wird, hat schon die Chance verpasst, selbst anzugreifen. Er kann nur zum Gegenschlag ausholen. So konzentrierten sich die Ossis nicht darauf, ihr eigenes Image aufzupolieren, sondern darauf, das Wessi-Image kleinzumachen.

»Das Gegenstück zum Jammerossi ist der Besserwessi«, sagte Stützle-Hebel. »Da ist wieder der Aspekt enthalten, dass es darum geht, wer der Bessere ist, und wer es besser hat.«

Also, wenn ich das höchst einfallsreiche Ost/West-Nörgelpatt richtig verstehe, ist es so: Laut Ossis halten sich die Wessis für besser, und genau das macht sie schlechter, also sind die Jammerossis besser als die Besserwessis.

Wollen Sie wissen, was passiert, wenn Ossis und Wessis, Kaffee- und Teetrinker, Männer und Frauen zusammen in einem Büro sitzen?

7. Beckmessern im Büro

Von der Sekretärin bis zum
Weihnachtsmann

Vor vielen Jahrhunderten, als das Leben noch Sinn hatte, da zog
der junge Mann voller Energie und Testosteron in den Krieg und
reagierte sich dort ab, während die Frauen daheim ihm drohten,
er solle entweder siegreich oder tot nach Hause kommen. Ach,
das waren noch Zeiten, als Aggression, Kampf und sinnlose Gewalt einen Ehrenplatz in der Gesellschaft einnahmen.

Heute ist all das aus der Mode gekommen. Wir modernen
Menschen sind körperlich und geistig gebändigt. Unser glor-
reichster Kampf findet nicht gegen einen ebenbürtigen Gegner
statt, sondern wir kämpfen jeden Tag mit uns selbst, um unsere
Lust zu unterdrücken, dem Nachbarn eins in die Fresse zu geben.

Doch zum Glück gibt es einen Ort, wo wir als Freizeitgladia-
toren unserer geballten Zerstörungswut freien Lauf lassen können – den Arbeitsplatz. Im Berufsleben ist Nörgeln nicht nur
möglich, es ist unverzichtbar.

»Das Nörgeln geht schon los, wenn die Arbeit beginnt und
noch kein Kaffee gekocht wurde«, berichtete von der Front Sabine M., seit 16 Jahren einzige Sekretärin in einem Baubetrieb
in Mecklenburg-Vorpommern. »Dabei gehört Kaffeemachen
nicht zu meinen Aufgaben. Ich trinke nicht mal Kaffee. Mit den
Jungs auf der Baustelle komme ich gut klar. Sie sind zwar rauer
drauf, aber pflegeleicht. Die Kollegen in der Verwaltung, das ist
die Hölle. Wenn ich mal vergessen habe, irgendwo ein Häkchen
zu machen, dann wird sich aufgeregt und echauffiert. Meist endet das dann vor unserem Chef, der mich wegen dieses Häk-

chens zur Rede stellt. Es gibt Tage, da darf man nicht mal guten Morgen sagen, da ist der Kollege schon beleidigt.«

Es gibt viele wichtige Gründe für das Gemoser im Büro. Zum einen ist es ein gesellschaftlicher Kitt, der Allianzen ermöglicht und unerwünschte Kollegen isoliert.

»Zusammen meckern ist *Team-Building*«, bestätigte mir Nörgelbeobachter und Computerfachmann Heinrich T. aus Franken. »Es schafft Zusammenhalt. Man hat ja dieselben Probleme, so wird man zu Leidensgenossen und solidarisiert sich miteinander. Man kann sich wunderbar gegen andere Gruppen abgrenzen und zugleich selbst heraufsetzen.«

Zum anderen dient nörgeln aber auch der Erziehung der Kollegen.

»Nörgelt man lange genug an einem Kollegen herum, weil er einen Geschäftsbrief lieber mit ›freundlichem Gruß‹ statt mit ›freundlichen Grüßen‹ abschließen soll, lernt er es irgendwann«, sagte Sabine M. »Aber nur bei bestimmten Kollegen. Sie akzeptieren das. Andere reden dann eine Woche nicht mehr mit einem.«

Für jede Nörgel-Erziehungstechnik existiert auch eine Defensivtechnik, und die beliebteste heißt im Volksmund liebevoll »Dummstellen«.

»Wenn ich die Kollegen frage: ›Können Sie mal den Kaffeeautomat nachfüllen?‹, kommt oft: ›Ich weiß nicht, wie das geht‹,« seufzte Sabine M. »Das war's dann. Einmal dumm gestellt reicht fürs ganze Leben. Neulich kam ich aus dem Urlaub wieder, der Kaffeeauffangbehälter war vierzehn Tage nicht ausgeleert worden. Die haben das Ding zwei Wochen lang nicht saubergemacht!«

»Ein besonderes Thema ist fachliche Überforderung«, bestätigte Richard D., Jurist und Nörgelconnoisseur bei einem staatlichen Versicherungsträger in Nordrhein-Westfalen, als er in seinem engen Zeitplan endlich ein Telefonat mit mir einschieben konnte. »Es heißt oft: ›Dafür bin ich nicht ausgebildet, woher soll ich das wissen, alles ändert sich viel zu schnell heutzutage.‹ Ein oft gehörter Satz im Haus: ›Das kann ich nicht.‹«

Obwohl jeder Büroangestellte heute mindestens einen Kurs über das Bedienen eines Computers absolviert hat, bleibt der Spruch, »ich weiß nicht, wie das geht«, interessanterweise grundsätzlich glaubwürdig.

»Manchmal kommen die Kollegen vom Kopierer«, erzählte Sabine M., »und meinen: ›Da hinten leuchtet so eine rote Lampe.‹ Ich gehe zum Kopierer und sehe, was auf dem Display blinkt: ›Bitte Papier nachfüllen.‹ Sie sagen dann, sie wüssten nicht, wie das geht.«

Der Lebensraum Büro ist dschungelgleich, und der Büroarbeiter wie ein wildes Tier, das jeden Tag um den Erhalt seines Reviers kämpfen muss … und wenn das übertrieben klingt, dann ist das Büroleben mindestens vergleichbar mit dem Leben in einem Haushalt mit mehreren Haustieren und nur einem Futternapf. Denn hier herrscht der primitivste Konkurrenzkampf. Nicht Konkurrenz um den Job, denn in Deutschland sind ja Arbeitsplätze zum größten Teil besser abgesichert als in den meisten anderen Ländern der Welt. Nein, nein: Der Kampf dreht sich vor allem um den Status. Denn während auf den ersten Blick im Büro eine strenge Hierarchie herrscht, ist der Status des einzelnen Angestellten alles andere als klar. Wer der Chef ist, ist klar; alle anderen aber stehen mehr oder weniger auf der gleichen Ebene unter ihm. Das ist keine Hierarchie, das ist Chaos mit nur einem Aufseher. Dieser Zustand ist für den Menschen unnatürlich und unerträglich. So muss der Einzelne innerhalb der gesichtslosen Masse von Büroangestellten seinen Status selbst erarbeiten, und das geht nur durch gezieltes Sticheln, Mäkeln und Mauern und anderen die Luft rauslassen.

»Das größte Nörgelphänomen in Deutschland ist das Nörgeln über die eigene Arbeitsbelastung«, klagte David P., Referent bei einer großen staatlichen Wissenschaftseinrichtung in Düsseldorf und Freizeitnörgelforscher. »Die Leute arbeiten zwei Stunden am Tag, aber wehe, sie sollen eine Akte von einem Kollegen übernehmen. Je weniger Arbeit man hat, desto überlasteter fühlt man sich. Am Schlimmsten ist es in öffentlichen Einrichtungen. An der Uni, an der ich studiert habe, da hing an der Tür zum Sekretariat einer Professorin ein Schild: ›Klopfen zwecklos, wir öffnen nicht‹. Am Ende hatte die Sekretärin selbst Sprechzeiten – eine Stunde pro Woche.«

Es gibt viele Arten, den eigenen Status zu erwimmern. Wer im Nörgelkonkurrenzkampf nicht so glaubhaft über Arbeitsbelastung klagen kann wie der Kollege, kann sich auf anderen Gebieten hervortun.

»Bei uns im Büro gibt es richtige Krankheitswettbewerbe«, enthüllte David P. »Migräne ist immer ein Killerargument. Ich kenne einen Kollegen, der zelebriert es richtig. Jeden dritten Tag, wenn er länger arbeiten muss, stöhnt er warnend in die Runde, ›ich spüre es schon, ich spüre es schon‹. Die andere hat einen Bandscheibenvorfall. Wenn ein Dritter ankommt und sagt, ›ich habe Rückenprobleme‹, dann schreien alle, ›das ist schon besetzt, du musst dir was anderes einfallen lassen!‹«

»Eine gängige Methode ist es, sich über Kollegen zu beklagen, um sich selbst in ein besseres Licht zu rücken«, ergänzte Richard D. »Und das funktioniert unterschiedlich, je nachdem, wo man in der Hierarchie steht. Auf den unteren Ebenen nörgelt man oft wegen Ungleichbehandlung: ›Warum muss ich mehr als der andere arbeiten?‹ Bei den höheren Hierarchien geht es mehr um Konkurrenzdenken: ›Warum wird der befördert, und nicht ich? Wieso darf der auf Messen repräsentieren und attraktive Vorträge halten und ich nicht?‹ Allerdings bewirkt das Nörgeln allein keine Änderung. Auf den unteren Ebenen erwartest du ja auch keine Änderung, nur weil du mal vor dich hin nörgelst. Wenn du aber an deine Karriere denkst, musst du dich bei wichtigen Personen in ein besseres Licht rücken. Manche Leute auf den höheren Ebenen machen das sehr strategisch. Die setzen dann ein eher zielgerichtetes, dezentes, pointiertes Nörgeln ein. Dazu gehört auch: Zu wem bin ich freundlich, mit wem mache ich Mittagspause, mit wem die Dienstfahrten, neben wen setze ich mich im Bus bei Betriebsausflügen? Zum Glück hat man das ja alles schon in der Schule gelernt.«

Manchmal führt kein Weg daran vorbei: Im Kampf um den eigenen Status unter Gleichgestellten muss man auch mal den Mut haben, persönlich zu werden. »Wenn dir die Leute beruflich nichts anhaben können, durchforsten sie dein Privatleben«, plauderte David P. aus dem Nähkästchen. »Wie geschmacklos du zu Hause eingerichtet wärst, und dein Auto sei wohl eine Penisverlängerung? Und wenn sie mit dir fertig sind, nehmen sie deine Frau und deine Familie auseinander. ›Kennen Sie den Mann von der Soundso? So ein Versagertyp, und die Frau, die trinkt doch – klar, bei so einem Mann.‹ Betriebsfeiern sind toxisch für so was, weil die Leute Zeit haben, sich auszutauschen. Bei solch einer Feier erzählte mir mal einer von sämtlichen Krankheiten meines Chefs bis hin zu dessen Prostataoperation, kurzum alles, was ich nicht wissen wollte. Immer, wenn ich meinen Chef seitdem sehe, denke ich: Der hat keine Prostata mehr.«

Nicht nur in Ämtern wird um den Status gequengelt, auch auf der freien Job-Wildbahn, wo man keinen klassischen Chef hat, dafür umso mehr Konkurrenten auf gleichem Niveau. Nehmen wir das Fernsehen:

»Als Drehbuchautor mäkelt man über die Schauspieler, Produzenten, Regisseure und Redakteure«, grummelte der *Tatort*-Autor und Nörgelgourmet Frederick C. aus München am Telefon. »Alle sind sie unfähig, außer natürlich dem Autor, dessen Drehbuch nicht verstanden wird. Klassische Stammtischgespräche bei Drehbuchautoren gehen grundsätzlich darum, dass die Redakteure in den Sendern feige sind, die falschen Stoffe wollen und nur an ihren Posten kleben.«

Auch Schauspieler wehklagen, um sich vor anderen Schauspielern zu profilieren:

»Wenn ein Schauspieler nur eine kleine Rolle bekommt, beschwert er sich, dass er nicht beachtet wird«, berichtete Harald Schwamm, Schauspieler in der Pfalz. »Wenn er eine große Rolle in einem Stück hat, nörgelt er, dass er zu viel Text hat und ständig auf der Bühne sein muss. Das hat aber natürlich auch was damit zu tun, dass die Kollegen wissen sollen, dass man mehr Text hat.«

»Im Designbereich behaupten ältere Kollegen gern, sie arbeiten nur für Kunden, bei denen sie voll und ganz hinter dem Projekt stehen können«, verriet mir die freie Designerin und Nörgelexpertin Adele G., »im Gegensatz zu den jungen Designern, die sich oft mit plumpen oder billigen Aufträgen abgeben müssen, auf die man nicht unbedingt stolz sein kann. Die älteren Kollegen produzieren angeblich immer nur ästhetisch wertvolle Designs. Sie behaupten, sie würden ihre Kunden zur Ästhetik erziehen und fordern ihre Kollegen auf, dies doch auch zu tun. Diese Arbeiten zeigen sie dann auf ihren Webseiten, aber was sie nicht zeigen, ist das ganze Zeug, mit dem sie wirklich ihr Geld verdienen.«

Interessanterweise konkurrieren auch ganze Teams miteinander um Status.

»Wenn zwei Abteilungen teilweise für das Gleiche zuständig sind, dann hält man die Arbeit des anderen meist grundsätzlich für schlechter«, beurteilte Adam A., ein osteuropäischer Werbetexter, der in der DDR aufgewachsen ist, die Lage. »Die zweite Abteilung ist dann daran schuld, dass sie die Arbeit der ersten Abteilung irgendwie ›verdorben‹ hat. Man selber hätte das natürlich alles besser gemacht.«

Nörgeln unter Teammitgliedern ist auch in der Computer-Welt gang und gäbe. »Ein Programmcode, den man von anderen Programmierern übernimmt, um ihn weiterzuentwickeln, wird gern schief angesehen«, sagte Ricardo Oliveira, Computer-Programmierer in Frankfurt am Main, nachdem ich endlich zu ihm durchgestellt worden war. »Dann heißt es einfach, ›das ist ein schlechter Code‹, obwohl jeder weiß, dass jeder Programmierer eine eigene Handschrift hat. Beim Codeschreiben gibt es bestimmte Regeln, wie in der Grammatik, wo es zum Beispiel heißt, man solle nicht zu viele Nebensätze in einen Satz packen. Aber manchmal geht es eben nur mit Nebensätzen. Es gibt auch bestimmte philosophische Ansätze, wie ein Code auszusehen hat. Jeder hat da etwas andere Vorlieben.«

Teaminternes Nörgeln ist speziell angesagt, wenn ein Teil des Teams gerade nicht anwesend ist.

»Bei mir im Haus ist das Thema Urlaubsvertretung besonders beliebt«, meinte Richard D. zum Thema. »Was muss man als Vertretung alles tun? Hat einem der Kollege in Urlaub alle seine alten, verbockten, liegengebliebenen Akten hinterlassen, die er nicht machen wollte? Und die neuen Aufgaben, die hinzukommen, da stellt sich doch die Frage: Ist man überhaupt dafür zuständig?«

Manchmal weitet sich das teaminterne Nörgeln zum Dauerzwist aus. Es gibt wohl wenige Menschen, die in der Gastronomie arbeiten, die den traditionellen Krieg zwischen Kellnern und Köchen nicht kennen. »Es gibt da dieses ständige Angemache«, bestätigte René Maak, Koch, Schlagzeuger und selbst begnadeter Nörgler. »In der Küche sind Kellner immer Zielscheiben des Spotts. Sie bringen das Essen nicht schnell genug weg, sie vermasseln die Bestellungen, sie leiten Komplimente nicht an die Küche weiter, sie teilen ihr Trinkgeld nicht mit den Köchen. Aber irgendwann muss der Kellner auch selber Mittag machen. Dann gibt's die Retourkutsche. Ich will keine Namen nennen, aber man sagt, gewisse Köche sind so weit gegangen, dass sie speziell für ihre Kellner neue Putzlappen frisch aus der Verpackung paniert und ihnen als Schnitzel serviert haben.«

Nicht nur untereinander, sondern auch mit dem Chef konkurriert man um Status.

Im Büro ist die Hackordnung nur scheinbar festgelegt. Zwar hat der Chef vordergründig immer das Sagen, doch seine Autorität ist nur oberflächlich. Es gibt eine andere, höhere Autorität, nämlich die der überlegenen Moral oder des verfeinerten Geschmacks oder der schärferen Intelligenz, die man nur durch Nörgeln demonstrieren kann. Wer diese höhere Autorität für sich gepachtet hat, ist der heimliche Nörgelchef.

»Da war diese Kollegin, sie machte ihre Chefs dermaßen fertig, es war unglaublich«, erinnerte sich David P. »Sie kannte das gesamte Berufsgenossenschaftsgesetz auswendig. Da hieß es ständig: ›Hiermit zeige ich Ihnen nach Nachmessung meines Schreibtisches an, dass dieser nach den Arbeitsschutzrichtlinien zwei Zentimeter zu niedrig ist und ersetzt werden muss.‹ Darauf musste er auch ersetzt werden. Dann ging sie ans nächste Projekt.«

Ulrike B. aus Berlin, Kindergartenleiterin und Quengelkennerin, erzählte, wie ihre Untergebenen es immer irgendwie schafften, alles, was sie vorhatte, auf unerschütterliche Weise zu torpedieren: »Wenn du irgendwo neu hinkommst mit der ausdrücklichen Anweisung deines Chefs, bestimmte neue gesetzliche Regelungen im Kindergarten einzuführen, die auch wirklich Sinn machen, die also alles modernisieren und vor allem den Kindern zugutekommen – da hast du keine Chance. Schon bevor du alles erklärt hast, was das ist und wozu, hörst du von den Angestellten: ›Früher war alles besser, bisher hat sich doch keiner beschwert, warum sollen wir das denn jetzt ändern?‹ Sie halten alles grundsätzlich für Schikane. Und tun es einfach nicht. Nach dem Motto: ›Wir sind jetzt schon so alt und haben so viele Veränderungen mitgemacht, und am Ende läuft es doch wieder aufs selbe hinaus.‹«

Allerdings soll man nicht vergessen: Auch Chefs beherrschen die Strategie des Rummäkelns.

»Ich nörgele, um etwas voranzubringen«, gestand Christian Männchen, Geschäftsführer eines mittelständischen Computer-Beratungsunternehmens in Frankfurt am Main, als ich ihn über seine geheimen Taktiken ausfragte. »Jawohl, ich bin bekannt dafür, dass ich ständig den Finger auf die Wunde lege, auf falsche Prozesse oder schlechte Entscheidungen oder wiederholte Fehler. Das regt mich auf, da kritisiere ich und sage, ›Leute, das geht doch besser‹. Ich tue das nicht, weil ich denke, ich würde alles besser wissen, sondern weil ich die Hoffnung nicht aufgebe, es könnte besser werden, und die Leute könnten sich auf lange Sicht ändern. Ich sage meine Meinung auch dann, wenn ich nicht gefragt werde, dafür bin ich bekannt. Aber ich denke, dass man das auch von mir möchte.«

Will man aber im Büro einen wirklich guten Nörgelresponse erzielen, muss man die Verwirrung im Betrieb einfach ins Unermessliche steigern. Mehr Bürokratie geht immer.

»Qualitätsmanagement ist der schlimmste Auswuchs des Betriebswesens«, schimpfte Sandro C., Chefarzt an einer Berliner Klinik, als wir uns in seinem Wochenendhäuschen in Brandenburg trafen und bei einem Nackensteak über das Nörgeln in Krankenhäusern diskutierten. »Der ursprüngliche Sinn, als das eingeführt wurde, war, komplexe Abläufe besser darzustellen und sie so übersichtlicher zu machen. Prozesse sollen dadurch verlässlicher und effizienter ablaufen. Es gibt dann Planungen, Checklisten und Beurteilungen und so, alles in Zyklen gepackt, jede Phase mit einer neuen Dokumentation. Eigentlich soll alles dank des Qualitätsmanagements besser funktionieren, doch es gibt inzwischen so viel Bürokratie, dass alles, aber auch wirklich alles schriftlich niedergelegt werden muss, wodurch man unheimlich viel Zeit verliert und sich nur noch gegängelt fühlt. Drei ganze Stellen wurden dafür bei uns im Krankenhaus blockiert – das sind drei Mitarbeiter, die tun nichts als Vorschriften erstellen.«

Doch es soll hier kein falscher Eindruck entstehen. Es ist nicht so, dass man in deutschen Betrieben den lieben langen Tag nichts anderes tut als sich übereinander zu echauffieren. Nein, nein, ein Großteil der Zeit von Chefs wie Kollegen geht dafür drauf, über die Kunden zu nörgeln.

»Wollen Sie wissen, wer die schlimmsten Nörgler der Welt sind?«, fragte Computerfachmann Heinrich T., der bei schwierigen Fällen auch Telefonsupport macht. »Unsere Kunden! Sie sind immer so empört, wenn etwas schiefgeht. Dabei ist es für mich ein Wunder, wenn das Ding überhaupt funktioniert. Haben Sie eine Ahnung, wie kompliziert ein Computer heutzutage ist? Ich denke jedes Mal, wenn meine Kiste auch nur hochfährt, ›wow!‹. Wir Entwickler gehen grundsätzlich davon aus, dass eine Software voller Fehler ist. Es geht nicht anders. Das versteht der Kunde aber nicht. Wir entwickeln Software im medizinischen Bereich, meine Kunden sind Ärzte. Die haben eine ganz andere Beziehung zu Fehlern. Wenn sie mal Scheiße bauen, dann aber richtig. Wenn ein Softwareentwickler einem Mediziner sagt, dass Fehler zum Alltag gehören, fällt der vom Stuhl vor Entsetzen.«

Es stimmt natürlich schon, dass der Kunde König ist, selbst in Deutschland. Aber es gibt Könige und es gibt Könige. Der Kunde hat vielleicht die finanzielle Hoheit, aber leider hat die Firma das überlegene Fachwissen. Das kann der Kunde so nicht auf sich sitzen lassen. Was folgt, ist ein tägliches, ewig wiederkehrendes Ringen um die Hoheit des Besserwissens.

»Die Schlimmsten sind die Vielflieger, die alles besser wissen als man selbst«, erinnerte sich Lily C., Purser und Kabinenchefin bei der Lufthansa. »Was Anschlussflüge betrifft zum Beispiel, da meckern sie besonders gern: ›Erzählen Sie mir nicht, dass Sie sich für mich erkundigen, ob der Anschlussflug noch zu erreichen ist, Sie tun es ja doch nicht.‹ Oder wenn man sie bittet, den Laptop auszuschalten: ›Das erzählen Sie doch nur, den mache ich nicht aus‹; oder wenn man nicht mehr herumlaufen darf, meinen sie: ›Erzählen Sie mir nichts, das ist Quatsch.‹«

»Diese Starrsinnigkeit!« schimpfte Adele G. »Manche Kunden beharren auf Dingen, die gegen jede Logik sind. Wenn sie beispielsweise ein Logo wollen, das ästhetisch überhaupt nicht zu ihrem Produkt passt. Ästhetische Entscheidungen werden nicht dem Fachmann überlassen, sondern irgendwelchen Bekannten. Nur sehr wenige verstehen, dass man auf die Uni geht, um so was zu lernen.«

»Ich kenne eine Zahnärztin, die hat in ihrer Praxis eine Fluchttreppe einbauen lassen, über die sie unbemerkt die Praxis verlassen kann, ohne am Wartezimmer vorbei zu müssen«, erzählte mir David P. »Ihre Patienten, die noch im Wartezimmer auf sie warten, glauben dann die ganze Zeit, sie sei noch in einem der Behandlungszimmer, dabei ist sie längst weg. Sie hat mir die Treppe mit folgenden Worten gezeigt: ›Wollen Sie das Beste an meiner Praxis sehen?‹«

Kunden nörgeln aber nicht nur deswegen, weil sie einen grundsätzlich von der Arbeit abhalten wollen, oder weil sie die Ware nicht mögen. Es ist auch ein bewährtes Instrument der Preisgestaltung.

Es heißt, in Deutschland sei die uralte Kunst des Feilschens ausgestorben. Wie falsch das ist, kann jeder bezeugen, der jemals in einem der sogenannten kreativen Berufe wie Drehbuchschreiben, Graphikdesign oder Werbetexten gearbeitet hat. Hier kann man dem Ergebnis oft nicht ansehen, wie viel Arbeit darin steckt. Während es jedem einleuchtet, dass er für ein 400 000-Euro-Auto, für ein milliardenschweres Ministeriumsgebäude oder für zehn Minuten mit Dita Von Teese auf dem Wiener Opernball die geforderte Summe ohne Beanstandung hinblättern muss, entstand in diesen Berufen etwas, was manche den »Aber-das-hätte-doch-meine-Sekretärin-machen-können«-Effekt nennen.

»Der Preis für die Gestaltung ist oft ein Schock für die Kunden«, sagte Adele G., die ihr Geld damit verdient, für Unternehmen Logos, Prospekte und Werbekampagnen zu gestalten, als ich sie über die Klagen der Kunden ausfragte. »Bei der Auftragsankündigung wurde noch getönt: ›Das ist ein Bombenauftrag!‹ Nennt man den Preis, fällt der Kunde um oder behauptet: ›Das kann ich mir nicht leisten.‹ Der Preis wird gedrückt und gedrückt. Dann sagt er, ›meine Frau, mein Freund, mein Kollege, mein Bekannter meint auch, dass dies oder das anders sein sollte‹. Ganz typisch ist: Wer am wenigsten bezahlen will, mäkelt am meisten. Diese Leute wissen nicht, worauf sie bei der Graphik achten müssen, also glaubt jeder, dass er was davon versteht. Oder sie sind schlicht dreist. Sie wissen, dass du als Freiberufler auf Aufträge angewiesen bist, da kommen sie mit: ›Wenn du den ersten Auftrag ganz billig machst oder gar umsonst, sind wir dicke Freunde und du kriegst später viele Folgeaufträge für viel Geld.‹ Die Folgeaufträge kommen natürlich nie, weil sie das dem nächsten Freiberufler auch versprechen. Das sagt kein Kunde morgens zur Bäckerin, wenn er Brötchen einkaufen geht, oder? Das ist die Königsklasse.«

Aber das funktioniert nicht nur in den kreativen Berufen – es gibt eine ebenso schwierige Kategorie von Professionen, die man »die unbeliebten Berufe« nennen könnte.

»Die Leute verstehen grundlegende Dinge nicht, die wir machen«, klagte Damian M., Steuerberater und Nörgelkenner in Karlsruhe, und ich glaubte ihm das gern. »Sie denken, das ist keine richtige Arbeit, was wir tun. Eigentlich müsste es gar nichts kosten. Immer wieder kommt es vor, dass ein Kunde sagt:

›Ich habe eine GmbH, können Sie neben der Steuer auch die Buchhaltung machen? Es ist ganz einfach.‹ Ich nenne dann den Stundenlohn, und sie fragen erstaunt: ›Haben Sie denn nicht so ein Mäuschen, das das ganz nebenbei machen kann?‹ Als ob mein ›Mäuschen‹ keinen Lohn verlangt. Stellen Sie sich vor, Sie würden eine Stellenanzeige in der Zeitung lesen, ›Mäuschen mit Buchhaltungskenntnissen gesucht, das Zeit hat und für mich was nebenbei ganz umsonst macht‹.«

Damian M. weiß, dass die allermeisten Menschen Steuerberatung nur als notwendiges Übel empfinden.

»Das ist mein Problem als Steuerberater, ich verkaufe eine Leistung, die keiner haben will. Wenn jemand einen Mercedes bestellt, dann freut er sich auf das Produkt. Aber über meine Arbeit freut sich niemand. Sie fragen mich: ›Wie kann ich Steuern sparen?‹, und ich antworte: ›Ich schreibe Ihnen einfach eine hohe Rechnung für meine Arbeit, und die können Sie absetzen.‹ Das finden sie nicht witzig.«

Es gibt wohl kaum eine andere Branche, wo die Kunden so viel nörgeln wie in der Psychologie.

»Depression ist eine Nörgelkrankheit«, seufzte die Psychotherapeutin und Jammerkennerin Babsi K., als wir uns in der Schöneberger Akazienstraße trafen. »Die Patienten kommen aus ihrem Nörgelkreislauf nicht mehr raus. Sie sind von ihrer negativen Sicht auf die Dinge völlig ermattet. Sie können dann selbst nichts mehr verändern, dadurch ist für sie alles negativ. Da hilft nur eines: freundlich, aber unermüdlich in den Hintern treten.«

Babsi K. weiß, warum die Leute zu ihr kommen: »Sie betreten die Praxis und denken, wer ein guter Patient ist, muss leiden. Die sind dann immer ganz erstaunt, wenn ich wissen will, was denn gut ist in ihrem Leben. Da sind zum Beispiel die Frührente-Typen. Jammern für die Rente! Die haben einen Antrag unter anderem wegen berufsbedingter Depression laufen, müssen dann eine Therapie machen, die möglicherweise dazu führt, dass es ihnen besser geht, und sie doch keine Frührente brauchen. Aber diese Typen dürfen mir ja gar nicht sagen, dass es ihnen besser geht, denn sie wollen und brauchen ihre Rente. Sie sind auch oft körperlich nicht mehr arbeitsfähig. Also jammern sie mir vorsichtshalber die Ohren voll.«

Dazu kommt der beliebte moderne Mythos, dass es ungesund sei, nicht sofort jede Verstimmung, Kritik und sonstigen Ärger rauszulassen – sonst frisst man es in sich hinein und wird von innen krank. Nach vielen Jahren als Psychotherapeutin stellt Babsi K. diese Volksweisheit in Frage.

»In einer Gruppe chronischer Schmerzpatienten, die ich betreute, war ein Holzfäller, dem drei Fingerkuppen fehlten und ein Stück vom Ohr. Der sagte: ›Wenn ich mir einen Finger abschneide, binde ich mir was drum und arbeite weiter, da stell ich mich nicht an.‹ Neben ihm saß ein Patient, der auf den ersten Blick körperlich intakt war, der aber ständig gejammert hat. Unerträglich war das. Er sagte, man müsse doch alles rauslassen, sonst ginge es nie weg. Aber er jammerte seit Jahren und sein Leid ist nie weggegangen. Als er merkte, dass es nichts half, jammerte nur noch mehr. Er dachte wohl, er müsse nur noch einen Zacken zulegen, bis alles raus sei. Als wir ihn darauf aufmerksam machten, dass er damit nichts erreicht außer alle zu nerven, sagte er erstaunt: ›Komisch, das sagt meine Frau auch immer.‹«

Das Paradoxe am Beruf des Psychologen ist, dass man vom Patienten erwartet zu nörgeln, aber nicht zurücknörgeln darf. Das macht einem natürlich schon zu schaffen.

»Therapeuten haben ein erhöhtes Depressionsrisiko«, berichtete ein anderer Psychotherapeut, Harald S. aus Cottbus. »Einfach deshalb, weil es neunzig Prozent aller Leute, die sie kennen, scheiße geht. Man braucht eine innere Distanz zu den Problemen der Patienten, sonst ist dieses Genörgel total schwierig auszuhalten. Nicht umsonst haben Therapeuten eine erhöhte Suizidrate.«

»Wie hält man die Distanz?«, wollte ich wissen.

»Humor«, gestand er. »Wenn wir uns nach der Arbeit unter Kollegen austauschen, geben wir den Patienten schon mal Spitznamen. Ich zum Beispiel habe einen, der total auf Fastfood steht. Das ist ›Bulettchen‹. Und die, die ständig von ihrer Katze schwärmt, heißt ›Mausi‹. Ein Kollege hatte mal eine, die regelmäßig aufs Klo musste, wenn das Gespräch auf ihre Mutter kam. Die taufte er ›Töpfchen‹.«

Das Schönste am Nörgelforschen sind die Überraschungen, die man tagtäglich erlebt. Von einem Geistlichen zum Beispiel würden die meisten Menschen erwarten, dass er zu abgeklärt ist, solch niedere Genüsse zu pflegen. Doch jetzt mal ehrlich: Dass Priester oder Pastoren auf solch einfache Freuden des Lebens wie Sex, Drogen, Kneipenschlägereien und das wahllose Treten von streunenden Hunden vielleicht verzichten, kann ich noch glauben, aber aufs Nörgeln? Was ist das für ein Leben? In dem Bemühen um Aufklärung sprach ich mit Teresa U., Pfarrerin aus Gelsenkirchen und Expertin im Bereich spirituelles Gemäkel.

»In einer Kirchengemeinde läuft vieles genauso wie in einem Verein«, stellte sie klar. »Jeder Kollege ist überzeugt, dass nur er weiß, wie Kirche geht, und alle anderen wären zu beschränkt, das zu kapieren. Glauben Sie mir, Spiritualität ist das Einzige, was Kirchen von anderen Vereinen unterscheidet. Jeder ist immer überzeugt, dass nur er etwas richtig machen kann, aber leider hat er überhaupt nicht die Zeit, es zu tun.«

Vielleicht zieht eine Kirchengemeinde besonders Menschen an, die ihren Status nicht in Reichtum oder Schönheit suchen, sondern in moralischer Überlegenheit.

»Es gibt immer welche, die das Wort ergreifen und betonen, ›wir haben nicht an linkshändige, alleinerziehende Vegetarier gedacht‹«, erzählte Teresa U. »Das ist der Jammerer, der sich einsetzt, um ein guter Mensch zu sein, der beweisen will, dass er an jemanden denkt, den die anderen vergessen haben. Das ist jemand, der ständig wieder darauf aufmerksam machen muss, dass immer noch nicht umgesetzt wurde, dass alle den fair gehandelten Kaffee trinken, den er trinkt.«

Das Schöne an dem Genörgel in einer Kirchengemeinde ist, dass es auf einem etwas höheren Niveau angesiedelt ist.

»Man nörgelt, als ob man ein Psychogramm über jemanden erstellt. Man behauptet zum Beispiel, dass ein Kollege ein Zwangscharakter sei. Es sei unmöglich, mit ihm zusammen einen Gottesdienst zu machen. Natürlich nicht, weil man ihn nicht mag, sondern, weil er so *dogmatisch* ist und sich so *sklavisch* an die Ordnung hält, dass es bei ihm keine Spielräume mehr gibt.«

Wenn es schon unter Geistlichen so hoch hergeht, wie ist es dann in anderen Berufen mit einer hohen Reputation? Diese fordern ja oft alles von einem. Es wäre nur logisch, dass man besonders in Berufen, wo man unter Hochdruck arbeitet, auch mit Hochdruck lamentiert. Wenn nicht gar ab und zu zetert, haut oder schießt. Also rief ich einen Weihnachtsmann an.

Der Deutsch-Chinese Hu-Ping Chen ist Berlins berühmtester Weihnachtsmann. Am Heiligen Abend und den beiden Weihnachtsfeiertagen besucht er jeweils bis zu zehn Familien, und dafür muss er einen strengen Zeitplan einhalten. Da kann einiges schiefgehen.

»Na ja«, sagte er, »Weihnachtsmänner nörgeln schon mal, wenn sie am Heiligen Abend von riesigen Bergen von Geschenken überrascht werden, die sie in der Familie verteilen müssen, weil sie nicht so viel Zeit pro Familie haben. Einmal bin ich hingekommen und die Treppe vor der Tür war voller Geschenke, ich kam gar nicht an die Klinke, das waren so um die hundertzwanzig Päckchen.«

»Was haben Sie getan?«, fragte ich erwartungsvoll. »Kehrt gemacht? Geschimpft? Die Rute rausgeholt?«

»Ach was, irgendwie ist es trotzdem gegangen.«

»Es muss doch mehr Unbillen geben«, beharrte ich.

»Na gut, ab und zu meckern die Kinder.«

»Undankbare Bengel!«, entfuhr es mir.

»Es kommt vor, dass ein Kind sagt, ›du bist nicht der Weihnachtsmann‹ oder ›den gibt's doch gar nicht.‹ Da sagt man einfach, ›na, dann kann ich ja wieder gehen und die Geschenke mitnehmen.‹ Dann lassen sie sich doch überzeugen, dass es den Weihnachtsmann gibt.«

»Sie müssen doch ab und zu richtig in die Luft gehen«, hakte ich nach, »bei all dem Erwartungsdruck.«

»Es gibt schon mal Leute, die unter wahnsinnig viel Stress stehen, trotzdem sind die meisten eigentlich sehr freundlich. Die Kinder sind total fasziniert und die Erwachsenen werden wieder zu Kindern. Wenn ich sie nur an Weihnachten sehen würde, würde ich sagen, die Deutschen sind ein wunderbar liebevolles, friedvolles Volk.«

Ich legte auf, doch ein klitzekleines bisschen enttäuscht. Von einem Weihnachtsmann hätte ich schon mehr böse Worte erwartet.

Es war ein langer Tag voller Gespräche gewesen. Inzwischen war es dunkel geworden. Ich blickte auf zu den Sternen und wollte schon Feierabend machen, da fiel mir etwas ein.

Ich rief Thomas Reiter an, der Vorstand für Raumfahrtforschung und -entwicklung beim Deutschen Zentrum für Luft- und Raumfahrt in Köln ist – und ein Astronaut, der auf der Mir und auf der Internationalen Raumstation gearbeitet hat. Ich freute mich schon darauf, einen richtigen Schwall an Raumfahrtzeitalter-Nörgeleien zu genießen. Ich erwartete so was wie »Alpha Centauri ging mir irgendwann echt auf die Nerven« oder »von dieser Schwerelosigkeit kriege ich immer Migräne«.

Als ich ihn erreichte, fragte ich ihn, worüber Astronauten denn so meckern.

Er musste lange nachdenken. »Hallo? Sind Sie noch da?«, fragte ich.

»Vielleicht über die Toilette auf der International Space Station«, sagte er dann, mir offenbar nur mit einiger Mühe entgegenkommend. »Wenn man mitten in der Nacht aufstehen muss, dann ist manchmal gerade der Tank voll und muss erst gewechselt werden, und dann sagt man, muss das gerade jetzt sein?«

»Und dann legen Sie richtig los, ja? Sagen Sie – wer kriegt das meiste Fett ab?«

»Na gut, letzten Endes war das auch nicht so schlimm«, musste er zugeben.

»Aber Ihr Arbeitsumfeld ist doch total gefährlich«, bohrte ich weiter, »stört Sie das denn überhaupt nicht?«

»Also, wenn mal ein Lebenserhaltungssystem zu reparieren ist, ist das für einen Ingenieur hoch interessant«, erklärte mir Herr Reiter, seines Zeichens Diplom-Ingenieur.

»Hören Sie mal«, belehrte ich ihn, »es gibt kaum einen anderen Beruf, der mit so viel Stress verbunden ist wie der Ihre. Ihr Leute da oben seid auf engstem Raum über Monate zusammengepfercht, weit weg von zu Hause und habt so gut wie keine Freizeit, ihr müsst jeden Tag einen minutengenauen Ablauf einhalten ohne Abweichungen. Erschwerend kommt hinzu, dass man sich montags nicht krankmelden kann, wenn man sonntagabends zu viel gebechert hat. Wenn eine ganz normale Sekretärin unter ganz normalen Bedingungen es fertig bringt, den ganzen Tag rumzukritteln, dann müssen Sie doch mehr auf Lager haben als ›so schlimm ist es auch nicht‹.«

Ich hörte richtig, wie der arme Mann sich anstrengte.

»Na gut, montagmorgens hat man manchmal einen Durchhänger. Wenn Dinge auf dem Dienstplan stehen, die man nicht machen will.«

»Mein Gott, Mann, denken Sie nach!«, schimpfte ich.

»Oder wenn Wartungsarbeiten anstehen«, fügte er schnell hinzu, »und Sie müssen dafür lange nach Ersatzteilen suchen, das tut schon zu Hause keiner gern, und da oben ist jede Sekunde Gold wert, und man hat das Gefühl, wenn etwas nicht am Platz ist, dann geht Zeit verloren, das ärgert einen. Auf der Mir brauchten wir mal einen Ventilator mit einer speziellen Seriennummer zur Reparatur eines Luftentfeuchters, doch er war nicht dort, wo er laut Computer sein sollte. Nach einer Woche hatten wir alles auf den Kopf gestellt und das Teil immer noch nicht gefunden, nur ähnliche Ventilatoren, aber mit einer anderen Seriennummer. Wir suchten also weiter, bis endlich der zuständige Spezialist im russischen Kontrollzentrum meinte, ›na, dann nehmt eben irgendeinen Ventilator, der passt‹, und da nörgelten wir schon ein bisschen.«

»Und? Was haben Sie gesagt? Wie machten Sie ihn fertig?«

»Na ja, da sagten wir unter uns vielleicht so was wie: ›Warum nicht gleich so?‹«

»Das ist ja nicht auszuhalten!«, platzte es aus mir heraus. »Wie kommt es, dass ihr Astronauten so wenig nörgelt?«

Ich konnte es zwar nicht hören, aber ich glaube, er lächelte.

»Es ist die Aussicht«, sagte Herr Reiter.

8. Ich bremse für die Wirtschaft

Mutige Streiter gegen den
Machbarkeitswahn

Das Erstaunlichste an der Tradition des Jammerns im Büro ist:
Es bleibt da draußen nicht unbemerkt.

Deutschland ist weltweit berühmt als eines der reichsten, ef-
fizientesten, intelligentesten, am besten ausgebildeten und mo-
dernsten Länder der Welt … das keine eigene Ideen hat.

Objektiv betrachtet ist das natürlich nicht korrekt: Die Deutschen haben eine Menge Ideen. Sie gehören zu den intellektuell
lebendigsten Menschen dieser Erde, wie könnte es anders sein?
Der Grund, warum dieser Eindruck nicht nach außen dringt,
ist einfach: Die Deutschen legen zwar viel Wert auf neue Ideen,
aber noch mehr Wert darauf, Ideen totzumäkeln.

Wer noch nie im Leben Zeuge eines Ideenzernörgelwett-
bewerbs war, hat nicht gelebt. Es ist ein Naturspektakel vom
Rang einer Löwenattacke in der Serengeti oder des Wettlaufs
der Hausfrauen um die besten Schnäppchen am ersten Tag des
Sommerschlussverkaufs.

Es funktioniert so:

Jemand – meist ein naiver Anfänger – legt eine neue Idee auf
den Tisch … und das auch noch vor der versammelten Mann-
schaft. Die Kollegen holen tief Luft und dann, langsam zuerst,
dann aber immer schneller und heftiger, pflücken sie den Vorschlag auseinander, bis am Ende nichts davon übrig bleibt als
ein paar Knochen und ein trauriges Häuflein Reststolz des
Ideengebers.

Manche nennen es die Nörgellawine, andere sagen dazu nur:
»Baby im Haifischbecken.« Es ist das Ereignis, auf das sich der

durchschnittliche Mitarbeiter die ganze Woche freut. Für viele Kollegen ist es der einzige Grund, weshalb sie überhaupt noch zur Arbeit gehen.

Ich, wie auch mancher Ethnologe, nenne das Phänomen die »gemeinschaftliche, rituelle Ideenzerfleischung«. Ob in einer Mitarbeiterversammlung oder gar im Kundengespräch, das Ritual funktioniert immer gleich. Sebastian S., freier Radio- und Fernsehautor, beschreibt den Vorgang aus eigener Erfahrung wie folgt:

»Zum Beispiel in einem öffentlich-rechtlichen Sender, wenn man den zuständigen Redakteuren einen fertigen Film zum ersten Mal vorführt. Du hast dir tagelang den Kopf zerbrochen, ewig in Archiven gestöbert, dein Wochenende im Schneideraum beim Cutter verbracht, und nachts durchgearbeitet, um dir einen witzigen Text aus den Finger zu saugen. Dann zeigst du den fertigen Film der Redaktion. Wenn der zu Ende ist, herrscht erstmal allgemeines Wohlbehagen. Die finden ihn gut. Bis sich dann einer ganz hinten meldet und sagt: ›Find ich auch gut, aber ...‹ Und dann legt er los. Er kritisiert, dass das Braunkohlebergwerk nicht im Jahr 1975, sondern 1976 eröffnet wurde. Oder sonst irgendeine Zahl. Das darf man aber nicht so alleine stehen lassen. Ein Zweiter meldet sich und findet noch ein Haar in der Suppe. Dann sind die anderen langsam in der Pflicht, sich auch mal als Kritik-kompetent zu zeigen, vor allem die Vorgesetzten. Sonst stehen sie ja dumm da, haben nix zu sagen, sind wohl nur Lob-kompetent. Und alles, was sie sagen, muss noch besser, härter, ausgefeilter sein als das, was vorher kam. Am Ende heißt es dann, es wäre unverantwortlich, den Film zu senden.«

In kreativen Berufen ist die rituelle Ideenzerfleischung ein aufregendes und bewährtes Werkzeug, um den Kollegen eins auszuwischen und die eigene Position in der Herde zu untermauern. Man muss es nur anzuwenden wissen.

Sascha Alter, Kreativdirektor in einer Werbeagentur, hat Erfahrung auf beiden Seiten der Nörgellawine – im Geben wie im Nehmen. Ich fragte ihn, was man tun muss, um die geniale Idee eines Konkurrenten fertigzumachen.

»Am besten geht das mit fachlicher Kompetenz«, empfahl er. »Wenn ich sage, ›dies oder das finde ich nicht gut‹, ist das eine subjektive Meinung. Wenn der Chef das hört, durchschaut er das, und man steht als jemand da, der die Sachen nur schlechtredet, ohne eigene Ideen zu haben. Eine fachliche Kritik kann man dagegen schwer herunterreden. Geht es zum Beispiel um den Entwurf einer Werbung für einen Baumarkt, dann sagt man nicht, ›die Farbe gefällt mir nicht‹, sondern, ›Blau passt nicht zum Baumarkt, weil Blau Kopfarbeit symbolisiert, es passt eher zu einer Bank‹. Eine Menge liegt auch an der Art der Kommunikation. Man macht zum Beispiel einen Witz darüber, und der Witz ist halt ernsthafter, als er zu sein scheint. Das wirkt nach. Oder wenn man mit dem Chef unterwegs ist, kann man diskret das eine oder andere Wort fallen lassen, und schon ist die Sache gestorben. Das Erwähnen der Fehler der anderen ist immer das Beste, aber dafür muss die Atmosphäre stimmen. Ein lockeres Mittagsessen – nicht im Büro, und ganz persönlich, ganz locker – das ist das Beste.«

»Bewährt ist auch, zu sagen: ›Erstens kann es nicht funktionieren und zweitens gibt es das längst‹«, erklärte mir der Unternehmensberater Winfried Berner, Inhaber der Umsetzungsberatung in Mitterfels unweit von Regensburg und Autor des Buches *Change!: 15 Fallstudien zu Sanierung, Turnaround, Prozessoptimierung, Reorganisation und Kulturveränderung*. »Das ist zwar ein Widerspruch, aber wenn das eine nicht stimmt, stimmt das andere. Man kann inhaltlich argumentieren, man kann aber auch Dinge ins Lächerliche ziehen. Gerade, wenn ein Vorschlag schlecht angreifbar ist, kann man die Person angreifen: ›Ausgerechnet du kommst mit einer Idee? Alle wissen doch, dass dir nichts einfällt‹.«

Eine junge Werbetexterin erzählte, wie sie einmal in einer Runde von Kollegen versuchte, eine besonders gewagte Idee anzubringen und sie mit Zähnen und Klauen verteidigte, zumindest so lange, bis der Chef witzelnd einwarf: »Du argumentierst wie meine Frau, wenn sie ihre Tage hat.«

»Als Erstes fragen sie: ›Wie viel Sinn macht das? Was bringt es?‹«, so die Erfahrung von Petra Schubert, Human Resources-Beraterin und Partnerin von Kienbaum Consultants International. »Und dann fängt man an, dagegen zu reden: ›Es ist zu aufwendig, es funktioniert doch alles auch so.‹ Dann bezieht man andere Kollegen mit ein, um es schlecht zu machen: ›Der Kollege da hat so eine Idee – ich habe sie schon mal angeguckt, und es macht einfach keinen Sinn.‹ Man sucht sich Verbündete, und bald hat man eine kleine Gruppe gegen die Idee aufgebaut. Wenn es so weit ist, muss man auch den Chef einbeziehen, und dann ist die Sache endgültig gestorben.«

Die Tradition der gemeinschaftlichen Ideenzerfleischung macht die deutsche Firmenkultur weltweit so einmalig. Wie nirgendwo sonst ist der deutsche Mitarbeiter in allen Künsten des Mauerns fit. Das merkt man schon an der Atmosphäre, wenn man gewisse Firmengebäude betritt. Es schlägt einem das sichere, zuversichtliche Gefühl entgegen: »Hier wird nichts Neues ausprobiert. Keine Angst! Hier können Sie sich wohlfühlen.«

»Das kritische Denken schafft im Extremfall eine Atmosphäre, die feindlich ist für Kreativität«, bestätigte Berner. »Es führt dazu, dass kreative Menschen frustriert aufgeben, weil alle nur darüber nachdenken, was nicht geht. Diese Kettenreaktion an destruktivem Verhalten kann sich am Ende zu einer Unternehmenskultur verfestigen. Am Ende sind die Dummen die, die Vorschläge machen und die Gewinner sind die, die nur kritisieren.«

Ich war beeindruckt. Eine Firmenkultur, die nur von Kritteln bestimmt ist! Das zeigt, was Bremser alles in dieser Welt bewegen. Das Schöne daran ist: Ist die Damit-bin-ich-nicht-einverstanden-Kultur einmal aufgebaut, funktioniert sie fortan von selbst.

Ich wollte ein konkretes Beispiel hören, mit allen Details. Also fragte ich bei den mir bekannten Nörgelforschern nach, bis ich auf eine große, gestandene Logistik-Firma im Schwäbischen stieß, die europaweit zahlreiche Kunden in den verschiedensten Orten und Branchen beliefert. Ihre Arbeit ist so kompliziert, dass sie keine standardisierten IT-Systeme benutzen kann, um ihre ganzen Aktivitäten zu koordinieren, denn jeder Einzelschritt ist hoch spezialisiert. Also haben sie eine eigene IT-Abteilung. Und weil eben solche Firmen im harten, globalen Konkurrenzkampf immer auf der Suche nach Möglichkeiten sind, ihre Arbeit zu optimieren, kam jemand in der IT-Abteilung irgendwann auf die großartige Idee: Wir machen aus einer Abteilung zwei Abteilungen!

Das hatte auch Sinn. Zumindest bei den großen IT-Firmen, die Software entwickeln, vertreiben und unterstützen, ist es heute durchaus üblich, Entwicklung von Support zu trennen.

»Entwicklung und Support sind zwei verschiedene Vorgänge«, erklärte mir der IT-Manager und unfreiwillige Nörgelforscher Willi S., der anonym bleiben wollte, weil er immer noch in einer der beiden Abteilungen arbeitet. »Es ist effizienter, wenn sie nicht aneinander gebunden sind. Ist ein Programm zur Reife entwickelt, sollen die Entwickler zur nächsten Aufgabe gehen und es anderen Fachkräften überlassen, das Programm an den Kunden zu bringen und die Kunden kontinuierlich zu betreuen.«

Es war nicht Willi S., der auf die Idee kam, sondern ein Kollege von ihm, nennen wir ihn Hans. Er erzählte seine Idee dem Management, und das Management war begeistert, nicht nur von der Idee selbst, sondern auch davon, dass Hans in der neuen Position als übergeordneter Manager für beide Abteilungen deren Trennung durchführen sollte. »Wenn man das richtig umsetzt«, erklärte Willi, »hat man eine bessere Planbarkeit, eine höhere Kostentransparenz und eine höhere Standardisierung, man kann die Tätigkeiten und Leistung der Mitarbeiter klarer einschätzen.«

Selbst in der IT-Abteilung waren die meisten Mitarbeiter der Meinung, die Idee sei gut. Außer einigen unverbesserlichen Pessimisten, die Bedenken äußerten: Entwicklung und Support voneinander zu trennen, das wäre vielleicht für große IT-Firmen sinnvoll, aber in diesem Fall handele es sich doch um eine kleine IT-Abteilung innerhalb einer größeren Firma mit ganz eigenen Strukturen.

Könnte es sein, dass das favorisierte Modell nicht so recht auf diese Firma zugeschnitten war?

Völlig egal. »Das ist die Zukunft«, riefen die Manager begeistert, »das wird uns konkurrenzfähig machen! Endlich einer mit Ideen und Mut. Und das Beste ist, er verspricht uns, das alles ohne zusätzliche Kosten hinzukriegen! Prost!«

Bald tauchten dann doch unvorhergesehene Probleme auf.

»Das Problem ist die Bürokratie«, sagte Willi. »Bis jetzt hat in der Abteilung jeder alles gemacht. Der, der sich mit der Software auskennt, weil er sie geschrieben hat, geht ans Telefon, wenn es um Support-Fragen geht. Jetzt war aber Support in der anderen Abteilung. Derjenige, der das Programm schrieb, musste erstmal demjenigen, der den Support machte, erklären, worum es ging. Anstatt, dass es effizienter wurde und wir weniger Personal brauchten, brauchten wir mehr Personal, weil alles doppelt und dreifach dokumentiert werden musste. Wir benötigten zusätzliche Experten, die sich um die Kommunikation zwischen den beiden Abteilungen kümmerten. Ich war bisher für beide Bereiche zuständig. Ich kenne die Prozesse, und wenn es ein Problem gibt, weiß ich sofort, was das bedeutet. Jetzt muss ich alles aufschreiben, damit jemand in der anderen Abteilung Zugang zu meinem Wissen hat, und ich muss auch für ihn zur Verfügung stehen, wenn er Fragen hat, anstatt das Problem direkt selbst zu lösen.«

Bald wurde den Mitarbeitern in den IT-Abteilungen klar, dass der Plan in der Form nicht funktionieren würde. Allerdings wurde das nur den Mitarbeitern klar. Die Manager glaubten noch an Hans. Also musste man die Sache in die eigenen Hände nehmen.

»Es gab dann Kollegen, die sagten, wir müssen dagegen kämpfen, damit das Management die Entscheidung rückgängig macht. Vor allem mein ehemaliger Chef.« Den Chef nennen wir Fritz. Er war jetzt einer der beiden Abteilungsleiter. »Fritz sagte: ›Ich kenne den Hans, der ändert nichts an dem Plan, er kann keine Fehler eingestehen. Er zieht es durch, und wenn alles den Bach runtergeht.‹«

Fritz' Plan orientierte sich eindeutig an dem sächsischen Sprichwort »Die Weichen besiegen die Harten«. »Leute«, sagte er, »wir machen einfach alles ganz genauso, wie Hans es will. So wie er es haben will, wird es nämlich nicht funktionieren, und das wird er bald einsehen müssen.« Das Ziel war, von nun an alles buchstabengetreu nach Vorschrift zu machen. Begleitend hat Fritz mit Argusaugen die Problemfälle aufgespürt, wo etwas nicht geklappt hat, und die hat er dem Hans immer wieder unter die Nase gerieben.

Gleichzeitig hat Willi in der anderen Abteilung einen anderen Plan entwickelt.

»Andere Kollegen machten einfach alles nach wie vor auf die alte Weise – ich auch«, gestand er. »Sie sehen das Neue sowieso nicht als realistisch an. Man kann das als Mauern bezeichnen, aber ich bezeichne das als Absichern. Stichwort Urlaub: Vorher, als wir eine Abteilung waren, konnten wir koordinieren, wer wann in Urlaub geht. Wenn einer weg war, hat der andere übernommen. Jetzt kann man das nicht mehr koordinieren. Solche Sachen. Wenn also etwas nicht ging, machte ich es auf die alte Art. Die Kollegen und ich sorgen dafür, dass die Firma weiterläuft.«

Beide Methoden haben ihre Nachteile. Der Nachteil bei Fritz' Methode war, das er gekündigt wurde.

Willi wurde nicht gekündigt – trotzdem sieht er auch in seinem Plan einen gewissen Nachteil. »Ich dokumentiere hier zwar alles, was nicht läuft, und warum ich es auf die alte Art mache, aber keiner schaut sich die Dokumentation an«, klagte er. »Sie wollen gar nicht wissen, dass es nicht funktioniert. Die Folge davon ist, dass Hans immer noch gut da steht. Das nervt ein bisschen. Er kann im Management behaupten, dass er die Aufspaltung in zwei Abteilungen erfolgreich durchgezogen hat, auch wenn es de facto nicht stimmt. Das überprüft ja keiner. Also steht er nicht schlecht da, für uns aber heißt das, wir haben noch mehr Arbeit und noch mehr Ärger deswegen und uns geht's schlechter als zuvor.«

In diesem beeindruckenden Beispiel sind alle Nörgler: Hans hat Willi und Fritz angemosert in der Hoffnung, er könnte sie zu etwas bewegen; Willi und Fritz haben gekrittelt und gemauert in der Hoffnung, den Fortgang der Dinge zu verhindern. Unter Hans' Führung ist von heute auf morgen ein blühendes Nörgelbiotop entstanden. Die einzige Frage ist: Welcher Nörgler wird am Ende Recht behalten?

Während ich diese Zeilen schreibe, ist der Kampf noch immer nicht entschieden. Dafür wurde vor kurzem das Spiel noch ein wenig interessanter gemacht.

»Nun hat Hans gesagt, ab jetzt werden keine Überstunden mehr bezahlt. Für diejenigen, die Dienst nach Vorschrift machen, kommt das wie gerufen. Wenn etwas nicht läuft, sagen sie, ›ich gehe jetzt heim, ich darf ja keine Überstunden machen.‹ Für den Rest von uns, die den Laden am Laufen halten, heißt das, wir müssen noch mehr arbeiten und kriegen das nicht bezahlt«, erzählte mir Willi panisch am Telefon.

Willi S. fragt sich, was als Nächstes kommt. Was wird Hans dem Management noch versprechen? Wird er die Tür zwischen den beiden frisch getrennten Abteilungen zumauern? Willi hat läuten hören, dass interne Anfragen zwischen den beiden »getrennten Abteilungen« in Zukunft nur noch per E-Mail über ein Efficiency Communication Board laufen müssen, das prüft, ob die Fragen gerechtfertigt sind. Willi arbeitet schon an einem Gegenplan. Es geht ums nackte Überleben.

Wirtschaftsforscher beobachten seit langem fasziniert das geheime Treiben der Nörgler in der Wirtschaft und haben einiges an Wissen über sie gesammelt. Ihr Fachbegriff dafür heißt »unzufriedene«, »unmotivierte« oder gar »ungebundene« Mitarbeiter.

Ich wollte genau wissen, wie viel Prozent der Mitarbeiter in deutschen Betrieben dazu gezählt werden können, also rief ich Marco Nink an, Strategic Consultant bei der Unternehmensberatung Gallup Deutschland, der sich mit dieser Frage beschäftigt hat (auch wenn er es aus berufsmäßigem Stolz ablehnt, das Wort »Nörgler« zu verwenden).

Nink teilt die Mitarbeiter in deutschen Firmen in drei Kategorien ein: die hoch motivierte oder »gebundene« Belegschaft (rund 13 Prozent), die Kollegen, die sich nur »gering« mit der Firma verbunden fühlt (67 Prozent) und diejenigen, die schon »innerlich gekündigt haben« (20 Prozent). Die große Masse der Beschäftigten also fühlt sich nur minimal mit der Firma verbunden oder überhaupt nicht. Das sind die Nörgler: rund 87 Prozent aller Mitarbeiter.

Allein die Beschäftigten, die innerlich gekündigt haben, kosten deutsche Unternehmen laut Nink zwischen 81,2 und

109 Milliarden Euro im Jahr. Unter anderem leisten sich Nörgler beziehungsweise »ungebundenen« Mitarbeiter nämlich im Schnitt vier Fehltage mehr pro Jahr als die Nicht-Nörgler. Weitere Kosten sind unbekannt – wie viele Bleistifte, Laserpointer und Erdnusstütchen aus dem Konferenzraum jedes Jahr in die Hosentaschen von murrenden Mitarbeitern wandern, bleibt im Dunklen. Doch Nörgler bestimmen das Schicksal des Unternehmens nicht nur durch Fehltage – sie drücken die Leistung der Firma insgesamt.

»Die Leistungsfähigkeit eines Unternehmens hängt ganz wesentlich vom Verhalten aller Mitarbeiter ab«, versicherte mir Nink. »Wir haben herausgefunden, dass bei erfolgreichen Firmen die Mitarbeiter eine höhere Firmenbindung haben. Da steckt eine ganze Menge Potential dahinter, das könnte die deutschen Firmen erheblich wettbewerbsfähiger machen. Die deutschen Lohnkosten sind zwar höher als in vielen anderen Ländern, das ist im internationalen Vergleich von Nachteil, aber wenn man die Mitarbeiterbindung steigern würde, hätte man sofort erhebliche Vorteile gegenüber anderen Ländern.«

Es ist schon beeindruckend, wie die Nörgler es schaffen, mit so wenig Aufwand das Schicksal einer Firma zu lenken. Ich fragte Marco Nink, ob das speziell deutschen Firmen häufiger passiere. Er berichtete mir von der internationalen Studie, die er 2009 zu diesem Thema durchgeführt hatte. Diese hat zwar gezeigt, dass es Nörgelei weltweit in allen Firmen gibt, deutsche Unternehmen jedoch im Durchschnitt über etwas mehr Nörgler verfügen als Firmen in anderen Ländern.

Das Gleiche gilt für das traditionelle Baby-im-Haifischbecken-Ideenzerfleischungs-Ritual: Bekannt ist es in aller Welt, aber hierzulande scheint es weitaus beliebter zu sein als anderswo.

»Es entspricht tatsächlich dem deutschen Denken, immer erstmal kritisch auf Vorschläge zu schauen und vorrangig darüber nachzudenken, was an ihnen auszusetzen ist«, meinte Berner von der Umsetzungsberatung.

Es hat aber auch gute Gründe, warum die Deutschen bei einer neuen Idee als Erstes eifrig nach Fehlern suchen. Wer im Voraus herausfinden kann, dass etwas nicht funktioniert, kann verhindern, dass er später doof dasteht. Das deutsche Ideenzerfleischen dient dazu, mögliche künftige Fehler zu verhindern. Und wenn es etwas gibt, was die Deutschen hassen, dann sind es Fehler. Das Prinzip kennen wir auch aus dem Film *Minority Report* mit Tom Cruise, in dem Hellseher Verbrechen voraussagen, damit die Polizei einschreiten kann, bevor sie überhaupt begangen werden können. Im ständigen Kampf gegen potentiell gefährliche Ideen ist jeder deutsche Nörgler ein kleiner Tom Cruise.

»Wir Deutschen neigen zum Beispiel dazu, nichts auf den Markt zu bringen, solange es nicht ausgereift ist«, meinte Winfried Berner. »Japanische Unternehmen gehen oft sehr früh mit einem Produkt auf den Markt und lernen dann aus der Reaktion der Kunden, es zu optimieren. Ihr entscheidender Vorteil allerdings: Sie sind zuerst damit auf dem Markt.«

Im Bereich Software ist das *Bananenprinzip* gang und gäbe – das Produkt reift beim Kunden. Man bringt das Programm früh und unausgereift auf den Markt und löst die Probleme später über Patches. Na gut, mit Windows Vista ist das in die Hose gegangen, trotzdem sind die meisten Softwarepakete, die wir kaufen, längst nicht perfekt. Das wissen wir auch, und die Entwickler wissen, dass wir es wissen. Diese Methode würde ein Deutscher »blinden Aktionismus« nennen; die Amis und Japaner nennen es *Versuch und Irrtum*.

Diese Praxis geht so: Anstatt jedes Detail im Voraus geistig auszuknobeln und jede mögliche Entwicklung zu Ende zu denken, macht man einfach was. Man wird schon sehen, was passiert. Falls man es überlebt.

Und tatsächlich, im Versuch-und-Irrtum-Verfahren werden noch heute viele Drogen, Arzneien und weitere chemische Zusammensetzungen entdeckt. Man probiert verschieden Kombinationen aus, und irgendwann passiert etwas Interessantes: Das Labor fliegt einem um die Ohren, oder man kriegt Halluzinationen oder einen Orgasmus, wo man ihn am wenigsten erwartet. So funktionieren nicht wenige Entwicklungsabteilungen: Auch wenn man keine Ahnung hat, was es bringt, entwickelt man fröhlich Ideen in der Hoffnung, dass schon irgendwas dabei herausspringt.

Die Methode, nach *Versuch und Irrtum* zu verfahren, wurde von einem gewissen Edward Lee Thorndike an der Columbia University in Amerika in der ersten Hälfte des 20. Jahrhunderts entwickelt. Thorndike war Verhaltensbiologe mit einem großen Interesse an Katzen. Um zu erfahren, ob und wie Tiere lernen, entwarf er folgendes Experiment: Er setzte eine Katze in eine Kiste ohne Tür und Fenster – und ohne Futter. Es gab nur einen Ausweg: An der Wand hing eine Schlaufe, und daran musste man ziehen, damit eine Klappe aufging.

Das Verhalten der Katze war interessant. Sie kratzte und schnüffelte überall, rief miauend nach Hilfe, sprang herum, aber es passierte nichts. Endlich zog sie an der Schlaufe. Die Klappe ging auf. Die Katze löste das Problem nicht mit der Hilfe ihres überlegenen Geistes, sondern sie probierte einfach wahllos alles aus.

Die Deutschen sind allerdings geistig doch etwas weiter entwickelt als eine Katze.

Hätte Thorndike statt einer Katze einen Deutschen in die Kiste gesetzt, hätte der alles sorgfältig inspiziert, klar analysiert und mit unerbittlicher Logik den messerscharfen Schluss gezogen: »Es gibt hier in der Kiste nichts außer dieser Schlaufe …, wenn ich also eine verheerende Katastrophe vermeiden will, muss ich nichts weiter tun, als bloß meine Finger davonzulassen.«

Als Amerikaner kann ich nicht ernsthaft etwas gegen die ehr-
würdige Tradition der rituellen Ideenzerfleischung sagen, denn
mich regt es nicht wirklich auf, wenn die Deutschen immer wieder auf dem Markt von meinen Landsleuten mit neuen Ideen
und Entwicklungen geschlagen werden, weil die Amis einfach
schneller sind. Andere dagegen regt das tierisch auf, besonders
deutsche Unternehmensberater, die nicht einsehen, warum die
Bremser die Schicksale ganzer Branchen steuern sollen.

Als ich die Unternehmensberater Winfried Berner und Petra Schubert fragte, was sie solchen Firmen erzählen, nannten
sie einige Methoden: Man trennt die Ideen-Menschen von den
Fehler-Findern, am besten in zwei voneinander getrennten Abteilungen, wenn nötig sogar in verschiedenen Gebäuden. Erst,
wenn eine Idee sich verfestigt hat, geht sie an die Entwicklungs-
abteilung, deren Aufgabe es ist, sie kritisch zu betrachten und zu
perfektionieren. »Und die Firmen müssen verstehen, dass sie die
perfekte Lösung nicht auf einen Schlag finden werden«, sagte
Berner. »Es geht nicht gleich um die Frage: ›Ist der Vorschlag
perfekt?‹, sondern man muss zu fragen lernen: ›Ist das, was wir
haben, besser als das, womit wir angefangen haben?‹«

Vor allem knöpfen sich die Unternehmensberater den Chef
vor.

»Wenn Mitarbeiter sich nicht an die Firma gebunden fühlen,
liegt es in erster Linie am direkten Vorgesetzen und seinem Füh-
rungsverhalten«, betonte Marco Nink. »Es passiert nicht über
Nacht, dass man keine Lust mehr hat. Kaum jemand beginnt un-
motiviert auf einer neuen Stelle.« Erst wenn man seinen Chef
näher kennengelernt hat, fällt die Motivation ab. »Drei Viertel der
Kündigungsgründe beziehen sich auf den direkten Vorgesetzten«, sagte Nink. »Schlechte Führung ist ein Kostenfaktor.«

Mit anderen Worten: Wenn in einer Firma eine handfeste,
stabile und nachhaltige Krittelkultur floriert, hat der Chef sau-
bere Arbeit geleistet. Nink verriet mir ein offenes Geheimnis:

»Führungsaufgaben bekommt ein frischgebackener Chef in Deutschland nicht beigebracht. Man wird ins kalte Wasser geworfen. Hierzulande funktioniert das in der Regel so: Man wird befördert, weil man lange im Unternehmen dabei war oder aufgrund von fachlichem Wissen, aber nicht, weil man etwas von Personalführung versteht. Es passiert immer wieder, dass man den besten Verkäufer zum Verkaufsleiter befördert. Da hat man mit einem Schlag den besten Verkäufer verloren und die schlechteste Führungskraft gewonnen.«

Auch die Innovationskultur einer Firma wird vom Chef bestimmt.

»Die Stimmung im Betrieb ist extrem abhängig von den Führungskräften«, bestätigte Petra Schubert. »Wenn die Leute im Management positiv eingestellt sind, dann sehen auch die Mitarbeiter die Möglichkeiten. Gerade bei Führungspersonen ist negatives Verhalten oft einfach eine schlechte Gewohnheit.« Schubert schlägt den Chefs ein therapieähnliches Training vor. »Der Chef soll sich fragen: ›Warum habe ich diesen Blick drauf? Warum will ich Ideen von anderen schlechtmachen? Fühle ich mich dann stärker?‹ Dann muss man ihn darauf trainieren, erstmal ›Halt‹ zu sagen, wenn er eine neue Idee vorgetragen bekommt und merkt: ›Ich bin wieder am Meckern.‹ Dann soll er einen Schritt zurücktreten und sich fragen: ›Was ist gut an der Idee? Könnte es vielleicht tatsächlich gelingen?‹«

»Und das hilft? Man kann Krittelei wegtherapieren?« Ich war skeptisch.

»Es dauert ein halbes Jahr«, gab sie zu, »aber es ist trainierbar.«

Wer nicht das Geld oder den Mut hat, den eigenen Chef in Therapie zu schicken, muss die Sache selbst in die Hand nehmen. In der Medien- und Werbebranche, wo Ideenphobie und Kreativitätsallergie für Chefs und Kunden zum Alltag gehören, ist das inzwischen gang und gäbe.

»Wenn man dem Kunden oder Chef neue Werbeentwürfe, Designs oder sonstige Ideen vorstellt, darf man den Topentwurf bloß nicht als Erstes präsentieren«, empfahl Werbefachmann Sascha Alter. »Einem Kunden zeigt man am besten als Erstes einen Entwurf, bei dem er ein Haar in der Suppe finden kann. Dann hat er sein Pulver ein bisschen verschossen, und man kann den Topentwurf rausholen. Immer das Gemecker abwarten. Nur nicht ungeduldig werden und dem Prozess vorgreifen. Wenn einer meckert, müssen die anderen mitmeckern, sonst verlieren sie ihr Gesicht. Das ist ein natürlicher gruppendynamischer Prozess.«

Das Konzept, anfangs den Haien einen Köder zuzuwerfen, damit sie satt sind, gilt auch in anderen Bereichen.

»Lass sie ruhig dein Baby zerrupfen«, meinte Sebastian S., »dann sagst du, ›ist gut, ich ändere das‹, und dann schneidest du irgendwas an dem Film um. Völlig egal, was. Beim nächsten Termin präsentierst du ihnen dann den irgendwie veränderten Film, und da sie gar nicht mehr wissen, worüber sie beim letzten Mal genörgelt haben, jetzt aber sehen, dass du anscheinend irgendwas gemacht hast, sind sie zufrieden. Einmal habe ich einen Film sogar völlig unverändert nochmal präsentiert, weil ich so sauer war, wie grundlos der zerrupft wurde – und beim zweiten Mal kam er anstandslos durch, obwohl ich nichts daran geändert hatte! ›Viel besser jetzt‹, sagten sie, und auch noch mit diesem Unterton: ›War das denn jetzt so schwer?‹«

Wenn schon die Nörgelei für die Wirtschaft nicht unwichtig ist – welche historische Rolle spielte sie dann erst in den tausenden von Jahren voller Konflikte, Umwälzungen, Siegen und Niederlagen?

Ich freue mich, dass Sie das gefragt haben.

9. Lästern wie Luther

Wie Zetern den Lauf der Welt veränderte

Es gibt zwei gängige Theorien der Geschichtsschreibung. Die eine besagt, Geschichte werde von »großen Männern« gemacht. Könige und Feldherren, Dichter und Erfinder, Prediger und Rebellen waren es, die die Welt mit ihren Taten, Ideen und Plänen geformt haben. Die andere sagt, dass Geschichte von gesellschaftlichen Umstürzen bestimmt wird, von großen, erdbebenartigen Bewegungen, die von ganzen Völkern getragen werden und darauf abzielen, eine frühere Bewegung zu korrigieren oder zu zerstören.

Beide Theorien sind falsch. Die richtige lautet: Alle großen Umwälzungen der Geschichte wurden ernörgelt.

Höchste Zeit, dass die Weltgeschichte umgeschrieben wird.

Kaum ein historisches Ereignis hat die Welt so grundlegend verändert wie die Reformation. Sie hat das Rückgrat der katholischen Kirche gebrochen und die Menschen geistig befreit. Fortan durften sie nicht nur die Bibel selbst auslegen, sie durften auch sonst für sich selber denken, und der Weg war frei für den Siegeszug der Demokratie und der Wissenschaft, ganz zu schweigen von Errungenschaften wie Facebook, Google und Internet-Porno.

Nicht zufällig war der Motor der Reformation ein Nörgler ohnegleichen – vielleicht der beste, den die deutsche Kultur je hervorgebracht hat.

Martin Luthers Gesamtnörgelœuvre ist ein Musterbeispiel an revolutionärem Querulantentum. Schon sein erster Streich war eine Meisterleistung: Nicht ein, nicht zwei, nicht drei, nein, gleich 95 Thesen nagelte er an das Hauptportal der Schlosskirche in Wittenberg, wo er als Professor Theologie und Griechisch lehrte. (In Wahrheit handelte es sich um 95 Absätze einer einzigen These, aber schon als junger Mensch wusste er, dass ein Titel wie *Eine These* nichts hergibt.) Erst um die zehnte »These« herum kommt Luther in Fahrt und knöpft sich die Priester, Bischöfe und Ablassprediger vor. Anschließend will er dem Papst selbst an den Kragen. Jetzt versteht der Thesen-Leser erst, worum es Luther geht: ums Geld. Der Papst möchte nämlich mit dem Verkauf von Ablässen genug Kleingeld auftreiben, um sich in Rom eine neue Kapelle bauen zu lassen, und das will er ausgerechnet den Deutschen aus der Tasche ziehen. Der Papst war nicht der Erste und nicht der Letzte, der wusste, dass deutsche Investoren gern ihr Geld zum Fenster rausschmeißen. Das sieht Luther nicht ein. In These 86 fragt er, warum der Papst das Ding nicht »von seinem eigenen Gelde« baue? Luthers ganze Karriere war, so kann man sagen, auf unerbittlicher Papstbeschimpfung begründet. Zeitweise beschmiss er auch andere mit Dreck – gegen Juden hetzte er genauso wie gegen andere Religionsgemeinschaften sowie zur Sicherheit auch gegen Hexen –, aber er wusste, was sein Publikum wirklich hören wollte. Die Papstbeschimpfung machte Luther zum ersten Bestsellerautoren der westlichen Welt. Seine Flugschriften wurden übersetzt und in ganz Europa verteilt, um atemlos in Familienrunden, entzückt an Universitäten und empört auf Markplätzen vorgelesen zu werden. Er hat verstanden, was wir kleinen Otto-Normal-Nörgler mal erleben wollen – dass irgendein anderer Nörgler, der größer ist als wir, herkommt und das tut, wozu wir nicht den Mut haben: nämlich, die da oben unermüdlich mit Dreck zu bewerfen.

»Unglaubliche Tyrannei«, »Gottlosigkeit«, »Zerstörungswerk« und »grenzenlose, schamlose Bosheit« wirft er dem

Papst vor, und das sind noch die mildesten Ausdrücke. Das Papsttum insgesamt stamme direkt vom Teufel, schreibt er. »Ein Stall voller großer, grober, schändlicher Esel« seien der Papst und seine Kardinäle und überhaupt der ganze Vatikan, befindet Luther: »Hör nun her, Papstesel, mit deinen langen Eselsohren und verdammtem Lügenmaul!«, schnauzt er. »Unermesslich viel hast du gestohlen, mit Lügen, Intrigen, Gotteslästerung und Abgöttereien und hast als ein Teufel gehandelt.« Dieser »verzweifelte, böse, listige Schalck« sei ein »so meisterlicher Gaukler«, dass er wie ein Magier sei, der mit einer schnellen Handbewegung den gutgläubigen Leuten Goldstücke ins Maul zaubert, aber wenn der Papst es tut, sind keine Goldstücke, sondern »Pferdedreck drinne«. Luther lästert sich in eine solche Wut hinein, das er zeitweilig nur noch stottern kann: »So, so, so soll man lügen und lästern, wer ein rechter Papst sein will«, zetert er, und: »Wenn ich mein Eselsgeschrei *chika, chika* erschallen lasse oder auch nur einen Eselsfurz lasse, so müssen die Menschen es alles für Artikel des Glaubens halten … Denn Gott ist nicht mehr Gott, allein der Esel ist Gott, da in Rom, wo große, grobe Esel auf anderen Eseln reiten, die besser sind als sie.«

Da hat sich jemand keinen Maulkorb angelegt. Nichts konnte diese entfesselte Nörgelenergie mehr bremsen, und es kam, wie es kommen musste: Überall in Europa sprossen Religionsgemeinschaften aus dem Boden, die sich vom Papst abwandten, und sie hatten so viel Zulauf, dass weder Kirche noch Fürst sie noch verhindern konnten.

Nach der luther'schen Reformation ist der westlichen Welt erst eine ganze Weile später wieder eine wirklich wichtige Revolution gelungen: der amerikanische Unabhängigkeitskrieg. Und dieser hätte ohne den großen Streiter Thomas Paine keine Chance gehabt.

Es war für die kampflustigen amerikanischen Kolonien ein Leichtes, in eine Reihe von bewaffneten Scharmützeln mit dem Mutterland England zu geraten, aber sich völlig von der Krone loszusagen, das war dann doch ein sehr großer Schritt ins Ungewisse. 1776 begriffen sich die meisten Amerikaner noch als treue Diener des Königs. Die Monarchie, eine uralte, von Gott gesegnete Institution zu verwerfen und dafür das noch völlig unerprobte System der Demokratie zu errichten, das war für sie undenkbar. Um sie zu diesem Schritt zu bewegen, musste erst ein richtiger Nörgler her.

Genau wie Luther entdeckte auch Paine schnell, was dem Volk im tiefsten Herzen fehlte: einer, der den Mut hatte, in ihrem Namen die Obrigkeit mit Dreck zu beschmeißen. Das bedeutete: Der König musste dran glauben.

Thomas Paines erstes Geschoss gegen die Obrigkeit war das Quengel-Büchlein *Common Sense* (Gesunder Menschenverstand). Darin machte er den König so klein mit Hut. Nicht nur, dass die englische Krone ihre Kolonien mit »Feuer und Schwert verwüstet« hätte, monierte er, sie habe auch noch den »natürlichen Rechten der ganzen Menschheit den Krieg erklärt«. Die Monarchie an sich sei »Tyrannei«, »absurd« und »lächerlich«, sie sei darüber hinaus in vorchristlicher Zeit, also von gottlosen Heiden erfunden worden und überhaupt die »erfolgreichste Erfindung des Teufels, die es jemals gab«.

Noch im selben Jahr wurde die Unabhängigkeitserklärung unterschrieben.

Und weil die Europäer den Amerikanern alles nachmachen müssen, brach wenige Jahre später auch in Frankreich eine Revolution aus. Auch da musste Paine mitmischen. Also wurde er nach Frankreich importiert und für die französischen Brüder schrieb er gleich sein Nörgel-Meisterwerk *Rights of Man* (Die Rechte des Menschen), in dem er nicht nur die Aristokratie niedermachte, sondern so gut wie jede andere überkommene, veraltete europäische staatliche Institution, die ihm nur einfiel. Er wurde wie ein Genie gefeiert.

Dann machte er seinen größten Fehler.

Es ist ein Naturgesetz, dass alle Nörgler heimlich davon träumen, eines Tages mehr zu tun als nur zu stänkern – obwohl es das Einzige ist, was sie jemals gelernt haben –, nämlich, selbst in der Politik mitzumischen. Dieser Wunsch scheint aus der gleichen Ohnmacht heraus zu entstehen, aus der das Nörgeln selbst erwächst: Wer gern über Politik vom Leder zieht, bildet sich oft ein, dass er alles besser machen könnte, wenn er bloß die Chance bekäme. Paine bekam diese Chance: Er wurde ins französische Parlament berufen, obwohl er kein Wort Französisch sprach. Schnell bekam er zu spüren, dass Nörgelei und politische Realität zwei verschiedene Paar Schuhe sind.

Als der gut gemeinte Vorschlag aufkam, den König zu enthaupten, sagte Paine: »Moment mal, so habe ich das nicht gemeint! Würde es nicht reichen, ihn des Amtes zu entheben und mit einer kleinen Pension nach Australien zu verbannen?« Naiverweise stimmte er gegen den Tyrannenmord. Wenig später wurde er von Robespierre, der keine halben Sachen machte, verhaftet und zum Tode verurteilt. Ein Jahr lang bangte er im Gefängnis um sein Leben. Dem Schafott entging er zwar, aber nur durch einen bürokratischen Fehler. Bevor Robespierre den Fehler berichtigen konnte, wurde er selbst von jemand anderem, der ebenfalls keine halben Sachen machte, enthauptet, und Paine wurde wieder freigelassen.

Er hatte seine Lektion gelernt. Paine kehrte in die professionelle Nörgelei zurück, und diesmal war keiner vor ihm sicher. Napoleon titulierte er als »größten Scharlatan, den es jemals gab«; er krittelte an der Religion und vor allem am Christentum herum, und dann war es kein großer Schritt mehr zu *The Age of Reason* (Zeitalter der Vernunft), worin er sogar Gott so klein mit Hut machte. Für eine Revolution gegen Gott konnte er aber dann doch niemanden bewegen. Er starb verstoßen, vergessen, verspottet – dennoch als Nörgelgenie schlechthin. Weiter als er kann man in dieser Disziplin nicht gehen.

Ich kann mit Genugtuung berichten, dass die Tradition der Politmotzerei heute so lebendig ist wie nie zuvor. Die derzeitigen deutschen Politiker rüffeln geradezu um ihr Leben. Sie brauchen nur vor ein Mikro zu treten und schon entsteht ein wunderbares Geplärre. Sie üben Kapitalismuskritik, sie schelten Manager, drohen damit, ihnen ihre Boni zu kürzen, und wenn Firmen aus Deutschland wegziehen, ergreifen sie die Gelegenheit, Missmut und Betroffenheit zu äußern. Sie donnern wahlweise gegen die Arbeitslosigkeit, an der die anderen Parteien schuld seien, und gegen die Arbeitslosen, die selber schuld seien; sie beklagen die grassierende Ausländerfeindlichkeit sowie die Überfremdung der Kultur durch Denglisch und das Tragen von Kopftüchern. Sie mokieren sich sogar über die Politikverdrossenheit der Wähler, wohl in der Hoffnung, sie dadurch zu politischem Engagement zu motivieren.

Es stimmt, die Sprache des politischen Nörgelns hat sich seit Luther geändert. Lang ist es her, dass ein Politiker einen Gegner einen »Esel, der auf einem Esel reitet« titulierte. Schade eigentlich. Doch auch wenn die Politiker von heute eine eher biedere Wortwahl treffen, so schaffen sie es dennoch, der deutschen Sprache immer wieder frische, neue Energie zu verleihen. Denn ein Großteil der neuen Worte, die jedes Jahr das deutsche Vokabular bereichern, stammt von nörgelnden Politikern. Und eben diesen Worten wohnt eine wunderbare Poetik inne. Was könnte den Untergang der Menschheit besser ausmalen als das Wort *Heuschrecken*? Oder *Kopftuchmädchen*? Da habe ich gleich Visionen von ganzen Schwärmen seltsamer, verhüllter Wesen, die von Horizont her bedrohlich auf mich zuströmen … dann, im letzten Moment, erkenne ich: Das sind Mädchen! Und ich ergebe mich freiwillig. Letztens musste ich bei einem Spaziergang in Kreuzberg an die *Parallelgesellschaft* denken, und ohne dass mir das bewusst war, bestellte ich einen *Paralleldöner*, aber ich hatte nur Euros dabei und der Verkäufer nahm ausschließlich *Parallelgeld* an. Da hatten wir ein Parallelproblem und gerieten beinahe überkreuz. Die hochgradig poetische Sprache des Politplärrens ist wie geschaffen für die Dichter dieses Landes.

Einer der beliebtesten und bewährtesten Begriffe aus dieser Sparte ist *soziale Kälte*. Eine poetische Formulierung, die man förmlich spüren kann: Es fröstelt mich, wenn ich sie nur höre. Der Begriff ist so aufwühlend wie *geschlagenes Hündchen* oder *weinendes Kind*, so dass die Menschen draußen im Lande sich kaum nachzufragen trauen, was damit gemeint ist. So kann regelmäßig beschwört werden, dass es in Deutschland immer *sozial kälter* wird, ohne dass die Temperatur sich jemals ändert. Zwar bleibt Deutschlands soziales Netz beharrlich eines der besten und teuersten der Welt. Doch *soziale Kälte* ist einfach so stark, dass keiner fragt, wie kalt es eigentlich ist. Das ist ein Wort, das seine Arbeit richtig macht.

Doch das eigentlich Schöne an dem Begriff: Er hat gar keine Bedeutung! Er ist wie der Blanko-Stein beim Scrabble: Man kann ihn überall einsetzen. Oder wie sonst soll man erklären, dass dieser Terminus, der eigentlich klar im linken Spektrum liegen müsste, in der Praxis von allen Parteien gleichmäßig verwendet wird, und jedes Mal mit einer anderen Definition? Regelmäßig wirft die SPD der CDU *soziale Kälte* vor; im Gegenzug wirft die CDU der SPD *soziale Kälte* vor. Die Grünen und die Linken werfen gern mit diesem Ausdruck um sich, ebenso die FDP und die NPD, genau wie die Tierschutzpartei und die Grauen Panther. In Parlamentsdebatten wird *soziale Kälte* häufiger in den Mund genommen als jeder andere Begriff, mit Ausnahme von *Steuererhöhung*. Eine halbherzige innenpolitische Debatte ohne den Vorwurf der *sozialen Kälte* wäre wie Sex ohne

Küssen, und danach fühlt sich ein deutscher Politiker irgendwie leer und schmutzig.

Ebenso häufig wie die Fälle von erfolgreichem politischen Nörgeln sind die Beispiele, wo es misslingt.

Karl Marx muss man leider zu den Nörgler-Losern rechnen, die ihr Leben lang keinerlei Krittelkompetenz vorweisen konnten. Der Mann konnte einfach keinen klaren Satz verfassen.

Wie groß Marx' Versagen war, sieht man am Vergleich mit Charles Dickens.

Marx war weder Wirtschaftswissenschaftler noch Journalist, Politiker oder gar Arbeiter, er war Philosoph. So schrieb er auch. Er prangerte die soziale Ungerechtigkeit und die Ausbeutung des Arbeiters mit sehr vielen Worten an, aber mit hoch philosophischen Worten, bei denen nur einige wenige sich trauten, so zu tun, als ob sie sie verstehen konnten. Es war Lenin, der 30 Jahre später dem Marxismus zum Erfolg verhalf. Das war ein Quengelmeister! Und er hatte ein dankbares Publikum – das vom Zaren gebeutelte Volk. Ehrlich gesagt hätte Lenin auch ohne den Marxismus in Russland eine Revolution entfachen können. Er hätte versprechen können, eine neue Gesellschaft nach den Anweisungen aus Dale Carnegies Buch *Sorge dich nicht, lebe!* aufbauen zu wollen – das Volk wäre ihm auch dann gefolgt. Er beherrschte einfach die Sprache des Nörgelns.

Marx dagegen nicht. Zu Lebzeiten hatte er so gut wie gar keinen Einfluss auf die Missstände, über die er so abstrus murrte. Es scheint, es wäre ihm auch nicht genug gewesen, in London ein paar popelige Missstände auszubessern. Er wollte ja nichts weniger als das ganze System neu entwerfen, darunter ging es nicht. Hätte er mal das Anprangerer-Handwerk richtig gelernt, wäre vielleicht was aus ihm geworden.

Dickens, der zur gleichen Zeit in London lebte, war ebenfalls ein Lästerer vor dem Herrn. In seinen hyper-populären, in Zeitungen veröffentlichten Romanen wie *Oliver Twist*, *Eine Weihnachtsgeschichte* und *Harte Zeiten* prangerte er die soziale Ungerechtigkeit, die Ausbeutung der Armen und die Gier an. Sein Herz für die Unterdrückten ging so weit, dass er in seinen Werken Prostituierte in Schutz nahm – im Viktorianischen Zeitalter etwas Unerhörtes. Sein allererster Roman *Die Pickwickier* spielte eine maßgebliche Rolle bei der Schließung eines besonders berüchtigten Gefängnisses. Damit inspirierte er auch andere zeitgenössische und nachfolgende Journalisten und Romanautoren, gegen Missstände anzuschreiben.

Es war Dickens mit seinem Populismus und seinen gar nicht revolutionären christlichen Werten, der in England etwas bewirkte. Noch zu seinen Lebzeiten wuchs eine Generation heran, die die unmenschlichen Zustände in der Industrie nicht mehr dulden wollte. Bevor sich in England die Gewerkschaften und die oppositionellen Politiker mit genug Rückendeckung aus dem Volk gegen die unkontrollierten Industriebosse wenden konnten, musste ein mutiger Nörgler die Machenschaften der Kapitalisten erstmal anprangern. Das war Dickens. Kann es sein, dass Marx deshalb ein bisschen eifersüchtig war? Über Dickens schrieb er nämlich, er habe »der Welt mehr politische und soziale Wahrheiten gegeben als alle professionellen Politiker, Publizisten und Moralisten zusammen.«

Was lernen wir daraus?

Jeder erfolgreiche Umsturz begann mit volksnaher Nörgelei, ob in Frankreich 1789, Russland 1917 oder Iran 1979. Und das Wichtigste daran war immer, dass sie auf ein handfestes Feindbild zielte – ob Papst, König oder Schah. Der Hass des Volkes auf diese Feindbilder war so groß, dass die politische Ideologie dahinter im Grunde egal war. Hauptsache, sie artikulierte ordentlich Unmut. Seien wir doch ehrlich: Das iranische Volk war 1979 so wütend auf den Schah, dass der Ajatollah Chomeini auch Er folg gehabt hätte, wenn er die Lehren der Scientology gepredigt hätte. Auch Hitler verdankte seinen Erfolg der Feindbild-Zeterei, und die RAF fand nur keinen rechten Zuspruch, weil ihre Feindbilder – Kapitalismus, soziale Ungerechtigkeit oder gar »die Bullen« – viel zu abstrakt, um nicht zu sagen lasch waren.

Doch eine Ausnahme gibt es: Leipzig 1989.

Es war eine seltsame Revolution. In den Leipziger Montagsdemos kämpften die Montagsnörgler mit sich selbst, friedlich zu bleiben, um der Volkspolizei keinen Grund zum Eingreifen zu geben. Ihre Waffe war das Mosern, nicht mehr von einem einzigen Obernörgler wie zu Zeiten Luthers oder Lenins, sondern von allen und jedem. Gruppen wie das Neue Forum und große Namen wie Kurt Masur, Kapellmeister des Gewandhausorchesters, sowie jede Menge Künstler, Literaten und Promis traten auf und nölten endlich ungehemmt: »Reisefreiheit für alle«, »Meinungsfreiheit«, »Freiheit, Gleichheit, Brüderlichkeit« und am gewagtesten: »Deutschland einig Vaterland« sowie etwas spezieller, »Schnitzler, entschuldige Dich!« oder »Gorbi, Gorbi, Gorbi!«

Es wurde gegen Honecker gemurrt, auch gegen das System, aber es gab weder einen rechten Anführer noch ein echtes Feindbild. Vermutlich hätte dieser oder jener, der keine halben Sachen machte, Honecker gern aufgeknüpft, dennoch wurde es nicht vorgeschlagen. Stattdessen wurde – vielleicht zum ersten Mal in der Geschichte – positiv gemeckert.

Unter den vielen Montagssprüchen bildete sich ein Hauptspruch heraus, aber kein negativer wie sonst üblich, kein »Ausländer raus!«, »Enteignet die Feinde des Volkes«, auch nicht »Keine Macht für Niemand!« Das Nörgelmotto der Revolution war: »Wir sind das Volk.«

Solch eine positive Nörgelei hatten Honecker & Co. wirklich nicht erwartet. Was konnten sie dagegen tun? Hier wurde eindeutig bemängelt, dass der Staat irgendwie was falsch machte. Es war aber so formuliert, dass man wirklich niemandem unterstellen konnte, er sei konterrevolutionär. Die DDRler waren lange daran gewöhnt, zwischen den Zeilen zu nörgeln, aber hier gab es nur eine einzige Zeile – und bei nur einer Zeile auch noch zwischen den Zeilen nörgeln, das ist schon eine Leistung. Honecker & Co. waren selbst gewiefte Besserwisser – gegen eine herkömmliche Quengelei hätten sie was unternehmen können. Aber das?

Sie waren einfach perplex. Als »das Volk« sie dann vom Thron stieß, suchten sie immer noch nach Worten.

Aber glauben Sie nicht, dass politische Nörgelei nur zu Umstürzen, ungehemmter Anarchie und schierem Chaos taugt. Weit gefehlt! In manchen Ländern stellt es das Fundament für das gesamte politische System.

10. Systemkritik mit System

Wie die Deutschen die perfekte
Gesellschaft erquengeln

Es ist und bleibt ein Rätsel: Die Deutschen und ihr Staat.

Blickt man zurück, kommt man nicht umhin festzustellen, dass sie heute wie Hans im Glück leben: einem langen, engstirnigen, grausamen Mittelalter knapp entronnen, wurde das Land vom Dreißigjährigen Krieg zerfleischt, in bedeutungslose Flecken aufgesplittert und vom Rest der Welt überholt und ignoriert, versank in Miefig-, Piefig-, Triefigkeit, probierte es mit dumpfen, nutzlosen Kaisern, unfähigen Möchtegern-Demokraten in der Weimarer Republik, mordlüsternen Nazis und hinterwäldlerischen Kommunisten, Krieg und noch mal Krieg. Mit anderen Worten, alles nicht so doll.

Dann, auf einmal, mit der Erfindung des Grundgesetzes, war wie ein Wunder ein stabiler, erfolgreicher, von Privilegien und Freiheiten überhäufter Staat da, ohne dass man wirklich wusste, wie das plötzlich kam. Und seitdem leben die Deutschen in dem besten Staat, den sie jemals hatten, auf dem absoluten, völlig unerwarteten Höhepunkt ihrer Geschichte – einem Staat, der, blickt man auf die Geschichte zurück, gar nicht besser vorstellbar ist.

Doch fragt man die Deutschen selbst über ihren Staat aus, was bekommt man zu hören?

»Schlimmer kann es hierzulande nicht mehr werden.«

Ist es Understatement? Koketterie? Ennui?

Selbst wenn in diesem Land ein echtes Wunder passiert, ein gewaltiger Schritt Richtung moderne Welt getan wird, etwas, was niemand kritisieren könnte, schaffen es die Deutschen, das so lange zu verschweigen, bis das Wunder Alltag geworden ist und keiner es mehr bemerkt. Und am Alltag darf man ja getrost wieder rumkritteln.

Als mit Barack Obama der erste schwarze Präsident der USA gewählt wurde, flippte die ganze Welt aus: Es war ein Wunder. Noch im Jahre 2005 war Deutschland laut eigener Aussage ein Land der Boy-Clubs, ein Macho-Land, wo Frauen immer noch weniger Lohn für die gleiche Arbeit bekamen und aus den Chefetagen so gut wie verbannt waren. Ein Hinterland also, was Emanzipation anging. Ach, und was die Ostdeutschen betraf: Die Wiedervereinigung war noch ganz frisch, und die Ossis, wie man sie liebevoll nannte, waren im Westen bereits als faule, ziellose Jammerlappen verschrien, die sich zu nichts aufraffen konnten.

Und zack, schon wurde mit Angela Merkel die erste Frau und die erste Ossi zur Bundeskanzlerin gewählt: zwei Wunder in einem. Auf einen Schlag hatten die Deutschen alle Vorurteile gegen sich selbst widerlegt: Ja, eine Frau kann in diesem Land etwas werden; nein, die Ossis sind keine Schluffis; ja, es ist möglich, hierzulande Großes zu erreichen und von der ganzen Welt mit Bewunderung angesehen zu werden.

Wie haben die Deutschen reagiert?

Gar nicht. Es wurde mit einem Schulterzucken zur Kenntnis genommen. Man hat den Jahrhundertwahlsieg genauso skeptisch kommentiert wie immer: Die neue Bundeskanzlerin sei gesichtslos, sie hätte keinen Plan und es sowieso nur so weit gebracht, weil sie innerhalb der Partei gut manövrieren konnte, nein, mit dieser Wahl hätte man wieder mal eine echte Chance vertan. Selbst die Frauen, die ich kannte, rollten nur mit den Augen und sagten: »Noch vier Jahre Kohl mit anderen Nasen.«

Es war, als ob man das zweifache Wunder nicht feiern dürfte. Selbst Angela Merkel hat den Moment nicht gewürdigt. Vergebens wartete ich darauf, dass Angie mit Michael Ballack an der einen Seite und Tokio Hotel an der anderen auf eine Bühne in Dresden steigt und ihren von Arbeits- und Hoffnungslosigkeit gebeutelten ostdeutschen Mitbürgern zuruft: »Ich bin stolz, ein Ossi zu sein.« Die Feier blieb aus. Nicht nur das: Solch ein Moment wurde sorgfältig vermieden. Hätte man dieses Zeichen des grundlegenden Wandels im Land gefeiert, wäre damit das wichtigste Gesetz der deutschen Öffentlichkeit übertreten worden: Murren und knurren sollst du.

Das ist der deutsche Meckerimperativ. Sobald es um den Staat geht, ist jede Art von positiver Äußerung verboten. Es ist nicht einmal erlaubt, den Nörgeloutput bei Gelegenheit, zum Beispiel im Sommerloch, ein wenig herunterzufahren. Alle Deutschen haben die patriotische Pflicht, gemeinschaftlich und aus freien Stücken das Gesamtgemecker über den Staat auf einem kontinuierlich hohen Niveau zu halten.

Sie machen das nicht aus Spaß. Das ist die deutsche Art, den Staat zu lenken.

Um den deutschen Meckerimperativ zu verstehen, muss man die feudalen Wurzeln dieses Staates betrachten. Wer in feudalen Zeiten, vor der Erfindung der Wahlkabine und des Zivilgerichts, etwas vom zuständigen Fürsten begehrte, musste es ernörgeln. Weil die Masse der Menschen im Mittelalter und zur Zeit des Absolutismus so gut wie keine Rechte hatte (die meisten durften nicht mal ohne Erlaubnis ihres Herrn heiraten oder den Beruf wechseln), war der Fürst für einen Großteil ihres Schicksals zuständig. Für seine lieben Bauern übernahm der Gute mehr Verantwortung als Gott. Hatte der Bauer Streit mit dem Nachbarn, musste der Fürst entscheiden, wo der Gartenzwerg hin sollte; wollte der Bauer Roggen statt Buchweizen anpflanzen, um auf dem Markt besser konkurrieren zu können, beantragte er Fördergelder vom Fürsten; wollte er vorzeitig in die Rente, musste der Fürst überprüfen, ob das Holzbein des Bauern wirklich in einem so erbärmlichen Zustand war, dass er nicht mehr arbeiten konnte.

Mancher würde vielleicht behaupten, diese Art Beziehung zum Staat sei erniedrigend, denn sie würde den Bauern unmündig halten. Ich sage: Eben das ist das Geniale dran! Je mehr Verantwortung der Staat für das Schicksal des Einzelnen übernimmt, desto weniger Ärger hat der Einzelne. Wer will schon Verantwortung? Wer mag schon Risiken eingehen? Wer liebt die Unsicherheit, die damit einhergeht, dass man auf eigenen Beinen steht? Ich nicht.

Zwischen Fürst und Bauer herrschte eine fast erotische Intimität. Der Bauer suhlte sich in der wohligen Wärme der Verantwortungslosigkeit; es war ihm ein Trost und eine Zuversicht, dass er jemanden hatte, von dem er alles verlangen konnte, und in dessen Schuhe er jede Schuld schieben konnte, falls mal etwas schiefgeht. Und genau wie in allen anderen intimen Beziehungen ist die bevorzugte Art der Kommunikation das stete Herummäkeln.

Die Ur-Form des Nörgelns zwischen Bauer und dem Staat heißt Petition oder Bittschrift. Im idyllischen Ur-Staat hielt der Fürst an bestimmten Tagen des Monats eine Audienz ab und empfing das nörgelnde Volk. Wollte der Bauer mehr Brot, bessere Straßen, einen Kamm für die Läuse seiner Frau oder gar ein neues Holzbein, weil er das alte im Winter verheizt hatte, musste er sich zu den anderen in die lange Schlange stellen, die vermutlich dreimal um die Burg herumreichte. Ich stelle mir vor, dass da erstmal Partystimmung angesagt war; schlussendlich aber, wenn er dann vor den Fürsten trat, musste er natürlich eine möglichst sauertöpfische, leidgeprüfte Miene aufsetzen und sein Problem in einem winselnden, selbstmitleidigen Ton vortragen.

Es ist erstaunlich, wie viel man mit so einer Bittschrift bewegen konnte.

1768 wurde in Pommerzig in der Neumark ein umstrittenes Gerichtsurteil gefällt. Der Pächter einer Mühle, Christian Arnold mit Namen, wurde schuldig befunden, seine Pacht nicht bezahlt und diverse Wasserrechte übertreten zu haben. Herr Arnold schrieb darauf eine Bittschrift an Friedrich den Großen. Dieser Arnold muss überzeugende Worte gefunden haben, denn Friedrich der Große schlug sich auf seine Seite und verwies den Fall an das Berliner Kammergericht, damit endlich richtig Recht gesprochen werde, was da draußen in der Pampa offenbar nicht möglich war. Leider war auch das Berliner Kammergericht der Meinung, dass Herr Arnold ein Querulant, ein Großmaul und ein Gauner vor dem Herrn sei, und sprach ihn schuldig. Da wurde Friedrich der Große von einem heiligen Zorn erfüllt. Dass ein ehrlicher Bauer in diesem Land kein Recht bekommt! Die Richter, die dieses zu verantworten hatten, seien »gefährlicher und schlimmer als eine Diebesbande …, die sind ärger wie die größten Spitzbuben, die in der Welt sind, und verdienen eine doppelte Bestrafung«, befand Friedrich. So kam es auch: Friedrich warf die Richter kurzerhand in den Knast.

Es war ein spektakulärer Fall, der den Ruf Friedrichs als volksnahen gerechten König zementierte.

Erst nach seinem Tod traute man sich, den Fall wieder aufzurollen. Da wurde erneut festgestellt, dass Herr Arnold ein Querulant und ein Gauner und im Unrecht war; die Strafen für die Richter wurden im Nachhinein aufgehoben. Friedrichs Nachfolger, Kaiser Friedrich Wilhelm II., ließ kleinlaut mitteilen, dass sein Onkel wohl auf die falschen Leute gehört hätte und das Ganze ein riesiger Irrtum sei.

Eine Petition hat auch etwas Erotisches: Die demütige, sehnsüchtige Haltung des Bittstellers, seine Bedürftigkeit und Hilflosigkeit – das schreit nach Sex, schon um die Spannung beziehungsweise Langeweile abzubauen, die sich beim endlosen Warten und Hoffen einstellt. Desgleichen auf der anderen Seite:

Welcher Herrscher wird nicht durch die Abhängigkeit seines Volkes angetörnt?

Das beste Beispiel für die Erotik des Bittstellens ist die Geschichte der Christiane Vulpius. Sie wuchs in bescheidenen, finanziell prekären Verhältnissen auf und musste, um ihrem Vater unter die Arme zu greifen, putzen gehen. Und Bittschriften einreichen, liebliche Hilfsgesuche und anmutige Amtsanträge, die immer wieder auf dem Tisch von Goethe landeten. Der 39-jährige Dichter war bereits Geheimrat und Leiter des Finanzministeriums, als er sich 1788 persönlich mit der 16 Jahre jüngeren Christiane in einem Park traf, damit sie ihm eine Bittschrift für ihren Bruder überreichen konnte. Und schon war es um ihn geschehen.

Was war es, was ihn so anzog? Die devoten Blicke, die sie ihm von unten herab zuwarf? Die mädchenhaft-bescheidene Art, wie sie bat, statt zu verlangen? Oder war es einfach die Vorstellung, dass er im Grunde alles von ihr verlangen könnte, was er nur wollte, und wenn er sich nicht zu doof anstellte, würde er es vermutlich auch bekommen? Egal, wie es genau begann, es wurde eine der schönsten Liebesgeschichten der deutschen Petitionshistorie. Schon ein Jahr später fing sie an, ihm Kinder zu gebären, vier an der Zahl in rascher Folge, und aus lauter Liebe durfte sie sogar bei ihm wohnen. Das Haus konnte sie zwar nur in den allerdringlichsten Fällen verlassen, weil ihr Anblick doch ein schlechtes Licht auf Goethe werfen würde, aber immerhin. In seinem Haus war es auch, wo sie während der napoleonischen Besatzung den eindringenden Soldaten entgegentrat und sie so lange aufhielt, bis Goethe mit einem eigenen Bittgang den offiziellen Schutz des französischen Kommandanten erreichen konnte. Diese Heldentat hat Goethe wohl so sehr beeindruckt, dass er sie ein paar Tage später sogar heiratete.

Jahre später, nach den Verwüstungen von zwei Weltkriegen, mussten selbst die unverbesserlichsten Nostalgiker zugeben, dass das Mittelalter endgültig vorbei war und die Deutschen endlich einen modernen Staat schaffen mussten.

Mit einer Träne im Augenwinkel ging man ans Werk, und schon bald erhob sich die wichtigste Frage: Wie retten wir die geliebte Bittstellerei in die moderne Welt herüber? Man kam auf zwei Möglichkeiten – eine im Osten, eine im Westen –, die so gewagt wie genial waren.

Die DDR war die logische Fortsetzung des feudalen Staates in der Moderne. Nicht einmal im Feudalismus gab es eine so innige Beziehung zwischen Volk und Obrigkeit, nicht einmal der mittelalterliche Bauer hat so viel Verantwortung für das eigene Leben an den Staat abgegeben, und kein mittelalterlicher Fürst konnte je so großzügig und streng sein wie Ulbricht, Honecker & Co.

Denn die DDR schenkte dem Volk die »Eingabe«.

Ich rief Jochen Staadt an der Freien Universität Berlin an. Er ist Projektleiter des Forschungsgebietes DDR und wusste einiges über das neuzeitliche Bittschrift-Phänomen »Eingabe« zu sagen.

»Das Eingabewesen ist ein institutionalisierter Ort des Meckerns«, beschrieb er es. »Ende der fünfziger Jahre hat Ulbricht das Verwaltungsrecht abgeschafft. Er meinte, der Bürger benötigte nicht das Recht, gegen eine Verwaltungsmaßnahme zu klagen. Stattdessen wurde die Regelung getroffen, dass der Bürger an jede beliebige staatliche Stelle eine Beschwerde schicken durfte, nicht nur an Regierungsstellen, sondern auch an Betriebe. Die angeschriebene Stelle war verpflichtet, innerhalb von vier Wochen zu antworten.«

Es funktionierte auch. Und wenn man ganz sichergehen wollte, dass jemand auf die Eingabe reagierte, schrieb man gleich an Honecker.

Man könnte meinen, dass jede Eingabe, die etwas am System auszusetzen hatte, mit einem Stasi-Besuch beantwortet wurde. »Es gibt schon Beispiele, wo die Leute über Politisches gemeckert hatten«, sagte Staadt. »In den Fällen, in denen man meinte, es handele sich um eine staatsbedrohliche Situation, ging die Eingabe zur Stasi. Das war aber gar nicht so oft. Eher wurde mit Begründungen geantwortet, warum dies oder das nicht funktioniere.«

An den Fürst aller Fürsten, Honecker selbst, wurden rund 120 000 Eingaben im Jahr geschrieben. In seinem Buch *Teurer Genosse. Briefe an Erich Honecker* sammelte Staadt einige der schönsten.

Gerda E. aus Dresden schrieb: »Voller Verärgerung wende ich mich heute an Sie«, und beanstandete verbittert, dass sie keinen Fernseher auf Pump kriege. Rudolph S. aus Hermsdorf maulte lang und breit, dass er seit zehn Jahren keinen Telefonanschluss bekomme. Daraufhin hat Honecker selbst eingegriffen und die zuständigen Behörden dazu gebracht, dem Herrn S. endlich einen Anschluss zu versprechen. Was auch passierte. Danach allerdings passierte nichts mehr.

Nur wenige Eingabeverfasser trauten sich, um eine Ausreiserlaubnis zu bitten. Dafür gab es einige Eingaben von ausgewanderten DDR-Bürgern im Westen, die untertänigst darum baten, wieder reingelassen zu werden. So schrieb reuevoll F. S. aus Lünen: »Nachdem ich den Egoismus der westlichen Welt kennengelernt habe, wäre mein größter Wunsch, wieder heimzukehren.« S. W. aus Wuppertal schrieb, »Wir bereuen unseren Schritt auf das Tiefste und bitten inständig, wieder in die DDR zurückkehren zu dürfen.« Sogar waschechte BRDler richteten Eingaben an Honecker. Zum Beispiel schrieb B. aus Bad Homburg, er sei »mit den politischen und gesellschaftlichen Verhältnissen in der BRD nicht zufrieden«, aber »… in der DDR werden den Bürgern alle Rechte gegeben sowie das Recht auf Arbeit und Erholung, und ich würde gerne meine ganze Kraft für den weiteren Aufbau dieses Staates einsetzen.«

In den späten 80ern, unter dem Eindruck von Glasnost weiter im Osten, trafen mit zunehmender Häufigkeit Eingaben ein, in denen – anonym oder sogar offen – die politischen und wirtschaftlichen Verhältnisse ausgiebig moniert wurden. Aber selbst diese Beschwerden bedienten sich eines wunderbar höflichen Tons, wie es sich auch gehört, wenn man sich an die da oben wendet.

Das ist einer der großen Vorteile einer feudalistischen Beziehung zwischen Obrigkeit und Untertan: Der Untertan lernt verdammt schnell, sich gewählt auszudrücken. Da ist nichts mit »Scheiße-dies« und »Verdammt nochmal Kacke-das«. Nein, wer an Honecker herumzukritteln hatte, tat dies in einem vorbildlich anhimmelnden Ton.

Allein in einem einzigen, etwa zweiseitigen Brief, den ein gewisser Hermann T. aus Wilsdruff 1987 schrieb, um seinem Ärger über den Bauarbeitermangel auf dem Land Luft zu machen, weil diese komplett nach Berlin (Ost) abgezogen wurden, um dort die 750-Jahre-Berlin-Feier vorzubereiten, finden sich insgesamt 16 Höflichkeitsformeln und Staatstreuebeteuerungen. Eine Auswahl:

… aus großer Verantwortung für unsere große und schöne sozialistische Sache …

… als klassenbewusster Genosse …

… uns alle mit Stolz erfüllt, dass die Hauptstadt unseres sozialistischen Staates den sozialistischen Aufbauwillen dokumentiert …

… Beispiel für unser sozialistisches Kulturerbe …

…dass das sozialistische Berlin dem kapitalistischen Westberlin in allen Belangen seine Überlegenheit beweist …

… Berlin schöner denn je wieder aufbaut …

… dieses alles wird verstanden und gebilligt …

… mit dem großartigen und gewaltigen Fest-Umzug durch unsere sozialistische Hauptstadt …

… ich hoffe, dass Sie richtig verstanden haben …

… dem lieben Genossen Erich Honecker noch beste Gesundheit und viel Schaffenskraft …

… mit kommunistischem Gruß …

Zum Glück für Berlin konnten die örtlichen Vertreter der Partei, die anschließend zum höflichen Herrn T. aus Wilsdruff geschickt wurden, ihn noch überzeugen, dass er mit seinen hohen Ansprüchen an das sozialistische Bauwesen im Unrecht war.

Es ist wunderbar, wofür Honecker alles zuständig war, von politischen Missständen bis zum Wunsch, eine neue Badewanne erwerben zu dürfen. Es muss ein wunderbares Gefühl gewesen sein, als erste Anlaufstation für so viele Menschen und so viele Sorgen zu gelten. Und wenn ich ehrlich bin, ich hätte nichts dagegen, wenn ich wüsste: Bekomme ich im Baumarkt keine günstige Badewanne, kann ich Frau Merkel anschreiben, sie wird sich darum kümmern. Ich hätte gern eine so intime Beziehung zu Frau Merkel. Aber ach, diese Tage sind vorbei.

Staadt bezeichnete die Eingabe ebenfalls als »feudal« und verglich sie mit den Petitionen an den alten chinesischen oder russischen Höfen.

»Auch heute noch kann man einen Brief an die Bundeskanzlerin schreiben«, wandte ich ein.

»Das ist aber keine Instanz«, stellte er klar. »Man geht normalerweise über den Rechtsweg und klagt sein Recht ein. Man zwingt die Behörde vor Gericht. Wenn eine Behörde in der DDR eine Genehmigung verweigert hatte, konnte man aber nicht zivilrechtlich dagegen vorgehen. Dass man sich stattdessen an eine Einzelperson wandte, die nach Belieben handelt, das ist ein Verfahren zwischen Untertan und Herrschaft. Man ist mit dem Verwaltungsträger nicht auf gleicher Augenhöhe.«

Die DDR hatte überhaupt eine aufgeklärte, bejahende Einstellung zur Kritik. Die politischen Autoritäten glaubten zum Beispiel, dass der Bürger, wenn er schon eine offizielle Erlaubnis hat, den Staat anzumeckern, doch auch die Möglichkeit bekommen müsse, ebenso bekrittelt zu werden. Gerecht ist gerecht. Und weil der Staat dem Einzelnen nun wirklich nicht alles abnehmen konnte, befahl er, dass der Einzelne sich selber maßregelt. Das nannte man »Selbstkritik«.

»Selbstkritik in der SED war ein Ritual der Unterwerfung und Demütigung«, erklärte mir Stefan Wolle, den ich telefonisch im DDR-Museum Berlin erreichte. Er hat das Buch *Die heile Welt der Diktatur. Alltag und Herrschaft in der DDR 1971–1989* geschrieben. »Sie war in der stalinistischen Zeit sehr wichtig und hatte in der DDR lange Zeit zentrale Bedeutung auf Betriebs- und Parteiversammlungen. Zuerst wurde Kritik an den Umständen oder an einzelnen Mitgliedern geübt, auch an der Führungsschicht. Dann gehörte aber dazu, dass der Kritiker gleich danach auch Selbstkritik äußerte«.

Wer gern nörgelte, war in der DDR gut aufgehoben. Man konnte sich seinen wildesten Nörgel-Phantasien hingeben.

»Nehmen wir an, dass ein Student in einer Studiengruppe an der Uni der intellektuellen Arroganz angeklagt wird: Er erhebe sich über das Kollektiv und glaube, er sei klüger als die anderen«, gab Wolle mir ein Beispiel. »Wenn der sich hinstellen und sagen würde: ›Na und? Wo steht, dass ich nicht arrogant sein darf?‹, dann wäre das genau der Beweis gewesen, dass er arrogant ist. Je besser man sich verteidigte, desto schlechter war es für einen selbst. Deshalb war es in dieser Situation schlau, zu sagen: ›Ja, ich habe Relikte einer bürgerlichen Denkweise, das hängt mit meiner Familie zusammen und mit meiner Herkunft, ich stamme nicht aus der Arbeiterklasse und muss das noch überwinden.‹ Die Selbstkritik musste am besten den ursprünglichen Vorwurf noch übertreffen: ›Ich bin noch schlechter als ihr denkt, es ist ganz fürchterlich um mich bestellt, aber mit eurer Hilfe werde ich es schaffen.‹ Dann ging es in die dritte Phase: ›Es gibt aber auch welche hier, die noch schlimmer sind als ich. Die machen spöttische Bemerkungen über das Kollektiv, wenn keiner zuhört und gucken heimlich Westfernsehen.‹ Das ist das Grundmuster gewesen.«

Eine Erfindung der DDR war die Selbstkritik aber nicht.

»Es stammt aus der frühen Zeit der Partei in Russland, als sie noch von der Obrigkeit verfolgt wurde«, sagte Wolle. »Totalitäre Systeme brauchen immer den inneren Feind. Das ist eine Art gesellschaftlicher Kitt. Potentiell kann jeder ein Feind sein, potentiell hat jeder feindliche Gedanken. Wenn zwei Menschen einander vertrauten, ist das für die Diktatur bereits eine Gefahr. Der innere Feind ist ganz wichtig zur Erklärung solcher Systeme. Im mittelalterlichen Weltbild war das der Teufel. Er verführte vor allem junge Menschen zu schlechten Taten. Um die Angst ständig zu erneuern, brauchte man diese Rituale der Selbstkritik.«

In der Bundesrepublik ging man einen anderen Weg. Adenauer & Co. konnten es ja selbstverständlich der DDR nicht gleichtun. Also machten sie genau das Gegenteil: Sie gaben dem Volk so viele Rechte, dass es davon völlig überrumpelt wurde.

Das Grundgesetz wurde erfunden.

Das Grundgesetz ist ein Wunder. Es gilt heute als die fortschrittlichste und beste demokratische Verfassung der Welt, und das zu Recht. Es ist stabil, es ist großzügig, es ist flexibel. Es kann Anfeindungen von innen wie von außen überstehen, ohne korrupt zu werden; es kann auf Änderungen in der modernen Welt reagieren und trotzdem seinem Wesen treu bleiben. Ich wünschte, ich könnte das von mir sagen.

Adenauer & Co. nahmen sich die amerikanische Verfassung zum Vorbild, aber sie suchten sich mit typisch deutscher Gründlichkeit deren Fehler heraus und korrigierten sie. Die ursprüngliche amerikanische Verfassung garantiert zum Beispiel den Frauen nicht das Wahlrecht. Diese und ähnliche Mängel blieben beim Grundgesetz außen vor.

Dann gingen sie einen Schritt weiter: Sie stopften das Grundgesetz mit so vielen Rechten voll, wie es nur ging. Was das Grundgesetz den Deutschen an Rechten garantiert, ist enorm, sie reichen vom Recht auf Wohnung über Arbeit bis hin zur »Würde«, was immer das sein mag. In nur wenigen Ländern der Welt fühlt sich der Staat dafür zuständig, wenn man keine Wohnung oder keine Arbeit hat.

Von klein auf lernt man in Deutschland, was der Staat für seine Bürgerinnen und Bürger alles tun muss. Will man eine Ausbildung, muss der Staat dafür zahlen (und erwägt der Staat, Studiengebühren zu erheben, gibt's Zoff). Mag man die Arbeit nicht, die man hat? Hier darf man kündigen, ohne eine neue Stelle parat zu haben, und nach einem Weilchen kommt der Staat für die Überbrückungszeit bis zum nächsten Job auf (und ist der Staat der Meinung, zu viele Menschen kündigen ohne guten Grund und lassen sich zu lange Zeit, eine neue Stelle zu finden, erhebt sich Protest). Will man Künstler werden und Filme drehen, die kein Mensch je anschauen wird, weil die Leute zu doof sind, die Message zu kapieren; will man sich mit einer großartigen Idee, die sicher einschlagen wird, selbständig machen, aber na ja, so sehr ist man nun auch wieder nicht davon überzeugt, dass man sein eigenes Geld investieren würde; will man als Bauer in einer Welt, die zu viel Milch hat, Milch produzieren ... für die notwendigen Fördergelder kommt der Staat auf. Und wenn nicht, dann gibt's Ärger.

Adenauer & Co. haben nichts weniger geschafft, als das Bittstellertum in die moderne Demokratie herüberzuretten. Heute wie im Mittelalter lohnt es sich, Bittsteller zu sein.

Das ist eine erhebliche Verbesserung gegenüber der amerikanischen Verfassung, muss ich sagen. Im Grunde verspricht die amerikanische Verfassung dem Volk nur, dass der Staat dem Volk nicht im Weg stehen wird. Die ganze Gesetzgebung der USA fußt auf einer Art hyperliberalen »*Laissez-faire*«-Haltung: Der

Staat darf den Einzelnen in seinem Streben nach Glück weder hindern noch seinen Konkurrenten unfaire Vorteile verschaffen. Amerika will nichts weiter sein als eine Art Casino, in dem jeder seine Talente, Träume und Ideen auf den Tisch legt, und die Verfassung soll sicherstellen, dass jeder freien Zutritt hat. Was dort passiert, ob der Glücksritter gewinnt oder, was statistisch gesehen eher der Fall sein wird, verliert, ist seine Sache. Das ist auch der Grund, warum ein Großteil der Amerikaner kein flächendeckendes Gesundheitssystem wollen: »Der Staat soll mir nicht diktieren, dass ich mein Geld für eine Krankenkasse ausgeben muss; ich will jeden Cent in mein Start-Up-Unternehmen investieren, und bis ich mal alt und krank werde, bin ich sowieso Millionär.«

Wenn ich meinen deutschen Freunden das erkläre, sind sie vom Barbarentum des amerikanischen Systems schockiert: »Was glaubst du, wie wenige Leute den *American Dream* wirklich erleben?«, empören sie sich. Recht haben sie: Das Streben nach Glück findet ohne Sicherheitsnetz statt. Nicht umsonst nennen wir es einen Traum.

Vor einigen Jahren arbeitete ich als Filmkritiker für *The Hollywood Reporter*, eine der zwei führenden Filmfachzeitschriften Amerikas, und hatte mit einigen Kollegen gerade ein Filmset in Babelsberg besucht. Es war eine größere, namhafte Produktion, deren Titel ich aus gutem Grund längst vergessen habe. Ein Kollege aus England war irritiert: »Es war überhaupt nicht wie ein Filmset, das man so kennt«, sagte er und schüttelte den Kopf.

»Wie denn dann?«, fragte ich.

»Wenn du in Hollywood ein Set besuchst, spürst du die Aufregung. Es ist ansteckend, da ist eine Hochstimmung, ein *Buzz*, ein Beben in der Luft, das absolut süchtig macht. Aber hier – es war wie der Besuch in einem Großraumbüro. Kein *Buzz*, nichts.«

Er hatte recht. Dieser *Buzz*, das ist das Summen des Möglichen, die Aufregung, wenn man alles in ein Projekt steckt, von dem man hofft: Dieses Ding wird endlich der Hit sein, auf den ich so lange gewartet habe. Dieser *Buzz*, das ist die Suche nach Glück. Um sein Glück zu erreichen, versucht man alles, und man weiß: Der Staat wird dir dabei nicht helfen. Das ist der Grund, warum Amerika voller skurriler Geschichten steckt. Wenn eine Frau den bei einem Arbeitsunfall abgetrennten Finger ihres Mannes einsteckt, zum Fastfood-Laden Wendy's fährt, dort ein Chili con Carne bestellt und den Finger, wenn keiner guckt, in die Suppenschüssel rührt, damit sie Wendy's später auf ein hübsches Sümmchen verklagen kann, dann ist das ihre Art, nach Glück zu streben. Wenn ein Familienvater einen riesigen selbstgebastelten Ballon aufsteigen lässt, dann sämtliche TV-Sender anruft, sie um Hilfe bittet, weil sein Sohn darin stecke und in Lebensgefahr schwebe, und das ganze Land verfolgt das Drama im Fernsehen, bis herauskommt, dass das Söhnchen überhaupt nicht drin war und die ganze Aktion nur dazu diente, Aufmerksamkeit zu erregen, dann war das seine Art, nach Glück zu streben. Wenn ein Fernsehprediger wie Oral Roberts verkündet, dass ihm Gott in einer Vision damit gedroht hat, ihn sterben zu lassen, wenn seine Zuschauer ihm nicht innerhalb von drei Monaten acht Millionen Dollar spenden, dann ist das seine Art, nach Glück zu streben. Und wenn seine Zuschauer ihm daraufhin tatsächlich so viel Geld spenden, dann ist das auch eine Art, nach Glück zu streben.

Deswegen erinnert ein Filmset in Babelsberg eher an ein Großraumbüro: Man strebt nicht nach Glück, steckt nicht sein ganzes Geld, seine Kraft und alle Hoffnungen hinein, sondern man fertigt eine Auftragsarbeit für den Staat. Er ist es, der das Projekt finanziert (die Produktion wird von der Kulturförderung getragen) und auch ausgesucht hat (die Kulturförderung hat das Drehbuch nach eigenen Kriterien ausgewählt und überarbeiten lassen). Nicht das Publikum entscheidet über den weiteren Lebensweg des Kinokünstlers, sondern das Fördergremium.

Also ist der Filmkünstler eigentlich Staatsbeamter.

Und warum auch nicht? Warum sollte ein Filmschaffender seine eigenen großartigen Ideen und sein eigenes Geld in einen Film stecken, der, statistisch gesehen, sowieso scheitert? Kein Deutscher würde auf die Idee kommen, für das Streben nach Glück seine finanzielle und berufliche Sicherheit aufs Spiel zu setzen. Es gibt einfach eine bessere Alternative, alles zu bekommen, was man will: nämlich vom Staat.

Inzwischen sehen auch wir Amis die Nachteile unseres Systems. Als ich jünger war, dachte ich mir, ich würde keine Altersvorsorge brauchen, weil ich mit 30 schon reich und berühmt bin. Jetzt ist 30 eine blasse Erinnerung, und ich habe immer noch keine anständige Altersvorsorge. Vielleicht ist ja ein Kompromiss denkbar: Deutschland und Amerika könnten ein Austauschprogramm starten: Junge Deutsche mit neuen Ideen und viel Energie werden nach Amerika eingeladen, wo sie ihr Glück in Hollywood probieren, und alte Amerikaner, die ausgebrannt sind und weder Mut noch Ideen haben und auch keine Altersvorsorge, werden nach Deutschland verfrachtet, wo sie fürs ZDF arbeiten können.

Als Deutscher darf man sich nie mit dem Staat zufrieden zeigen. Wenn alle Rechte, Privilegien und auch die persönliche Sicherheit durch den Staat kommen, wäre es unsinnig, den Staat mal wissen zu lassen, dass er seinen Job eigentlich ganz gut macht. Dann würde er sich nicht mehr anstrengen. Er würde sich womöglich auf die faule Haut legen! Stellen Sie sich vor, der Staat sagt plötzlich: »He, Hartz IV gehört zu den besten Sozialsystemen der Welt, das habt ihr selber gesagt, jetzt gebt euch mal damit zufrieden. Und noch was: Wer nicht arbeitet, der soll auch keinen Flachbildschirmfernseher bekommen. So gut ist das Fernsehprogramm nun wieder auch nicht.«

Das wäre doch ein Alptraum.

Apropos Fernsehprogram: Haben Sie sich jemals gefragt, warum die Deutschen so unglaublich viele Polittalkshows und Nachrichtensendungen sehen und Unmengen an Zeitungen, Zeitschriften und bierernsten gesellschaftspolitischen Sachbüchern – dieses natürlich ausgeschlossen – verschlingen? Nein? Ich mich schon.

11. Die Kathedrale des kritischen Denkens

Was deutsche Journalisten den ganzen
Tag lang tun

Die Deutschen haben ein einziges Problem. Es geht ihnen zu gut.

Sie sind zu gut gefüttert, zu gut abgesichert, zu beschützt, medizinisch zu gut versorgt, zu gebildet und in allen weiteren Aspekten zu frei. In anderen Ländern, in den USA zum Beispiel, müssten sie ums schiere Überleben kämpfen, sich um den letzten Bissen Beute prügeln, Hitze, Kälte, Krankheit, Tornados und Parasiten abwehren. Nicht in Deutschland. Es ist ein schreckliches Schicksal, vielleicht das schrecklichste überhaupt: Ihnen droht der Tod durch Langeweile. Ihr Blutdruck ist drauf und dran, auf null zu fallen, ihr Herzschlag ist bedrohlich langsam, es fehlt ihnen ein Grund, morgens aufzustehen, so gut geht es ihnen.

Doch Hilfe ist nicht weit. Zum Glück für Deutschland gibt es eine einzige Institution, die fleißig und verlässlich dem Tod durch Langeweile entgegenwirkt und die Bewohner dieses schönen Landes von morgens bis abends mit einem Extraschuss Adrenalin versorgt, damit sie den Tag durchstehen: Die Presse.

Schon in meiner Heimat Hawaii erfuhr ich aus der amerikanischen Presse einiges über dieses Land, lange bevor ich zum ersten Mal den Fuß auf deutschen Boden setzte. Dort beschrieb man es als reich, sicher, ur-kapitalistisch, ur-demokratisch, ur-bürgerlich und in jeder Hinsicht ur-erfolgreich. Ich erfuhr von geschützten Arbeitsverhältnissen, die uns Amerikanern zwar etwas übertrieben erschienen, aber zu einer sehr stabilen Wirtschaft führten; von der deutschen Liebe zur Umwelt, von seinem teuren, aber effizienten Gesundheitssystem, von seinen ständigen Bemühungen, die Vergangenheit zu bewältigen; von der überdurchschnittlichen Bildung der Menschen und ihren enormen Fähigkeit, mit jeder neuen Herausforderung klarzukommen. Alles in allem ein rundum tolles Land.

Alles Lüge!

Als ich hierher kam, dauerte es nicht lange, bis ich in den deutschsprachigen Zeitungen die Wahrheit lesen konnte. Ich erfuhr, dass Deutschland kurz vor dem geistigen, wirtschaftlichen und politischen Zusammenbruch stehe; dass die Neo-Nazis immer mehr zunähmen und die NPD bald zur wichtigsten Partei werde; die Preise erschreckend steigen und manchmal auch alarmierend sinken würden; dass die jetzige Finanzkrise viel schlimmer als die letzte sei, die schlimmste seit Kriegsende, genau wie die letzte Krise auch, nur diesmal schlimmer; dass die große Koalition der politische Stillstand sei und auch noch zu zerbrechen drohe; dass Helmut Schmidt einen Polizeistaat erschaffen habe; dass Helmut Kohl einen Polizeistaat erschaffen habe und dass Gerhard Schröder und Angela Merkel als Politiker solche Nieten seien, dass sie nicht mal in der Lage seien, einen Polizeistaat zu erschaffen. Bizarre Krankheiten breiteten sich genauso rasant aus wie Gewalt unter Jugendlichen, die aber auch zärtlich sein können, denn auch Teenager-Schwangerschaften nähmen zu. Apropos zunehmen, Teenager seien sowieso zu dick. Opernhäuser stürben aus, die Deutschen auch, abgesehen von ihren Rentnern, die nicht schnell genug ausstürben, wie auch die Arbeitslosen, die sich mit alarmierender Geschwindigkeit vermehrten, und wenn es bald keine Deutschen mehr gäbe, wer sollte dann das Renten- und Gesundheitssystem finanzieren?

Habe ich was ausgelassen? Oh ja, und zwar viel.

Nie hätte ich gedacht, ich würde je bereuen, eine zweite Sprache gelernt zu haben, aber bald ging es mir wie jemandem in einem Science Fiction, der Gedanken lesen kann und verrückt wird, weil er es nicht mehr abstellen kann. Ich brach bei der Lektüre von der *Zeit* in kalten Schweiß aus, ich zuckte zusammen bei jedem unbekannten Geräusch, wenn ich in den *Spiegel* vertieft war, und konnte nachts nicht schlafen, so viel Angst hatte ich vor der nächsten Krankheit, vor den Neo-Nazis, vor der Zukunft. Und ich konnte nicht aufhören, Zeitung zu lesen. Ich war zeitungssüchtig. Jeden Morgen rannte ich zum Kiosk an der Ecke. Keine Ausgabe durfte ich verpassen.

Komisch, dachte ich eines Tages: In Amerika war ich nicht zeitungssüchtig gewesen. So viel Freizeit, täglich mehrere Tages- und Wochenzeitungen durchzuforsten und auch noch abends jeder Menge Kommentatoren und Politikern zu lauschen, hatte ich gar nicht gehabt. Ich war ja auch ein junger Mann damals und hatte Großes vor. Hier in Deutschland dagegen gab es Wichtigeres zu tun, als egoistische Zukunftspläne zu schmieden: Zeitung lesen.

Was war der Unterschied? Was machten die deutschen Zeitungen richtig, während die amerikanischen um ihre Auflage kämpften?

Die Antwort: Deutsche Zeitungen betreiben nicht Journalismus, sondern Nörgelismus.

Das Kernprinzip des Journalismus ist: Der Journalist bleibt neutral. Keiner interessiert sich für seine Meinung, er soll bloß Information weitergeben. Der Leser ist schon selbst in der Lage, die Ereignisse zu interpretieren.

Im Nörgelismus ist es umgekehrt.

Am Tag nach dem letzten Klimagipfel im Dezember 2009 zog die *New York Times Online* folgendes Resümee: »Präsident Obama gab Freitagnacht bekannt, dass fünf der großen Nationen einschließlich der USA ein gemeinsames Klimaabkommen unterzeichnet hatten. Er nannte das Abkommen ›einen einmaligen Durchbruch‹, räumte jedoch ein, dass es nicht ausreichen würde, die globale Klimaerwärmung zu bekämpfen.« Die

Schlagzeile: »Viele Ziele bleiben unerreicht im Fünf-Länder-Klima-Deal.«

Das ist klassischer anglo-amerikanischer Journalismus: Erst die Fakten, also das, was passiert ist. Dann die Sorge ansprechen, die jeder teilte: Das Abkommen könne vielleicht nicht ausreichen. Dabei wird diese Sorge von jemandem geäußert, der mit der Sache zu tun hat – ein Experte oder wie in diesem Fall Obama selbst. Auf keinen Fall darf ein Journalist einfach schreiben, dass er das Abkommen für einen Griff ins Klo hält.

Hier die nörgelistische Version aus *Spiegel Online*: »Die Klimakonferenz von Kopenhagen wird zum Fiasko – Klimakonferenz steht vor dem Scheitern.«

Alle deutschen Zeitungen betreiben zu einem gewissen Grad Nörgelismus, aber die unumstrittenen Meister sind *Spiegel* (Printausgabe sowie Online) und *Bild Zeitung*. Nur sie haben es perfektioniert, aus jedem Bericht einen Skandal, aus jeder Vermutung einen Alarm, aus jeder noch so bescheidenen Story eine immanente Bedrohung herauszuschlagen. Und man muss schon sagen: Auch wenn die *Bild* in dieser Hinsicht immer noch den besseren Ruf genießt, hat der *Spiegel* sie längst überholt.

Nörgelismus ist keine Berichterstattung, sondern eine Weltanschauung, deren wichtigste Aussage ist, dass irgendetwas schiefgegangen ist und weiterhin schiefgehen wird. Und dass alles, was der Leser liest, irgendwie mit einem Skandal oder einer Katastrophe zu tun hat oder sonst wie ein guter Grund ist, sofort in Panik zu geraten. Da sind die nackten Tatsachen eher unwichtig. Ehrlich gesagt dienen sie nur als Plattform für die zentrale Aussage des katastrophalen, skandalösen Schiefgehens. Mit einer so einschneidenden Botschaft darf man es dem Leser auf keinen Fall selbst überlassen, eine Information zu interpretieren.

Während der Journalist dem Leser eine »gesunde intellektuelle Distanz« zum Geschehen gönnt, geht der Nörgelist dem Leser unter die Haut. Die Beziehung zwischen Zeitung und Leser ist eine brutal-intime: Der Nörgelist packt ihn am Herzen, das sich vor Schreck zusammenkrampft, greift direkt in das Angstzentrum seines Hirns und kurbelt den Adrenalinspiegel so hoch, dass der Leser nur noch stöhnen kann. Es bleibt ihm keine Wahl, er muss weiterlesen, denn er muss wissen: Wie soll das noch alles enden?

Im Gegensatz zum gewöhnlichen Journalisten kann der Nörgelist es sich nicht leisten, herumzusitzen und zu warten, bis etwas passiert, und anschließend darüber zu berichten: Er braucht immer und überall den Skandal. Hat man also gerade keinen neuen Bericht über steigende Arbeitslosigkeit zur Hand, muss man eine Story darüber erfinden, dass die Deutschen viel zu viel arbeiten: »Von der 37,6-Stunden-Woche können die meisten Deutschen nur träumen«, schreibt der *Spiegel* unter der Überschrift »Wie die Deutschen für ihr Geld schuften müssen«.

Bei anderen Artikeln reicht es einfach, wichtige Informationen wegzulassen. Als der US-Präsident George W. Bush 2007 beschloss, illegalen Einwanderern, die keine Versicherung hatten, keinen Zugang mehr zur staatsfinanzierten Krebstherapie zu erlauben, war der *Spiegel* entsetzt über dessen Kaltschnäuzigkeit. Es war eine großartige Story und hat die Leserschaft auch über diesen herzlosen amerikanischen Cowboy-Präsidenten total aufgeregt. Und der Nörgelist musste dabei nichts weiter tun als die kleine Information weglassen, dass auch Deutschland so wie die meisten anderen Länder der Welt keine teure Krebstherapie für Menschen aus Steuergeldern finanziert, die illegal ins Land kommen in der Hoffnung, der deutsche Steuerzahler löse ihre Probleme.

Auch das kommt vor: Manchmal ist der Nörgelist, der berufsbedingt in einer Art Daueralarm existiert, erschöpft und findet für eine neue Story einfach keinen rechten Grund zur Panik. Stellen Sie sich seine Verzweiflung vor, wie er mit dem hilflosen Aufschrei in die Redaktionskonferenz stolpert: »Hilfe! Heute geht wirklich gar nichts schief!«

Jetzt muss der »Formator« ran, ein Redakteur mit Super-Nörgel-Kräften. Er lässt seine Fingerknöchel knacken, furcht die Stirn und zaubert im Nu eine passende Schlagzeile herbei. Zum Beispiel bei dem durchaus erfreulichen Artikel, der mit dem Satz beginnt, »Deutschland ist ein sicheres Land«. Darin stellt Innenminister Schäuble fest, dass die Kriminalität weiter zurückgegangen ist, wie jedes Jahr. Das ist kein bisschen spannend. Also erscheint der Artikel mit der Überschrift: »Polizei warnt vor roher Gewalt in Deutschland«. Oder auch die Story, die folgendermaßen begann: »Es ist ein Lichtblick in Krisenzeiten. Bis zum Oktober sank die Zahl der überschuldeten Bundesbürger«. Sie bekam die Überschrift: »So verschuldet ist Deutschland«.

Doch das Schlimmste ist, wenn die Tatsachen einfach nicht mitspielen wollen. Da muss der Nörgelist auf der Hut sein. So war es während der Finanzkrise 2008/2009. Normalerweise würde man denken: Ein gefundenes Fressen. Doch von vornherein ging bei dieser Katastrophe nichts so schief, wie es geplant war.

Man hatte wie üblich klargemacht, dass diese Krise die schlimmste seit Ende des Zweiten Weltkrieges werden würde, und sogar Politiker haben Warteschlangen vor Suppenküchen vorhergesagt. Es sah gut aus – und mit »gut« meine ich »richtig schlimm«. Doch dann dämmerte selbst der Bevölkerung, dass es doch nicht ganz so schlimm war wie 1945 und die einzigen Suppenküchen, die man vermehrt zu Gesicht bekam, waren teure Yuppie-Suppen-Imbissläden in den Einkaufspassagen, in denen Banker mittags schnell was zu sich nehmen.

Dann ging es Schlag auf Schlag: Fast täglich trudelten gute Nachrichten ein. Die Prognosen waren verheißungsvoll, die Zahlen nicht so schlimm wie erwartet, und in Amerika, wo die Krise tatsächlich eingeschlagen hatte, fingen die Banken sogar an, ihre Darlehen vorzeitig zurückzuzahlen.

Haben die Nörgelisten aufgegeben? Nein, sie haben gekämpft. Und was war das für ein Kampf!

Am 24. Juli 2009 trafen direkt hintereinander gleich zwei positive Meldungen ein: »Geschäftsklima verbessert sich überraschend deutlich« und »Experten preisen deutsche Konjunkturprogramme«. Das konnte nicht so stehen bleiben. Schon am nächsten Tag machte der *Spiegel* deutlich, dass der kleine Mann, egal, wie gut es der Wirtschaft gehe, sowieso nichts davon habe: »Privatanleger verpassen den Aktien-Aufschwung!«

Direkt am Tag danach fingen die verdammten Wirtschaftexperten wieder an: »Volkswirte verbreiten Konjunkturoptimismus … Mittelständler blicken optimistisch in die Zukunft … Jobmarkt wird mit einem blauen Auge davonkommen …« Da griff ein pfiffiger Nörgelist zu extremen Mitteln: Er warf all denjenigen, die in der Krise noch Geld verdienten, Ausbeutung vor: »Geschäfte mit der Krise! Unternehmen bieten Konzernen externe Problemberatung für deren Mitarbeiter an.«

Als am 27. Juli die Gesellschaft für Konsumforschung die Meldung herausbrachte, dass die Deutschen wieder zuversichtlich in die Zukunft blickten, schlugen die Nörgelisten vom *Spiegel* am selben Tag mit einer Verzögerung von ein paar Stunden zurück: »GFK-Index: Warum das Konsumklima besser ist als die Realität.«

Man muss sich fragen: Warum kämpfen die Nörgelisten so hart? Sie geben alles, nur damit die Deutschen sich nicht zu sehr entspannen. Es gibt kaum eine andere Gruppe von arbeitenden Menschen, die solch einen unermüdlichen Einsatz zeigen. Warum?

Weil sie eine Verantwortung tragen, die schwerer wiegt als jede andere: Sie allein sind zuständig für das Seelenheil der Deutschen.

Nachdem die Kirchen in Deutschland unterhaltungstechnisch versagt und damit ihre Aufgabe, dem Volk die Leviten zu lesen, stillschweigend aufgegeben haben, entstand ein moralisches Vakuum, das nur die Nörgelisten ausfüllen konnten. Ihre Arbeit ist keine informative, sondern eine grundlegend moralische, und dafür sollten wir auch dankbar sein, denn unsere Werte verfallen heute jeden Tag schneller als noch am Tag zuvor.

Fernsehjournalisten in aller Welt nutzen gern ihre Bekanntheit, um in ihrer Freizeit Bestseller zu schreiben und damit ein bisschen Taschengeld zu verdienen. In anderen Ländern aber veröffentlichen die TV-Reporter mehr oder weniger journalistische Werke, wie zum Beispiel *The Greatest Generation* von dem beliebten amerikanischen Nachrichtenmoderator Tom Brokaw, mit vielen Interviews und Untersuchungen über die Generation des Zweiten Weltkriegs. Oder *The Century* von TV-Journalist Peter Jennings, ein Rückblick auf das vergangene Jahrhundert. Manche schreiben auch nur ihre Autobiographie – immerhin sind sie Promis. In Deutschland ist das anders.

Der Bestseller von Peter Hahne, *Schluss mit lustig!: Das Ende der Spaßgesellschaft*, war ein Appell, sich wieder der alten Werte zu besinnen; der gleichen Formel folgte *tagesthemen*-Moderator Ulrich Wickert mit seinen Bestsellern *Der Ehrliche ist der Dumme: Über den Verlust der Werte* und *Das Buch der Tugenden: Große Texte der Menschheit – für uns heute ausgewählt*. Eva Hermans *Das Eva-Prinzip: Für eine neue Weiblichkeit* rief das Land zurück zu den verlorenen Werten der traditionellen Männer- und Frauenrollen und *Payback: Warum wir im Informationszeitalter gezwungen sind zu tun, was wir nicht tun wollen, und wie wir die Kontrolle über unser Denken zurückgewinnen*, der Bestseller des FAZ-Herausgebers Frank Schirrmacher, warnt vor dem Werteverfall durch die neuen Medien. Nörgelistische Bestseller zielen vor allem auf die moralische Erziehung der Leser. In anderen Ländern würde man moralische Erziehung nicht ausgerechnet von TV-Moderatoren und Zeitungsherausgebern erwarten. In Amerika zum Beispiel wurde *The Book of Virtues*, das eine erstaunliche Ähnlichkeit mit Wickerts *Tugenden*-Buch aufweist und knapp zwei Jahre früher erschienen ist, von William Bennett geschrieben – einem christlich-konservativen Politiker.

Nun, es stimmt schon, dass jeder Leser nach Weisheit strebt und dass jeder Autor sich danach sehnt, seine Leser zu belehren; weiterhin ist unumstritten, dass Nörgelismus eine Menge Geld abwirft. Dennoch: Es steckt weitaus mehr dahinter. Es gibt in Deutschland eine echte Sehnsucht nach moralischer Führung.

Der Nörgelismus, mit seinen vielen Verhaltensregeln, Tabus, Predigern, Apokalypsen und sogar Propheten – davon später mehr – ist nicht nur die einzige funktionierende deutsche Religion, es ist auch die beliebteste.

Und das Besondere an der deutschen Kirche des kritischen Denkens: Sie hat ein Laienpriestertum. Jeder kann mitmischen. Wie auch Sie das schaffen, will ich Ihnen nicht vorenthalten.

12. Sorge dich nicht, nörgele!

Die Kunst, mit Besserwisserei beliebt
und einflussreich zu werden

Wären Sie gern einmal derjenige am Stammtisch, auf den man hört, weil Sie immer die markigen und doch überraschend scharfsinnigen Sprüche draufhaben? Träumen Sie heimlich davon, philosophisch tiefgründige und aufsehenerregende Aufsätze mit Titeln wie »Es ist fünf vor zwölf in der Armbanduhrenindustrie« zu verfassen oder gar in einer großen Polittalkshow zu sitzen und vor Millionen von Zuschauern Sätze von sich zu geben wie »Schnee im Winter? Das halte ich für einen gefährlichen Trend.«

Wenn ja, dann wollen auch Sie Nörgelprofi werden. Sie wollen einen eigenem Eintrag in Wikipedia, in dem steht: »… lebt mit Frau und zwei Töchtern als freier Nörgler in Berlin«. Sie wollen mehr.

Im Land der Dichter und Denker werden Nörgelprofis wie Götter verehrt, und das zu Recht. Der Durchschnittsbürger blickt zu ihnen auf wie zu Popstars, die Elite des Landes fürchtet sie und selbst Politiker hängen an ihren Lippen. Sie sind die Ersten, die man ruft, wenn man nach einer wasserdichten Lösung für den Nahost-Konflikt sucht oder wenn die Wohnung brennt, und man der Feuerwehr keinen diffizilen Umgang mit dem Problem zutraut.

Wir leben heute in einer hoch komplizierten Welt, die zu begreifen fast unmöglich ist. Das heißt, vermutlich tun wir das. Weil sie eben keiner begreift, ist es schwer zu sagen, ob sie wirklich so kompliziert ist, wie es scheint. Dennoch, vom Gefühl her: sehr kompliziert. Und genau dieser Glaube an die Kompliziertheit unserer Welt ist die Chance für den Nörgel-Emporkömmling.

Während sich die Schamanen von gestern noch durch Götter, Dämonen und das Lesen in Eingeweiden legitimieren mussten, berufen sich die Schamanen von heute mit Hilfe geschliffener Worte und Analysen auf ihre überlegene Intelligenz. Wer von sich überzeugend behaupten kann, die Hintergründe hinter den Hintergründen zu kennen, den umgibt eine magische, überirdische Aura; ihm traut man besondere mentale Kräfte zu, bei ihm hat man das Gefühl: »Hier bin ich in guten Händen.« Der Nörgelprofi ist der Schamane von heute.

Es ist gar nicht so schwer, in dieser Liga mitzuspielen. Auch Sie können das. Sie brauchen nur ein paar wichtige Schritte zu beachten.

Momentan sind Sie vielleicht bloß ein kleiner Wurm ohne jedes Selbstvertrauen, aber wenn Sie erst einmal Nörgelprofi sind, steht Ihnen die Welt offen. Denken Sie nur an die Basketball- und Football-Spieler aus den schwarzen amerikanischen Ghettos: Für sie ist Sport ein Weg aus dem Elend. Genauso ist es mit den Nörgelprofis, die aus ihrem tristen Alltag heraus nach Ruhm streben. Auch wenn der Ruhm sich bereits eingestellt, der neue Star aber seinen Lebenswandel aus dem Ghetto noch nicht abgelegt hat, finden sich erstaunliche Parallelen. Zum Beispiel im Fall des großen Tadelexperten Michel Friedman, der in seinem früheren, unbekannten Leben nichts weiter war als ein Anwalt. Doch scheinbar konnte er einige schlechte Gewohnheiten, die er sich wohl zugelegt hatte, als er noch mit anderen Anwälten herumlungerte, als Promi nicht mehr ablegen und wurde wegen Kokainkonsums und seiner Besuche bei einem Prostitutionsring von der Presse arg gebeutelt. Doch lassen Sie sich von solchen Nebensächlichkeiten nicht abschrecken, es lohnt sich trotzdem.

Fangen Sie klein an, gleich im Bekanntenkreis. Sie können

sich am besten als Nörgelprofi profilieren, indem Sie ständig beweisen, dass Ihre Freunde und Bekannte intellektuell auf einer niedrigeren Stufe stehen. Auf diese Weise werden Sie zwar ein bisschen unangenehm auffallen, aber keine Sorge, das wird man Ihnen schon verzeihen. Denn wenn Sie erst weit und breit als Quengelmeister bekannt sind, können Sie von den großen Feuilletons entdeckt werden, und wenn das passiert, werden Ihre Freunde damit angeben wollen, dass Sie sie damals als Erste kleingemacht haben.

Folgende Situationen eignen sich besonders gut für eine spontane Nörgelei:

- Ihr Freund Dietmar schlägt einen gemeinsamen Kinobesuch vor, zum Beispiel *Avatar*.
- Ihr Chef erwähnt beiläufig ein Buch, das er gerade liest.
- Sie bemerken, dass Steffi, auf die Sie scharf sind, eine neue Frisur trägt.

Nun schlägt Ihre Stunde.

Auf den Vorschlag, in *Avatar* zu gehen, sagen Sie: »Na gut, wenn's sein muss, aber normalerweise schaue ich mir so'n *Kitsch* nicht an.«

Egal, welches Buch Ihr Chef liest, erwidern Sie wie aus der Pistole geschossen: »Das fand ich eigentlich ziemlich *anspruchslos*.«

Machen Sie der Dame Ihrer Träume – der mit der neuen Frisur – gleich ein Kompliment: »Sie sind heute aber wieder das reinste *Klischee* an Weiblichkeit.«

Merken Sie sich für den Anfang diese Begriffe: *Kitsch*, *Anspruch*, *Klischee*. Sie besitzen eine unheimliche Kraft, die jeden, der sie anzuwenden weiß, zum Nörgelprofi adelt. Im Moment des Mäkelns gibt es keine gesellschaftlichen Schranken mehr, der Mäkler steht einfach über anderen Menschen. Denn diese Formeln sind so mächtig, dass es faktisch ohne Belang ist, wie und wann man sie verwendet. Alles kann *Kitsch* sein – es braucht nur einen mutigen Streiter, der es *Kitsch* nennt. Vergleichen Sie die beiden folgenden Sätze:

- »Kann sein, dass *Avatar* einfach gute Laune macht, trotzdem: *Kitsch* bleibt *Kitsch*.«
- »Kann sein, dass das neue Werk von Wim Wenders einfach gute Laune macht, trotzdem: *Kitsch* bleibt *Kitsch*.«

Fazit: Ob es sich nun um Hollywood-Trash oder ein anerkanntes Kulturmeisterstück handelt, der Nörgler scheint immer einfach mehr zu wissen, und das nur, weil er das richtige Vokabular beherrscht. Das können Sie auch!

Die Erfindung des Begriffs *Anspruch* ist nichts weniger als ein Geniestreich, wie man ihn vom Land der Dichter und Denker erwarten darf. Kaum eine andere Bezeichnung eignet sich so trefflich, einen Mitmenschen intellektuell herabzusetzen. Sätze wie »dein neuer Freund ist wohl nicht gerade anspruchsvoll« haben zwar nicht wirklich eine Bedeutung, dennoch machen sie den Angesprochenen dermaßen klein, dass er meist nichts darauf erwidern kann.

Leider wird *Anspruch* nicht immer voll ausgeschöpft. Warum soll der aufstrebende Stichler bei der einfachen Feststellung seiner kulturellen Überlegenheit stehen bleiben, wenn er gleich fortfahren und aus dem Angenörgelten Kleinholz machen kann? Zum Beispiel: »Na, du, ich hätte eine bessere Idee, wir lassen den Kitschfilm sausen und gehen gleich zu mir nach Hause, obwohl ich schon sagen muss, normalerweise bin ich bei One-Night-Stands *anspruchsvoller*.«

Eine ähnliche Wirkung hat *Klischee*. Ein *Klischee* ist ja nichts anderes, als ein Bild aus dem Hut zu zaubern, das schon tausendfach dem geneigten Publikum präsentiert wurde. Es steckt also oft noch ein charmantes Körnchen Wahrheit darin. Doch sobald der Nörgler eine Situation als *Klischee* abstempelt, bleibt dem Angenörgelten nichts anderes übrig, als das Körnchen Wahrheit zu ignorieren und sich der ganzen Situation schnellstens zu entziehen. Alles andere wäre einfach zu peinlich. Wenn Ihr Geliebter Sie zum Beispiel eines Abends zu einem Candle-light-Dinner in ein italienisches Restaurant ausführt, dort auf die Knie geht und Ihnen einen Diamantenring überreichen will, reichen die Worte: »Das ist hier aber alles reichlich klischeehaft« aus, und schon hat er keine andere Wahl, als so zu tun, als ob er einen Witz machen wollte. Mit *Klischee* können Sie nichts falsch machen!

Es gibt so viele *Klischees* auf der Welt, dass sie sich widersprechen: der fröhlich schwanzwedelnde Hund ist ebenso ein Klischee wie der traurige Hund mit den großen Augen. Im Grunde ist das ganze Leben ein einziges *Klischee*, es fehlt nur der unbestechliche Kritiker, der das einmal ausspricht.

Machen Sie sich mit Begriffen vertraut, die nur dazu da sind, die Kompliziertheit der Welt zu veranschaulichen. Eignen Sie sich diese Formeln an, dann können Sie noch so uninformiert sein, Sie machen aber automatisch den Eindruck, den absoluten Durchblick zu haben.

Differenzieren ist ein solches Wort. Wer die Kompliziertheit der Welt begreift, der sieht alles kompliziert. Das müssen Sie bei jeder Gelegenheit klarstellen. Sobald jemand in ihrer Umgebung fragt: »Ist heute Dienstag? Heute ist doch Dienstag, oder?«, ist das Ihre Chance. Kontern Sie sofort mit: »Also, das muss man *differenziert* betrachten. Von welcher Zeitzone reden Sie gerade?«

Pauschalisierung ist noch so ein Begriff. Wer pauschalisiert, der blickt nicht durch. Wenn jemand meint: »Also, ich finde es überhaupt nicht gut, wenn irgendein Typ mit einem Maschinengewehr in der Fußgängerzone auf wehrlose Passanten schießt«, kontern Sie: »Da wirfst du aber alle Amokläufer in einen Topf. Das kannst du nicht so *pauschalisieren*.«

Wenn Sie diese Begriffe so lange geübt haben, dass sie Ihnen schneller über die Lippen kommen als die Worte, »na, schönes Wetter heute«, dann sind Sie reif für den letzten Schritt, für die olympische Disziplin der Nörgelei: Das prophetische Nörgeln.

Oberflächlich betrachtet scheint das Prophetentum der biblischen Zeiten ausgestorben zu sein. Doch auch heute weilen Propheten unter uns. Ein biblischer Mahner, der sich in der Vision vergriff, konnte schon mal in die Wüste gejagt werden; dem modernen Propheten kann das nicht passieren. Egal, welch wirres Zeug er von sich gibt, er wird heiß und innig verehrt. Ja, man kann sogar behaupten, wir leben heute in einer aufgeklärten Zeit des demokratisierten Prophetentums, in der jeder brabbeln darf, was er will.

Vergleichen Sie die folgenden prophetischen Nörgeleien:

Der Prophet Jesaja sagte mehr als 700 Jahre vor Christus: »Es ist eine Stimme eines Predigers in der Wüste: Alle Täler werden erhöht werden und alle Berge und Hügel werden erniedrigt werden, und was ungleich ist, wird eben, und was höckericht ist, wird schlicht werden.«

Anlässlich eines UNO-Berichts zur Klimakatastrophe am 26. Mai 2006 beschrieb der *Spiegel* mit verblüffender Ähnlichkeit, dass durch das Abschmelzen der Arktis das Nasse trocken und das Trockene nass, Landmasse zu See und See zu Landmasse, Wüste zum Dschungel und Dschungel zur Wüste werde.

Trotz der Ernsthaftigkeit dieser Mission können auch Sie mit nur ein paar rhetorischen Tricks prophetischer Nörgler werden. Das Einzige, was Sie mitbringen müssen, ist Ihre Leidenschaft für den rechten Weg, auf den es die Menschheit zurückzubringen gilt.

Von all den Formulierungen, mit denen Mahner heute ihr Volk zurückpfeifen, brauchen Sie nur zwei zu kennen. Von diesen einfachen Worten geht eine solche Kraft aus, dass man sie bloß in die Diskussion zu streuen braucht, und schon hat man die Position des modernen Moralwächters erobert: *Wahn* und *Sucht*.

Das Geheimnis dieser Begriffe ist einfach: Sie beziehen ihre Autorität aus ihrer Nähe zur Medizin. Wer sie benutzt, scheint studiert zu haben. Wir glauben, er hat Wahn- und Suchtpatienten kuriert und sei deshalb in der Lage, *Sucht* und *Wahn* in jeder Form zu erkennen, wenn nicht gar spontan zu heilen. Dabei eignen sich diese Formeln für das prophetischen Nörgeln besonders gut, weil sie in Wirklichkeit religiöse Begriffe sind: *Sucht* und *Wahn* stammen beide aus der Dämonologie beziehungsweise dem Schamanentum.

Kaum ein Begriff leistet dem Mäkler so treue Dienste wie *Wahn* und *Wahnsinn*. Alle kennen *Atomwahn*, *Verkehrswahn*, *Machtwahn*, *Wahnsystem*, *Rüstungswahn* und vieles mehr, doch das ist nur die Spitze des *Wahnbergs*. In einem Experiment wurden 100 aus der Luft gegriffenen *Wahn*-Worte erfunden; im nächsten Schritt hat man dann diese Phantasiebegriffe im Internet gesucht. Von 100 Wörtern wurden 99 gefunden, die schon in Gebrauch waren, unter anderem die folgenden:

Sexwahn, *Spaßwahn*, *Jesuswahn*, *Islamwahn*, *Ruhewahn* (und von einem jungen Mann, der sich beklagte, seine Freundin zeige ihm neuerdings die kalte Schulter, *Lass-mich-in-Ruhe-Wahn*), *Schlafwahn*, *Passivwahn*, *Linkewahn* (bei Debattiersüchtigen), *Linkwahn* (bei Internetsüchtigen), *Wahnsucht*, *Witzwahn*, sogar *Gute-Laune-Wahn* und natürlich *Hahnwahn*, *Mahnwahn* und *Bahnwahn*.

In einer Sendung mit dem poetischen Titel »Endzeit ohne Ende? Zur Psychologie apokalyptischer Visionen heute« im SWR 2 kam der Begriff 28-mal zum Einsatz, einschließlich der bahnbrechenden Wortschöpfung *Wahrheitswahn*.

Ein solcher *Wahnwahn* verrät die romantische Ader der

Deutschen, waren es doch die großen Dichter der klassischen Periode – des 18. und 19. Jahrhunderts –, die dem *Wahn* erst eine eigene Poesie verliehen. Schiller schrieb über *des Schreckens Wahn*, Goethe über den *kranken Wahn*, Schlegel nahm sich den *irren Wahn* vor, und Herder stellte charmant fest, dass nur der *süße Wahn* uns alle davon abhält, uns das Leben zu nehmen: »Wer grübe sich nicht selbst sein Grab und würfe froh die Lebensbürde hin, wenn *süßer Wahn* nicht wäre?«

Andere Dichter schrieben vom *Wahn der Freundschaft*, von *der Verzweiflung Wahn*, von *des Herzens trunk'nem Wahn*, vom *religiösen Wahn*, dem *Liebeswahn*, dem *Querulantenwahn* und dem *Verfolgungswahn*.

Kein Philosoph grübelte so ausdauernd über den *Wahn* wie der Ur-Kritiker Kant, dessen Warnung vor der »… Gefahr der Schwärmerei, welche ein *Wahn* ist, über alle Grenzen der Sinnlichkeit hinaus etwas sehen, das ist nach Grundsätzen träumen (mit Vernunft rasen) zu wollen«, kein Mensch je gefolgt ist, weil nur ein *Wahnsinniger* sie versteht. Die innige Nähe der Deutschen zum *Wahn* hat Tradition.

Heute kennen wir *Sucht* vorwiegend als Anlass, viel Zeit in einer Therapiegruppe zu verbringen. Im Mittelalter galt *Sucht* noch als das unheilige Werk eines Dämons. In ihrem *Deutschen Wörterbuch* erklärten es die Gebrüder Grimm so: »Immer handelt es sich darum, dem Gegner durch einen magischen Beschwörungsakt den Krankheitsdämon auf den Hals zu ziehen … mit Formeln wie: *Die* Sucht *soll dich erhaschen, dass dir Haut und Haare abgehen*!«

Die *Sucht* nach Verwünschungen beschränkte sich nicht auf körperliche Gebrechen, und bald gab es mehr *Süchte*, als es Krankheiten gab. Und das ist das Schöne daran: Während der Mediziner sich auf tatsächliche Krankheiten beschränken muss, kann der Teufel hinter allem stecken, was dem Bedenkenträger auch nur im Entferntesten unheimlich oder gar unangenehm ist. So gibt es fast gar nichts in der deutschen Geschichte, was nicht irgendwann als *Sucht* verteufelt wurde: Die *Sucht*, die ganze Nacht im Wirtshaus zu hocken; die *Sucht* nach dem Fremden; die *Sucht* nach dem Abnormen und nach Kleinigkeiten; die *Sucht*, sich anbeten zu lassen; die *Sucht*, Frauenzimmern zu gefallen; die *Sucht* nach Neuheiten; die *Sucht* der Dienstboten, den Herrn zu wechseln; die *Sucht*, gelehrt sein zu wollen; die *Sucht*, alles zu beurteilen, was in der gelehrten Welt vor sich geht; die *Sucht*, zu reimen; die *Sucht*, Politik zu treiben; die *Sucht* nach Paradoxien; die *Sucht* gewisser Schriftsteller, neue Wörter zu bilden; ganz zu schweigen von der *Sucht*, in einem Text endlos Beispiele aufzuführen.

Knigge wetterte gegen die perfide *Sucht* an, ein großer Mann sein zu wollen; Jakob Grimm warnte vor der heimtückischen *Sucht*, »den Ursprung der meisten Wörter aus dem Lateinischen drehen zu wollen«; Goethe meckerte über die krankhafte *Sucht*, jeden Abend in ein anderes Theaterstück gehen zu wollen, anstatt jeden Abend in dasselbe, nämlich sein eigenes; und Spielhagen warnte vor der gefährlichen *Sucht*, »sich an den Strand des Meeres zu setzen und die rauschenden Wogen nach den Rätseln des Lebens zu fragen«.

Doch ach!, wo bleibt die Phantasie, die Experimentierfreude, der Ehrgeiz der Nörgelpropheten von damals? Gemessen an den aufregenden *Süchten*, die von uns gegangen sind, geben wir uns heute mit erbärmlich uninspirierten *Süchten* ab. Sicher, *Internetsucht* ist eine charmante und zeitgemäße Erfindung, *Killerspielsucht* lässt uns das Blut gefrieren und *Sexsucht* ist einfach nur geil, doch selbst sie verblassen, vergleicht man sie mit der *Sucht, Europa zu knechten*, vor der man sich im 19. Jahrhundert gern fürchtete.

Vielleicht wundern Sie sich, dass das prophetische Nörgeln in der Bevölkerung überhaupt so populär ist. Der Strom der Untergangsbestseller reißt ja nicht ab. Der gesunde Menschenverstand fragt sich: »Wer liest so'n Scheiß?« – wohl auch deshalb, weil kein einziges Untergangsszenario von den Zeugen Jehovas bis hin zum Milleniums-Computer-Crash-Wahn in Erfüllung gegangen ist (soweit wir wissen).

Die nackte Wahrheit ist: Prophetisches Zetern ist Unterhaltung, und zwar von der erhabensten Sorte. Das Warnen vor dem Untergang erzeugt ein ganz bestimmtes Kribbeln im Bauch, einen unvergleichlichen »Ja-du-bist-gemeint«-Thrill, den man anderswo nicht bekommt. Kein Action-Kracher über einen Killervulkan, der mitten in Los Angeles ausbricht, kann einem soviel Angst einjagen wie ein Artikel über den Verlust der Werte durch den Konsum von pixeliger Handy-Pornographie durch Jugendliche. Ein ZDF-Bericht über die Islamisierung ganzer Stadtviertel im Ruhrpott fährt uns eisiger in den Knochen als jedes Special-Effects-Epos über die baldige Explosion der Sonne. Eine Jagd durch dunkle Gemäuer, gehetzt von einem Wahnsinnigen mit Kettensäge raubt uns nicht so sehr den Atem wie ein Bericht von Greenpeace über das Sterben der Regenwälder. Die Grenze zwischen Realität und Science-Fiction verwischt hier in einem Maße, wie es kein Zukunftsroman zustande bringt.

Fragen Sie einen x-beliebigen Kinogänger, ob der Film über riesige Mutantenspinnen, den er gerade gesehen hat, ein reales Szenario entwirft, und Sie werden ausgelacht. Doch stellen Sie die gleiche Frage jemandem, der gerade einen Artikel in der *Zeit* über riesige Mutantenspinnen als Folge von Genmanipulation im Getreideanbau gelesen hat, werden Sie eine ganz andere Antwort bekommen. Als Unterhaltung ist prophetisches Nörgeln jeder Belletristik meilenweit überlegen.

Aber Obacht. In früheren Tagen konnte ein Prophet seine düstere Prognose damit begründen, dass die Menschheit gesündigt habe und Gott sie bestrafen würde, wenn sie sich nicht sofort bessere. Ach, waren das noch Zeiten, als für jeden Untergang nur eine Begründung reichte! Das ist vorbei, dafür gibt es aber einen entscheidenden Vorteil gegenüber den alten Tagen: Sie müssen sich heute nicht mehr in wehenden Roben in den Park stellen und wirres Zeug schreien. Der Mahner von heute spricht klar und deutlich und in wohlgesetzten Worten, die dem Zuhörer das dumpfe Gefühl vermitteln, er sei ihm intellektuell unterlegen. Wer heute erklärt, »Gott wird uns alle bestrafen«, ist einfach ein Spinner. Wer aber behauptet, »die Gesellschaft hat einen gefährlichen Weg eingeschlagen«, bei dem denken wir: »Stimmt – die ganze Zeit habe ich schon so ein komisches Gefühl.«

Dabei ist es überraschend leicht, diese Technik zu lernen. Mit ein paar einfachen Tricks können auch Sie den Untergang der Menschheit aus jedem beliebigen Grund vorhersagen, ohne unangenehme Fragen über Details beantworten zu müssen.

Um den Untergang vorherzusagen, befolgen Sie diese drei einfachen Schritte:

1. Man nehme irgendein Thema, am besten einen Trend oder eine gesellschaftliche Neuheit, auf jeden Fall etwas, womit das Nörgel-Publikum noch keine Erfahrung hat. Zum Beispiel: Der neue Trend unter Jugendlichen zum Barfußlaufen im Park an lauen Maienabenden.

2. Dann setze man ein Untergangswort hinzu. Zum Beispiel: *gefährlich*. Oder: *Hier läuft was schief.* Oder auch: *Es ist fünf vor zwölf.*

3. Als Letztes deute man die Zukunft ganz leicht an, indem man das Thema bis zu einem absurden, völlig unrealistischen Grad übertreibt. Zum Beispiel: *Wenn jeder das machen würde, was passiert dann mit der Schuhwirtschaft?*

Und schon hat man:

Der neue Trend unter Jugendlichen zum Barfußlaufen im Park an lauen Maienabenden ist gefährlich und wird zunehmend gefährlicher, je länger man ihn ignoriert. Sollte ein solcher Trend

sich durchsetzen, gibt es bald keinen Bedarf mehr an Schuhen,
und wenn die Schuhwirtschaft erst einmal zusammenbricht, folgt
kurz darauf die ganze Textilindustrie, und schon laufen wir nackt
herum. Da können wir gleich wieder auf die Bäume steigen.

Wichtig ist, dass man den Blick für das *Gefährliche* schärft.
Denken Sie daran: Alles ist *gefährlich*, der Otto-Normal-Nörgler
ist jedoch zu sehr eingelullt in seine eigene kleine Welt, als dass
er es bemerken würde. Die meisten Menschen würden zum Beispiel nie auf die Idee kommen, dass gewöhnliches Trinkwasser
gefährlich sein kann. Der Mäkler schon:

In kleinen Dosen ist gegen gewöhnliches Trinkwasser nichts zu
sagen, doch die alarmierende Statistik zeigt, dass der Wasserkon-
sum in den letzten 30 Jahren auf das Zehnfache gefährlich ange-
stiegen ist. Geht der Trend weiter wie bisher, trinkt im Jahr 2096
der Durchschnittsdeutsche am Tag 349 Liter. Das hält der Körper
nicht mehr aus.

Na gut, das mit dem Wassertrinken ist vielleicht kein so gutes
Beispiel. Ihre Warnungen müssen schon glaubwürdig bleiben.

Doch halt, was rede ich da? Das Beispiel ist selbstverständlich
glaubwürdig – und wurde auch schon längst publiziert. Eine
Schlagzeile in der *Welt* aus dem Jahr 2007 lautet: »Bei zu viel
Wasser säuft der Körper ab.«

Und weiter: »Trinken, trinken, trinken! So lautete bisher der
Rat vieler Ernährungsspezialisten. Doch neue Studien belegen:
Zu viel Flüssiges ist genauso gefährlich wie zu wenig. Im Extrem-
fall können Getränke in großen Mengen sogar tödlich sein.«

Wem *gefährlich* zu plump ist, dem stehen auch elegantere
Ausdrücke zur Verfügung. Auch *hier läuft was schief* deutet eine
drohende Katastrophe an, die nur der Nörgler vorhersehen
kann. Obwohl beide Begriffe die gleiche Aussage haben, gibt es
einen feinen Unterschied zwischen ihnen: den zwischen Furcht
und Hoffnung.

Schieflaufen besitzt für deutsche Ohren einen besonderen

Klang; es hat einen Anflug von Mechanik, und das verstehen die Deutschen. Sagt der Prophet, man habe sich gegen Gott versündigt und der sei jetzt echt verstimmt, versteht das der Deutsche nicht. Erhöhter Reifenverschleiß durch schlecht ausgewuchtete Räder dagegen, das versteht er. Während *gefährlich* einem das Gefühl vermittelt, man müsse jetzt ganz schnell wegrennen, macht *schieflaufen* den Eindruck von einem mechanischen Prozess, den man nur justieren muss, damit es richtig läuft. Das schafft Hoffnung.

Vergleichen Sie die folgenden Nörgelsätze:

Ehemann 1: »Meine Frau ist glücklich mit ihrem Liebhaber, meine alte Firma macht plötzlich Gewinne, seit ich gefeuert wurde, und ich habe seit Wochen keine Kraft mehr, mich zu rasieren. Ich befinde mich in einer *gefährlichen* Lage.«

Ehemann 2: »Meine Frau ist glücklich mit ihrem Liebhaber, meine alte Firma macht plötzlich Gewinne, seit ich gefeuert wurde, und ich habe seit Wochen keine Kraft mehr, mich zu rasieren – in dieser Gesellschaft *läuft* was *schief*.«

Man ahnt bereits, dass es mit Ehemann 1 nicht mehr lange dauern wird. Bei Ehemann 2 aber gibt es die Hoffnung auf Glück, sollte sich die Gesellschaft irgendwann ändern.

Als prophetischer Durchblicker haben Sie eine große Verantwortung gegenüber der Gesellschaft. Sie müssen ihre Zuhörer als Schäfchen begreifen, die ohne ihre hilfreichen und selbstlosen Anweisungen nicht in der Lage sind, ihr Leben ordentlich zu richten. Sie blicken zu Ihnen auf, sie sehnen sich nach Führung und sind auch bereit, dafür zu zahlen, Zeitungen zu kaufen und Ihre Partei zu wählen. Im Gegenzug müssen Sie Ihr Bestes geben, möglichst wenig Schaden anzurichten.

Vergessen Sie nie, wie viel soziale Sprengkraft in der prophetischen Nörgelei steckt. Manche Vorhersagen erfordern eine Menge Tapferkeit, und ein guter prophetischer Nörgler ist auch ein mutiger Nörgler, doch für manche Hinweise ist die Gesellschaft einfach noch nicht reif. Wenn zum Beispiel Ihre Ehefrau im Kerzenlicht in einem aufreizenden Negligé vor Ihnen steht, machen Sie die an sich sehr wichtige Prophezeiung, »du, Liebling, wenn du weiter so viel Nutella isst, musst du das nächstes Mal eine Nummer größer kaufen«, am besten erst beim Genuss der Zigarette danach. Nicht wenige Propheten sind für ihre unangenehmen Wahrheiten spontan gesteinigt worden. Sie möchten doch nicht, dass Ihre Bemühungen, beliebt und einflussreich zu werden, so schnell und schrecklich enden. Schließlich zählen Tausende von gespannten Lesern darauf, dass Sie furchtlos auch das nächste heiße Eisen für sie anpacken.

Die Beziehung zwischen prophetischem Mahner und seiner Gefolgschaft ist eine sehr intime, aber in der Welt der Nörgelei geht es sogar noch intimer.

13. Im Bett mit Besserwissern

Oh ja! Oh jeh! Och nö!

Man sagt, Sex findet im Kopf statt. Was für ein Zufall – das ist genau der Ort, wo auch Nörgelei stattfindet! Könnte es sein, dass Nörgeln sogar beim Sex eine Rolle spielt?

Und siehe da: So ist es auch.

Vielleicht wollen es die Langweiler dieser Welt nicht wahrhaben, aber gerade beim Sex wird moniert, was das Zeug hält. In meinen Forschungen ist es mir ganz nebenbei auch noch gelungen, den Beweis dafür zu finden, dass in romantischen Belangen der Nörgler der attraktivere Partner ist.

Für die meisten Menschen gibt es viele Gründe, bei Aldi einzukaufen. Für mich gibt es nur einen: die schöne Kassiererin.

Sie hat weizenblondes Haar, ein freches Lächeln, blitzblaue Augen und immer einen kessen Spruch auf den Lippen. Jedes Mal, wenn ich bei ihr zahlen darf, bringe ich kaum ein Wort raus, so nervös bin ich, und hinterher, wenn ich eilig meine Einkäufe in die Tüten stopfe, frage ich mich: Welcher von den vielen Männern, die täglich an ihrem Kassenband vorbeimarschieren, wird es in absehbarer Zeit schaffen, ihr ihre Telefonnummer abzuluchsen?

Eines Tages stellte ich mich in die Schlange vor ihrer Kasse, die wie üblich die längste war, und freute mich schon, von ihr abkassiert zu werden. Ich war fast dran, als plötzlich so ein junger, dreister Schönling von hinten angeschlendert kam. Er hatte nur eine Tüte Chips und fragte, als er den Platz vor mir schon fast erobert hatte: »Darf ich vor? Danke.«

Die schöne Kassiererin und ich konnten beide nur stutzen ob

dieser Frechheit, und bevor ihr oder mir eine passende Reaktion einfiel, legte der Beau das passende Kleingeld auf die Kasse und weg war er. Die Kassiererin konnte ihm gerade noch hinterherrufen: »Wollense Ihren Bon?« Doch der Schnösel grinste nur blöd und weg war er.

Als sie nun meine Sachen eintippte, tauschten wir freundliche Beleidigungen über ihn aus: »Unverschämt«, »dreist« und »was der sich erlaubt«. Obwohl ich mir nicht sicher war, ob ihr amüsiertes Lächeln wirklich mir galt und nicht nur professionelle Höflichkeit war, überlegte ich mir schon die perfekte Formulierung für eine galante Einladung auf einen gepflegten Drink nach Feierabend. Ich war froh, dass sich meine Abrechnung kompliziert gestaltete, so dass ich ein wenig mehr Zeit hatte. Zum Glück verzweifelte sie an meinen vier Bierflaschen, also zwei Drittel eines Sixpacks. Was auch immer sie eingab, sie landete immer bei 37 Euro. Die Schlange hinter mir wurde länger.

Plötzlich war er wieder da: der Schönling.

Bevor ich reagieren konnte, drängelte er sich von vorne an mir vorbei zu dem Haufen Aldi-Tüten, fummelte dort herum, hielt zwei Tüten hoch und fragte: »Haben Sie nicht auch andere Größen?«

Ich rollte mit den Augen. Die Leute in der Schlange starrten auf ihre Füße. Die schöne Kassiererin tat, als ob sie ihn nicht bemerkte.

Da nahm der Kerl sich einfach eine Tüte und ging weg Richtung Ausgang. Da erwachte sie ruckartig.

»Hiergeblieben, junger Mann! 10 Cent die Tüte!«

Der Adonis kehrte zurück und baute sich empört vor ihr auf: »Ja, wenn Sie den Mund nicht aufmachen, dürfen Sie sich nicht wundern, wenn die Leute mit den Tüten davonrennen.«

Er hätte nur einen Zehn-Euro-Schein. Behauptete er.

»Sie müssen warten, bis ich diesen Herrn hier abkassiert habe, bevor ich Ihnen Wechselgeld rausgeben kann«, sagte sie, und ging wieder daran, das Problem mit meinem unvollständigen Sixpack zu lösen. Das gestaltete sich allerdings jetzt noch schwieriger als vorher. Da dieser Angeber mir die ganze Zeit direkt vor der Nase herumhing, hatten die Kassiererin und er genug Zeit, Beleidigungen auszutauschen:

»Se hamm wohl Hummeln im Hintern oder wat?«

»Es liegt nicht an mir, wenn man bei Ihnen so lange warten muss.«

»Sie haben jedenfalls keine dringenden Termine, das sehe ich Ihnen an«.

»Also jetzt brauchen Sie nicht die Oberzicke zu spielen, nur weil Sie hier zehn Stunden an der Kasse sitzen.«

Das war's. Eine Oberzicke hatte er sie genannt! Das war ein Schlag ins Gesicht. Ich dachte schon, sie holt aus und knallt ihm eine. Doch das tat sie nicht, obwohl ich in ihren Augen eindeutig einen schockierten Ausdruck sah. Dann fiel mir das oberste Gebot des Nörgelflirts ein: Man verbindet eine Beleidigung mit einem Kompliment oder mindestens mit einem Ausweg aus der Beleidigung. Mit »zehn Stunden an der Kasse« hatte er genau das getan.

Anstatt ihm eine zu scheuern, fragte die schöne Kassiererin perplex: »Woher wissen Sie, dass ich seit zehn Stunden hier bin?«

»Weil Sie so schnell aufgebracht sind«, erwiderte er nicht uncharmant.

Inzwischen hatte sie endlich das Sixpack-Problem gelöst. »Manchmal habe ich so'n langen Tag«, sagte sie und kassierte mich achselzuckend ab. Ich glaube, sie war rot geworden.

Er nickte. »Ich kenn das. Ich hatte heute eine Neun-Stunden-Schicht.«

Sie hatte ihm schon fast sein Wechselgeld gegeben, als sie lächelnd erwähnte: »Aber morgen hab ich frei.«

Er lehnte sich lässig an die leere Nachbarkasse. Als ich frustriert den Laden verließ, plauderten sie noch immer miteinander.

Was ich da mit eigenen Augen gesehen habe, war ein erstklassiger Stichel-Flirt. Weil man in der modernen Aufreiß-Szene viel zu viel Wert auf Komplimente legt, wird oft übersehen, dass eine gut gezielte, persönliche Kritik grundsätzlich effizienter und nachhaltiger wirkt als Komplimente. Und warum auch nicht? Als nachweislich überlegenere Spezies müssten vor allem Frauen in einem potentiellen Partner Intelligenz suchen, und wie wir alle wissen, ist Kritik ein Zeichen von Intelligenz.

Das kann man prima am weit verbreiteten Ritual des *Negging* studieren.

Die Theorie hinter *Negging* lautet: Jeder Arsch kann einer Frau Komplimente machen, und das wissen die Frauen. In der freien Wildbahn – in einer Bar, auf einer Party, im Internet oder gar bei Aldi – hat deshalb ein noch so verführerisches Kompliment bei einer balzwilligen Frau nur begrenzte Wirkung. Was sie aber nicht erwartet, ist eine charmante Stichelei.

Negging hat nicht nur den Vorteil eines Überraschungsangriffs. Es gibt darüber hinaus der Frau das aufreizende Gefühl: »Der Typ hat es wohl nicht nötig.« Oder gar: »Was ist los mit mir, dass ich so ein Arschloch völlig kaltlasse?« Ist der Affront auch noch exakt auf die Frau zugeschnitten, beschleicht sie der Verdacht: »Der Mistkerl hat Dinge an mir gesehen, die sonst keiner sieht.« Das führt dazu, dass sie sich wider besseres Wissen anstrengt, den Mistkerl zu beeindrucken, denn sie findet diese Herausforderung, dieses perverse Projekt, ja diese faszinierende, so gut wie unlösbare Lebensaufgabe einfach unwiderstehlich: Einmal aus Scheiße Gold machen. Einmal nur. Davon scheinen Frauen manchmal wie magisch angezogen.

Soweit die Theorie. Ich wollte wissen: Stimmt sie oder stimmt sie nicht? Die meisten Frauen, die ich kenne, sagen: »Um Gottes Willen! Komplimente wollen wir hören, keine Beleidigungen!«

171

Allerdings sind Aussagen von Frauen über sich, das wissen auch die Frauen, notorisch unzuverlässig. Also musste ein definitives, wissenschaftlich nicht angreifbares Experiment her.

Finya.de ist eine beliebte, kostenlose Singlebörsen-Website, wo Männer und Frauen miteinander in Kontakt treten. Das funktioniert so: Unter einem Nick stellt man ein Foto sowie ein paar Sätze über sich selbst, genannt »Statement«, auf die Seite. Das ist das sogenannte »Profil«. Man surft dann durch die Profile der anderen, bis man ein sympathisches Foto oder Statement findet. Dort hinterlässt man eine Nachricht und hofft, dass die Angesprochene darauf antwortet.

Ich stellte gleich zwei Profile ein:

»Kuschelboy« bestand aus einem computerbearbeiteten Foto von mir selbst (in große Kissen eingekuschelt) und dem folgenden Statement:

Ich suche eine Frau, die innen so schön ist wie außen; die genauso viel an Lachen, Spaß, Zweisamkeit und Ehrlichkeit geben kann, wie sie auch bei mir abholen will; die an einer ehrlichen, verbindlichen Beziehung genauso interessiert ist, wenn ich der Richtige bin, wie sie für einen heftigen liebevollen sexuellen Flirt offen ist, wenn ich der Falsche bin. Haarfarbe, Augenfarbe, Körpergröße – das ist Nebensache, weil es immer zu der Frau passt, die da drinnen wohnt.

Mein zweites Profil hieß »007reloaded«. Das Foto war auch von mir, diesmal etwas weniger verändert, weil es in einer dunklen Kneipe aufgenommen worden war, mit Sonnenbrille und Zigarillo und einem besoffen-arroganten Gesichtsausdruck. Das Statement lautete so:

Ich bin einmal zu oft auf irgendwelche Tussis reingefallen, die es nicht wert waren. Den ganzen Scheiß von wegen Zweisamkeit und gegenseitigem Vertrauen und Respekt kannst du dir sparen. So ein Gequassel sagt mir, du willst mich reinlegen. Ich mach dir keine Komplimente. Du musst selber wissen, wie du aussiehst. Wenn deine Nase schief ist, sage ich das, und wenn du es nicht hören kannst, dann schaffst du es bei mir nicht. Wenn du es bei mir aushältst, bin ich ein Fels in der Brandung, wenn nicht, findest du mich im Bett mit deiner Schwester. Hasta la vista, baby.

007reloaded schickte Grobheiten an 30 wahllos ausgesuchte Frauen raus; an weitere 30 Frauen schickte Kuschelboy Komplimente.

Kuschelboys Komplimente lauteten etwa so: »Wow! Du siehst aus, als ob du weißt, wie man Spaß hat – macht mich neugierig!« Oder: »Dein Gesicht ist so ausdrucksstark und faszinierend wie ein Roman – ich möchte mehr drin lesen.« Sobald sie auch nur ein bisschen lächelte, kommentierte er: »Deine Lebenslust steckt an!« War es ein Foto von einem Strandurlaub, hieß es: »Du bist wie das Meer – unergründlich, entspannend und inspirierend.« Hatte die Frau nicht einmal den Mut aufgebracht, ein Foto von sich online zu stellen, schrieb Kuschelboy: »Ich lasse mich gern von geheimnisvollen Frauen überraschen!«

007reloaded war da etwas anders: »Ich sehe schon, du stehst auf leicht verwackelten Bilder – hast du Angst davor, dich zu zeigen, wie du bist?« Und: »Du bist eine Poserin – nenn mir einen Grund, warum ich mich mal mit dir treffen sollte.« Oder: »Wenn du mal die Brille absetzen würdest, könnte es was werden.« Und: »Lächelst du nie?« Und: »Bevor wir weiterreden, muss das komische Ohranhängsel weg.« Handelte es sich um ein Schwarzweißfoto und guckte sie nur annähernd streng, schrieb er: »Du siehst aus wie Ulrike Meinhof, du musst was dagegen unternehmen.«

Doch nie vergaß er dabei gönnerhaft zu erwähnen: »Trotzdem würde ich mich mal mit dir treffen.«

Dumm war 007reloaded nicht. Bei jeder Beleidigung war möglichst ein halbes Kompliment durch die Hintertür dabei. Handelte es sich um eine Blondine auf einem Schwarz-Weiß-Foto, schrieb er: »Du willst Grace Kelly sein, bist es aber nicht.« Da hatte die Dame wenigstens Grund zu glauben, 007reloaded hätte irgendwas Grace-Kelly-haftes im Foto gesehen. Immerhin hatte er nicht geschrieben: »Du willst Cindy aus Marzahn sein und bist es auch.«

Als dann die Antworten auf Kuschelboy eintrudelten, sank mein Herz.

Die Frauen standen auf Kuschelboy. Kuschelboy hatte Charme! »Vielen Dank!«, schrieb eine, »würde mich freuen, wenn ich Dir ein Lächeln ins Gesicht zaubern kann!« Eine andere schrieb: »Oh sooo ein kranker hase!!!!!!!!!!!!!!!!!!! gute besserung!« Das verheerende Ergebnis: Sage und schreibe 100 Prozent der Antworten auf Kuschelboy waren positiv. Es war ein schwarzer Tag für die Welt der Nörgler.

Die Antworten auf 007reloaded waren dagegen empört, sarkastisch, zuweilen auch gemein. »Auf Arschlöcher wie dich kann ich gut verzichten!!«, schrieb eine Dame. »Danke. Ich habe keinen Bock, die Rechnung für andere – vermutlich nicht ganz dichte – Frauen zu bezahlen«, eine andere. Das tat weh. Kann es sein, dass die Damen von heute keine Affinität mehr zu Beleidigungen pflegen?

Dann passierte was Wundervolles. Die wütenden Antworten auf 007reloaded rissen nicht ab. Die sarkastischen Mails stapelten sich. Am Ende hatten 21 Damen geantwortet.

Aufgeregt, mit flatternden Fingern klickte ich durch die Antworten. Na sowas: »Dann wärst Du Deinem Profil nach zu urteilen also 'ne komplette Arschgeige? Noch interessiert?«, und: »Schlag mal was vor, Mister Bond«, hieß es da. Andere Frauen hatten sich, wie das manchmal so ist, nicht festgelegt. Wer aber sarkastisch schreibt, »logisch, ich flüchte vor mir selbst und versuche damit meine Belanglosigkeit auszugleichen«, oder gar, »… hahaha – du hastse definitiv nicht alle!« und dabei zu erwähnen vergisst, dass ich mich nicht mehr zu melden brauche, ist mindestens neugierig darauf, was jetzt noch kommen kann. Im Single-Geschäft würde man sagen, ich hätte sie neugierig gemacht.

007reloadeds endgültige Ausbeute: Auf 30 Anfragen kamen 21 Antworten zurück. Von denen waren fünf eindeutig positiv und weitere neun indigniert-interessiert. Nur sieben waren klare Absagen. Ach, ich wünschte, ich wäre wirklich ein Mistkerl!

Und Kuschelboy, dem ich charakterlich leider Gottes näher stehe? Bei ihm waren alle Antworten zu 100 Prozent positiv. Das ist beeindruckend, aber leider hatten sich nur fünf Damen überhaupt die Mühe gemacht, dem armen Kerl wenigstens eine Zeile zukommen zu lassen.

Das war der Beweis: Nörgler machen's besser.

Auch die langjährige Beziehung der Journalistin Wiebke M. mit dem TV-Produzenten Jürgen basiert auf heftigem, spontanem *Negging* beim ersten Aufeinandertreffen, und die Beziehung ist eine der besten, die ich kenne.

»Als ich Jürgen 1998 kennenlernte, suchte ich einen Job als TV-Autorin für Dokumentarfilme, und ich sollte meine bisherigen TV-Beiträge mitnehmen und mich bei ihm im Büro vorstellen.«

Die Umstände ihres Kennenlernens waren suboptimal.

»Unser erstes Treffen fing mit einem Streit an«, erinnerte sich Jürgen. »Sie hatte verstanden, dass das Büro im Haus Nummer 5 sei. Ich glaube, eine Nummer 5 gab es gar nicht in der Straße.«

»Ich rief ihn von unterwegs an«, erzählte Wiebke, »ich war genervt und fragte ihn, wo er mich denn hingeschickt hätte.

Seine Antwort war: ›Ich bitte Sie, wir sind seit acht Jahren in der Nummer 45.‹«

»Sie stritt sich mit mir«, erinnerte sich Jürgen. »Sie sagte: ›Aber Sie haben Nummer 5 gesagt!‹ Dann kam Sie panisch und verspätet angerannt, den Poncho durchnässt, und ich ließ sie zehn Minuten warten.«

»Ich zeigte ihm dann also mein Video, und er verdammte alle meine Beiträge in Grund und Boden«, sagte Wiebke. »Er fand alles dramaturgisch wie optisch katastrophal. Er war so hart! Danach wollte ich den Beruf wechseln. Aber es hat mich auch herausgefordert. Ich sagte mir, ›dem zeige ich es jetzt‹. Und es stimmt: Das hat mich schon angemacht. Sein Selbstbewusstsein haute mich um, und haut mich immer noch um. Ich hatte schon Phantasien. Ein paar Tage später rief er mich an, er wolle sich mit mir treffen, aber ich war an dem Tag schon verabredet. Er sagte, ›komm danach ins Büro‹. Mitten in der Nacht! Meine Freundin sagte zu mir: ›Vorsicht, er will dir an die Wäsche.‹ Ich antwortete: ›Mag sein, aber ich will trotzdem hin.‹ So fing es an.«

Das war ein erstklassiges Beispiel von erfolgreichem *Negging*. Allerdings, sagte Jürgen, war nicht alles geplant. Im Gegenteil, einiges von dem, was er machte, geschah aus Unbeholfenheit.

»Bei diesem ersten Treffen, als sie völlig durchnässt ins Büro stürmte, ließ ich sie so lange warten, weil mir, kaum dass ich sie sah, die Hände zu zittern anfingen. Ich wusste sofort, dass ich sie wollte. Ich musste mich erst wieder sammeln. Und im Übrigen hat sie ihre Rache gehabt. Sie hat mich zwei Jahre warten lassen.«

In unserer narzisstischen, medienbesessenen Zeit, in der intime Bilder von Fremden, die früher als pornographisch gegolten hätten, als Geburtstagskarten durchs Internet geschickt werden, glauben wir, dass alles über Sex gesagt worden ist. Weit gefehlt! Der letzte, unerforschte Winkel des Intimlebens wurde bisher sorgfältig vor der Öffentlichkeit verborgen gehalten: Nörgelsex.

Nicht nur Wiebke und Jürgen habe ich während meiner Forschungen bohrende Fragen über ihre persönlichsten Nörgelvorlieben gestellt, sondern vielen anderen auch, und was ich da zu hören bekam, hat mich umgehauen: Selbst mitten im Liebesspiel darf genörgelt werden!

»Mich ärgert am meisten, wenn er's nicht so richtig hinkriegt bei mir«, gab eine junge Nörgelforscherin zu Protokoll. »Dabei gebe ich ihm schon ganz diplomatisch Tipps und stehe ihm sogar hilfreich zur Seite, und trotzdem stellt er mich als frigide hin. Dann verkrampfe ich mich schon wegen seiner Erwartungshaltung. Er behauptet dann: ›Was willst du denn, die Frauen vor dir haben sich nie beschwert!‹«

Eine andere Dame, die seit langer Zeit wieder auf freier sexueller Wildbahn unterwegs war, gestand nach dem dritten Bier: »Ich bin eine Vorspiel-Nörglerin. ›Also, das ist nicht so toll, aber schön wäre dies oder das …‹ Meist kommt's dann gar nicht mehr zum Sex. Oder ich liefere nach dem Sex eine ausführliche Kritik ab und hoffe, dass da was fürs nächste Mal hängenbleibt. Es nutzt aber nix, weil er beim nächsten Mal alles vergessen hat.«

Manche Frauen sind so gewiefte Nörglerinnen, dass sie ihre Missbilligung für sich behalten und gleichzeitig sexuelles Interesse vorspielen können. »Beim Sex nörgele ich in Gedanken mit«, verriet mir eine ehrliche Interviewpartnerin, »›oh, ist das wieder mal nach Schema F. Kann das nicht ein bisschen spannender sein?‹ Ich ärgere mich, aber ich sage nichts, weil ich es nicht noch schlimmer machen will.«

Standardgenörgel wie ›Brr, mir ist kalt, jetzt warte mal, aua, nicht so doll, zieh mir nicht die Decke weg, dein Bart kratzt, mir fällt gleich die Haut von den Lippen …‹«, das hat wohl jeder Mann irgendwann schon mal hören müssen. Aber es geht noch spezieller.

Eine andere sympathische Nörgelforscherin erzählte von einem eigenartigen Problem: »Mein Freund hat immer die Brille auf beim Sex! Das stört mich, ich fühle mich total beobachtet wie unter einer Lupe, wie im Labor. Und er ist einer, der die Sachen ganz genau betrachtet, so ein Korinthenkacker, dem entgeht nichts, und ich denke, ›es ist gar nicht Sex, was er will, er will nur genau sehen, wo alle meine Fehler sind‹, und ich kann es gar nicht genießen. Wenn ich versuche, ihm die Brille wegzunehmen, meint er: ›Dann sehe ich gar nichts, ich habe das Gefühl, ich könnte es ebenso gut mit einem geschorenen Schaf treiben, ich würde den Unterschied nicht merken‹. Jetzt kann ich mich gar nicht mehr entspannen, ich denke immer nur: ›Bäääh …‹«

Das Thema »Befangenheit im Bett« scheint unerschöpflich. Eine alte Freundin erwähnte folgende Geschichte:

»Mein Freund mag es besonders derb«, sagte sie. »Er fängt dann an, so Sachen zu sagen: ›Ja du Schlampe, du Luder, zeig mir deine dicken Titten, her mit deinem fetten Arsch‹, und so. Ich weiß, dass er das nicht so meint, aber ich denke immer: ›Ist mein Arsch wirklich so dick? Hält er mich echt für eine Schlampe? Was ist, wenn er mich wirklich so sieht? Er kann ja ein Stück Wahrheit drin sein, oder?‹« Sie blickte mich an, als ob sie eine Antwort von mir erwartete, ein objektives Urteil, aber wenn ich eines gelernt habe, dann: Misch dich nicht in das Nörgelsexleben anderer Leute ein.

Eine Dame, die sich erst spät fürs Beklagen erwärmt hatte, scheute sich lange, einen Umstand anzuprangern, der ihr sogar physisch bedrohlich wurde:

»Ich weiß noch immer nicht wieso, aber mein Freund damals, also immer wenn wir uns liebten, war alles wunderbar, aber irgendwann wurde ich mit meinem Kopf immer in eine Ecke gedrängt, und wenn es dann heftiger wurde, knallte er immer wieder gegen die Wand. Ich musste ihn ständig hin und her drehen, um mich nicht zu stoßen. Ich wollte ja nichts sagen, weil mein Freund in Ektase war, aber nichts, was ich dagegen unternahm, hat was genutzt – ich drehte mich um, ich versuchte es mit einem Bein aus dem Bett, nichts. Am Ende geriet ich immer wieder in dieser Ecke – aua, aua! Und sogar als ich mal oben war, landeten wir in der Ecke, und ich dachte, okay, jetzt zeige ich ihm, wie das ist, und versuchte wirklich heftig loszulegen. Aber plötzlich drehte er mich um, und ich war wieder unten und – peng! Als ich mich irgendwann beschwerte, tat es ihm wirklich furchtbar leid, es war ihm peinlich, und danach war alles anders – immer wenn es richtig zu Sache ging, merkte er, wir sind wieder in dieser Ecke, und dann wurde er sanfter und nichts ging mehr.«

Wenn Männer über Sex nörgeln, geht es mit Vorliebe darum, dass sie nicht genug davon kriegen. Das ist aber nicht alles.

»Du kennst die typische Männer Vorher-Nörgelei?«, witzelte eine junge Mutter: »›Och menno, ein Kondom? Ist das wirklich nötig?‹ Und später die Nachher-Nörgelei? ›Och menno, Alimente? Ist das wirklich nötig?‹«

»Wenn ich das Wort ›Spontanität‹ noch mal höre, drehe ich durch«, schnaubte eine andere, als sie von den Quengeleien ihres Freundes erzählte. »Für uns Frauen ist Sex angeblich immer so'n Akt. Aber Männer haben nebenher einfach nicht so viel zu tun wie wir: schnell noch eine Waschmaschine anschmeißen, Salat vorbereiten, rasch einkaufen. Soll ich mir die Haare waschen? Was zieh ich nur an? Die meisten organisatorischen Sachen bleiben an dir hängen. Du machst dir deshalb einen ganz konkreten Plan, was alles zu tun ist, bevor du zur Arbeit gehst oder zur Party, und dann kommt irgendwann der Mann dazwischen und will Sex, und du sagst, ›das wirft aber meinen ganzen Plan um‹, und er antwortet, ›dann schmink dich halt nicht, dann haben wir ein bisschen Zeit, bevor wir gehen. Es ist doch wichtiger, dass wir miteinander schlafen.‹ Die haben andere

Prioritäten als gut auszusehen. Und sie müssen – im Gegensatz zu uns Frauen – für Sex nicht erst abschalten. Die können das direkt beim Sex erledigen. Frauen aber müssen vor dem Sex abschalten, um ihn zu genießen. Sonst denken sie die ganze Zeit daran, welches Kleid soll ich denn gleich anziehen oder welche Soße soll bloß auf den Salat?«

»Bei mir ist es ›Kuscheln‹«, grummelte ihre Freundin. »Ich nörgele, ›ohne Kuscheln gibt's für mich keinen Sex.‹ Da nörgelt er zurück, ›ohne Sex gibt's für mich kein Kuscheln.‹ Also haben wir ein Patt. Und wenn er dann zum Kuscheln ankommt, weiß ich schon, dass er jetzt Sex will, und ich kann mich gar nicht entspannen.«

Ein junger Nörgelforscher erzählte von seinem Problem, ein Problem anzusprechen: »Ich hatte mal eine Affäre mit einer Französin«, sagte er. »Sie war einfach toll im Bett, sie war phantastisch, und wir hatten diese Abmachung: Sie würde zuerst kommen, dann nehme ich mein *Plaisir*, wie sie sagte. Aber immer, wenn ich gerade loslegen wollte, sprang ihre Katze auf das Bett und begann nach meinen Füßen zu jagen. Ich versuchte, sie wegzuscheuchen, ich schmiss Kopfkissen nach ihr, aber es half nichts. Sie dachte, es wäre ein Spiel und sprang zwischen meinen Beinen hin und her, und ich kam zu nichts mehr. Als ich es endlich ansprach, war sie so beleidigt, dass sie mich nicht mehr sehen wollte.« Er seufzte. »Sie liebte diese Katze wirklich.«

Auch Nörgelsex will gelernt sein. Aus diesem Grund, und besonders in Hinblick auf junge Menschen, die in diesen Dingen noch unerfahren und romantisch verbildet sein mögen, ist es mir gelungen, in Zusammenarbeit mit meinen Mitnörgelforschern aus dem Stegreif eine kleine Anleitung zum gelungenen Nörgelsex zu entwerfen. Diese präsentiere ich ohne weitere Umschweife wie folgt:

Die kleine Anleitung zum Nörgelsex

1. Nörgelsex für Anfänger

In dieser ersten Phase der sexuellen Beziehung – der Phase der Annäherung –, haben es die meisten Nörgler verständlicherweise mit der Kritik nicht eilig. Sie sind viel zu froh, das Objekt der Begierde ins Bett bekommen zu haben. Also bleibt die Krittelei in dieser Phase zurückhaltend, zuweilen zart, dennoch bestimmt. Es gilt, den neuen Partner an die sexuelle Maulerei heranzuführen. Kleiden Sie Ihre Kritteleien in eine intime Beichte, die Ihre Zutraulichkeit beweist, oder gar in einen positiven, optimistischen Vorschlag, der zeigt, dass Sie voller Hoffnung für die Zukunft sind.

Hier einige Nörgelklassiker-Beispiele:

Für Frauen:

Die *Willig-,aber-du-bist-mir-sexuell-nicht-gewachsen-Nörgelei*: Nur eine schweigend hochgezogene Augenbraue beim Mustern zum ersten Mal entblößter primärer Geschlechtsmerkmale.

Die *Willig-, aber-nicht-blind-Nörgelei*: »Wenn ich dich so in den Armen halte, stelle ich mir vor, du bist in Wirklichkeit Brad Pitt – deshalb kann mich deine Wampe gar nicht stören.«

Für Männer:

Die *Ich-freue-mich-,dass-du-willig-bist-,aber-du-machst-das-falsch-Nörgelei*: »Machst du schon was? Wann fängst du an?«

Die *Ich-freue-mich-,dass-du-willig-bist-,aber-das-ist-nicht-alles-im-Leben-Nörgelei*: »Kannst du dich ein bisschen beeilen? *CSI* kommt gleich!«

2. Nörgelsex für Fortgeschrittene

Diese mittlere Phase lebt von ihrer Klarheit und Direktheit. Der Partner hat jetzt genug Erfahrung, man kann ihm endlich sagen, was er alles falsch macht.

Hier einige Nörgelklassiker der mittleren Stufe:

Für Frauen:

Die *Ich-bin-schon-mit-dir-zufrieden-,aber-alles-andere-ist-im-Moment-fesselnder-Nörgelei*: »Natürlich machst du das gut, Liebling. Aber irgendwie habe ich Hunger. Nein, Durst. Sag mal, wie stehst du zum Nahost-Konflikt?«

Die *Ich-bin-schon-mit-dir-zufrieden-,aber-man-darf-doch-noch-Vergleiche-ziehen-ohne-gleich-beleidigt-zu-sein-,oder-hast-du-gar-kein-Selbstbewusstsein-Nörgelei*: »Also bitte, selbst mein Ex hat das hingekriegt.«

Für Männer:

Die *Ich-bin-schon-mit-dir-zufrieden-,aber-ich-halte-nicht-mehr-lange-durch-Nörgelei*: »Wenn du nicht so kompliziert wärst, wäre das hier schon vorbei.«

Die *Ich-bin-schon-mit-dir-zufrieden-,aber-musst-du-das-Herzchen-so-raushängen-lassen-Nörgelei*: »Wenn du so treu-doof guckst, erinnerst du mich an meinen ersten Hund.«

3. Nörgelsex für Könner

In der dritten Phase – der Königsklasse – dreht sich alles um die treffend und ästhetisch ausgeklügelte Formulierung. Hier hat der typische Sexnörgler Nachholbedarf. Die meisten Liebhaber geben sich in der ersten Phase einer Beziehung sehr viel Mühe, man bringt Blumen mit, macht Komplimente, nimmt sich Zeit, macht sich schön. Sollten wir uns nicht ebenso viel Mühe in der letzten Phase geben? Hier eine idealisierte fortgeschrittene Nörgelei, vorzugsweise in schriftlicher Form abzugeben:

Für Frauen:

Diese Performance steuerte so unübersehbar aufs Happy End zu, dass ich sie einfach nicht genießen konnte. Man fühlte sich emotional manipuliert. Hier wurden sämtliche Knöpfe gedrückt, aber die Absicht dahinter war stets erkennbar, das hat einen doch abgestoßen.

Außerdem war jede Minute mit Action überfrachtet, es fehlte der Mut zu entspannter Atmosphäre und ruhigen Momenten, bei denen die Handlung mal reflektiert wird; stattdessen wurde immer nur das Tempo erhöht.

Die Musiksoße im Hintergrund raubte einem den letzten Nerv. Der Hauptdarsteller erschien nicht gerade im besten Licht. Das Kostümdesign war zwar außen hui, doch innen pfui: ausgeleierte Unterwäsche ist ein echter Stilbruch. Und was bedeutete das Foto der Exfreundin auf dem Nachttisch? Die ganzen Locations – Nasszelle, WG-Couch usw. – waren lieblos ausgewählt: Wer bei dieser Art Produktion am Setdesign spart, spart an der falschen Stelle.

Einzig die Darstellung der jungen, aufstrebenden Hauptdarstellerin kann dieses Stück noch retten, wobei sie einen besseren Hauptdarsteller verdient hat. Er war so sehr auf Technik fixiert, dass ihm die Spontanität unterwegs abhanden gekommen ist. Auch für Regieanweisungen scheint er taub gewesen zu sein. Ein schöner Körper ist nicht alles, man muss ihn auch benutzen können! Zum Beispiel, um hinterher anzurufen. Das sollte er sich für seine nächste Performance hinter die Ohren schreiben.

Fazit: Phantasielos trotz vielversprechender Ausstattung.

Für Männer:

Das nächste Mal gehe ich in einen anderen Film.

14. Der Gesang von Lästermäulchen an einem lauen Sommerabend

Warum Frauen die gewiefteren Kritiker sind

Als waschechter Möchtegern-Macho tut es mir in der Seele weh, aber ich muss es zugeben: Es gibt Dinge, die Frauen einfach besser können als Männer. Nörgeln gehört dazu.

Sie sind schneller, sie sind wendiger, sie beherrschen eine umwerfend schlagfertige Mischung aus Logik und völliger Irrationalität. Sie nörgeln lässig aus der Hüfte – und während wir noch nach Worten suchen, treffen sie mitten ins Herz.

Jeder Mann hegt die heimliche Ambition, ebenso gut zu nörgeln wie seine Frau, aber irgendwie klappt es nie. Ein ganz typisches Verhalten der Männer ist die *Habe-ihr-heute-fast-die-Meinung-gesagt*-Nörgelei.

Es funktioniert so: Den ganzen Tag über plant er sein Gemecker. Auf der Arbeit wirkt er leicht abwesend, weil er nur das noch im Kopf hat. Es wird – es muss – die perfekte Nölerei sein, eine, die sie endlich umwirft. Er analysiert sorgfältig den Streit von gestern Nacht, er sortiert die wichtigsten Punkte in einer klaren, logischen Struktur, und für jeden Punkt findet er das richtige Gegenargument, das beweist, dass sie im Unrecht ist. Für jedes Gegenargument formuliert er den treffenden Schlusssatz. Das Ganze würzt er mit bedrohlicher Dramatik, die so mitreißend wirkt, dass sie gar nicht in der Lage sein wird, überhaupt den Mund zu öffnen, während er spricht. Und all das übt er immer wieder im Kopf – während der Konferenz, beim Plausch in der Raucherpause vor der Tür, in der Kantine, selbst während wichtiger Kundengespräche, bis er es richtig drauf hat. Auf dem Nachhauseweg spielt er es immer wieder durch, es baut sich in ihm eine heilige Wut auf, die darauf brennt, herausgelassen zu werden. Er steckt den Schlüssel in die Tür mit einer Entschlossenheit, die nur einem Helden zu eigen ist. Er tritt ein, und da steht schon seine Frau, bereit, kleingemacht zu werden, und er macht auch den Mund auf, aber bevor er die erste bombensichere Silbe loswerden kann, wirft sie schnell ein: »Sag jetzt bloß nicht, du hast schon wieder vergessen, Milch mitzubringen.«

»Aber ich ... die Milch? War das heute? Ich war doch ... Ich bin sicher ... ich wollte ... Hast du nicht gesagt ...?«

Und schon ist alles weg: jeder Satz, jedes Argument, verflogen wie Tau in der Morgensonne. Nicht mal ein Fetzen übrig.

Nein, nein, wir Männer werden es mit den Frauen nie aufnehmen können. Ihr Vorsprung ist einfach zu groß.

Die Frage ist: Warum?

Ich rief Simone Schmitt an, Psychotherapeutin und Paartherapeutin in Aschaffenburg, und fragte sie. »Frauen denken oft laut«, erklärte sie. »In dem Moment, wenn ein Gedanke in die Richtung geht, dass sie mit ihrem Partner nicht zufrieden sind, kann es passieren, dass sie das nicht für sich behalten, wie Männer es tun. Frauen drücken sich sowieso mehr aus und sprechen mehr über ihre Gefühle, und sie tragen das, was ihnen nicht gefällt, nach außen. Männer schweigen mehr und behalten ihren Ärger für sich.«

»Mit anderen Worten, Frauen reden zu viel«, sagte ich.

»Was heißt zu viel?«, antwortete Schmitt, die immerhin eine Frau war. »Ich denke, es entspringt einer Mischung aus Genen und Umweltbedingungen wie der Erziehung. Eine Frau lernt von klein auf, dass sie diejenige ist, die Beziehungen formt, dass sie dafür zuständig ist, dass in der Familie Kontakte entstehen. Zu Hause, wenn es um private Angelegenheiten geht, schickt der Mann die Frau oft vor. In geschäftlichen Angelegenheiten nicht. Die Frau ist sehr gut im Reden; sie sieht Reden als ihr Instrument an.«

Dazu kommt die Fähigkeit der Männer, ihren Ärger zu schlucken und zu vergessen. Das glaubt jedenfalls Astrid von Friesen, Psychotherapeutin in Dresden und Freiberg sowie Autorin des Buches *Schuld sind immer die anderen! Die Nachwehen des Feminismus. Frustrierte Frauen und schweigende Männer.*

»Männer sind im Allgemeinen zufriedener mit dem, was sie haben«, sagte sie. »Sie sind leidensfähiger. Wenn man die männliche Erziehung seit 1900 anschaut, wurden Männer schon früh zum Soldatentum erzogen. Das bedeutet, großes Leid zu ertragen. Sie sollten Körper und Leben opfern können.«

Auch andere Paartherapeuten bestätigen, dass sie in Therapiesitzungen den Eindruck gewinnen, dass Frauen in einer Partnerschaft oft die Nörgelhoheit besitzen.

Ich rief auch Eva Jaeggi in Berlin an, die bekannte Psychoanalytikerin, deren Buch *Und wer therapiert die Therapeuten?* zu den Klassikern der psychotherapeutischen Literatur gezählt wird. »Die Konstellation, die ich in Paartherapien sehr häufig sehe, ist die, dass der Mann sich zurückzieht und die Frau nörgelt«, sagte Jaeggi. »Es ist sicher auch mal anders, aber mir begegnet es sehr oft so.«

»Männer nörgeln zwar auch, aber seltener und über andere Themen«, meinte Simone Schmitt. »Über mangelnde Sexualität in der Partnerschaft oder über das Essen oder über das Aussehen der Frau, aber weniger über den Haushalt. Es passiert Frauen öfters, dass sie in einer Beziehung die Schwächeren sind, und Nörgeln ist häufig die Waffe der Schwächeren.«

Ich fragte sie nach den wichtigsten Nörgelthemen der Frauen, und sie gab mir diese Liste:

1. Die mangelnde Mithilfe des Mannes im Haushalt.
2. Dass der Mann sich nicht genug um die Kinder kümmert.
3. Dass der Mann häufig abwesend ist.

4. Dass der Mann für Freunde und Verwandte alles macht, aber zu Hause nichts.
5. Dass der Mann seine Frau nicht genug beachtet.
6. Dass der Mann Eigenschaften hat, die die Frau anfangs gemocht hat, (später aber nicht mehr).
7. Dass der Mann Eigenschaften hat, die erst später ans Licht kamen.
8. Dass er nicht auf seine Erscheinung achtet.

Ich fragte sie auch nach den wichtigsten Nörgelthemen der Männer. Sie gab mir diese Liste:

1. Dass ihre Partnerinnen so viel nörgeln.

Nicht nur überlegene kommunikative Fähigkeiten machen Frauen zu den versierteren Beschwerdeführern: »In vielen Lebensbereichen haben die Frauen die Deutungshoheit«, erklärte Astrid von Friesen, »in Sachen Gesundheit, soziales Umfeld, in der Familie, in der Beziehung und bezogen auf die Wohnung. Auch moralisch. Dadurch können sie die Männer beherrschen.« Mit anderen Worten: Die Frau bestimmt, was nörgelwürdig ist und was nicht.

»Das Gespür für Ordnung im Haushalt ist sehr individuell«, sagte Schmitt dazu, »aber der Punkt ist schon, dass die Frau das Gefühl hat, sie habe die Verantwortung für den Haushalt und wie es zu Hause aussieht. Allerdings hat der Mann, der dann dazu kommt, ein – sagen wir es mal so – eigenes Ordnungssystem. Dann ist die Frau wütend, weil ihr System durcheinander ist, denn sie fühlt, dass er diese Verantwortung missachtet.«

»Wenn wir Männer im Meckern unterlegen sind, was können wir denn dann tun?«, fragte ich mit einer gewissen Panik in der Stimme. »Sind wir dem einfach hilflos ausgeliefert?«

Die Antwort beruhigte mich.

»Männer mauern«, sagte sie. »Sie ziehen sich vor den Fernseher zurück oder gehen zum Sport oder treffen sich mit Freunden und Kollegen, oder sie reagieren einfach nicht und schweigen. Je nach Generation.«

»Männer haben die Waffe Sarkasmus«, ergänzte Eva Jaeggi. Hörte ich eine gewisse Bewunderung in ihrer Stimme? »Als Therapeutin habe ich es gar nicht gern, wenn einer sagt, ›ja, ja, ich weiß, ich bin ein schlechter Mensch‹. Das ist Abwehr; er will sich einfach mit irgendetwas nicht beschäftigen. Seine Partnerin weiß ja genau, dass er sich nicht ernsthaft für schlecht hält. In Wirklichkeit sagt er: ›Lass mich in Ruhe.‹«

Obwohl meine erste Unruhe verflogen war, erschien mir diese Palette an männlichen Nörgeltechniken im Privatbereich doch lächerlich gering.

Ich beschloss, eigene Recherchen anzustellen und Studien am lebenden Objekt durchzuführen. Ich wollte von den Meisterinnen lernen.

Schließlich lebe ich mit einer Frau zusammen.

Schon als kleiner Junge wollte ich wissen, worüber Frauen nörgeln, wenn sie unter sich sind. Wie oft bin ich »aus Versehen« ins Zimmer meiner großen Schwester geplatzt, wenn sie mit ihren Freundinnen tuschelte, und plötzlich war alles still: Sie hatten etwas zu verbergen! Dieses zarte Gezeter hinter verschlossenen Türen hat etwas Magisches, Unerreichbares. Dort trainieren sie ihre Kunstfertigkeit zur Perfektion, befürchte ich.

Also kündigte ich eines Tages meiner Freundin an, dass ich am kommenden Freitag bis spät in der Nacht mit meinen Kumpels unterwegs sein würde.

»Und übrigens«, erwähnte ich, »es gibt hier noch drei Flaschen Prosecco rosé und eine frische Quiche Lorraine mit Pecorino-Streuseln vom Delikatessenladen, die sich aber nur bis morgen hält. Ich wollte sie eigentlich mit den Jungs bei der Pokerrunde verspeisen, aber wir treffen uns jetzt woanders.

Schade, dass ich alles morgen wegschmeißen muss.« Dann ging ich.

Aber bevor ich ging, ließ ich ein Aufnahmegerät unter dem Wohnzimmertisch laufen.

Als ich zurück kam war die Quiche weg, die drei Flaschen Prosecco auch, und die Kassette war voll.

Es fing ganz harmlos an. Vier Stimmen murmelten und kicherten. Eine meckerte über eine Frauenzeitschrift, dass sie nur noch Werbung und *product placement* sei, sie sprachen über Politik, irgendwas mit Afghanistan, dass Frauen über sowas sprechen, war mir neu. Ich rede mit meinen Kumpels jedenfalls nicht über sowas. Dann gab meine Freundin bekannt: »Das ist schon die zweite Flasche, wenn das mein Freund entdeckt!«

Es wurde gekichert. Dann war plötzlich Stille. Ich hörte, wie Gläser gehoben und eingegossen wurden. »Auf die Kerle!«

Eine schnaubte, die anderen prusteten. Sie stießen an. Dann ging es los. Ich lauschte aufmerksam und bald kristallisierten sich ihre beliebtesten Kritikpunkte heraus. Eines der wichtigsten Themen schien die Unfähigkeit der Männer zu sein, Aufmerksamkeit zu heucheln. Karen, deren kleiner Sohn zu Hause beim Papa schlief, erzählte folgende Geschichte:

»Ich habe neulich Schimmel im Flur entdeckt. Das ist sehr ungesund, also habe ich mich eines Nachts, nachdem der Kleine schlief, einfach mal hingesetzt und die Wände mit Essigwasser abgewaschen, und den Raum mitten im Winter drei Tage lang austrocknen lassen. Dafür habe ich sämtliche Schuhe und Schränke aus dem Flur geräumt. Und was macht der Mann als Erstes, als er hereinkommt? Er sieht nur einen leeren Raum. Na prima! Da kann er ja das frisch gehackte Holz von draußen, das noch total feucht ist, drin aufstapeln! Obwohl ich gerade versucht habe, alles trocknen zu lassen. Ich hab mir aber auf die Lippen gebissen, weil er sich ja immerhin Mühe gegeben hat. Nachts habe ich das Holz heimlich ins Wohnzimmer geschafft.«

»Männer denken nicht nach«, kommentierte meine Freundin und gab ebenfalls eine heitere, teilweise schockierende Anekdote über ihren Freund zum Besten, die ich aber an dieser Stelle nicht wiedergeben will.

Selbst dann, wenn eine Frau direkt vor ihm steht und ihn klar und deutlich anspricht, scheint ein Mann Verständnisschwierigkeiten zu haben. Dafür lieferte Alexa, die zu dem damaligen Zeitpunkt zwar ohne Freund war, aber vermutlich nicht lange bleiben würde, den Beweis:

»Meine Freundin wollte mit ihrem Freund an Silvester nach Berlin kommen. Weil meine Wohnung zu klein ist, wollten wir alle gemeinsam in der Wohnung meines Bruders feiern, die größer ist. Es wurde alles lang und breit durchdiskutiert und mit meinem Bruder genau abgemacht. Meine Freundin und ihr Freund würden bei ihm übernachten. Die plante auch schon alles, besorgte einen Babysitter, und ich hatte schon mal Böller für uns alle gekauft. Doch als ich meinen Bruder kurz vor Weihnachten besuchte, fragte er: ›Sag mal, Alexa, was machst du eigentlich Silvester?‹«

Die uns Männern eigene natürliche Abneigung gegen eine gepflegte Wohnung und deren Dekoration ist ebenso ein beliebtes Thema. So lautete jedenfalls Karens Meinung, die immer noch nicht mit ihrem Freund zusammenlebt, obwohl sie ein gemeinsames Kind haben:

»Mein Freund und ich streiten uns gerade darüber, wer zu wem zieht. Keiner will seine Wohnung aufgeben. Die Folge ist, beide Wohnungen sehen aus wie Sau. Ich schaffe es gerade so, meine eigene sauber zu halten, bei ihm sah es schon immer aus wie Kraut und Rüben. Ich räume bei ihm aber nur auf, wenn er nicht da ist, denn wenn ich das mache, wenn er da ist, gefällt ihm das oft nicht, wie ich das mache. Wenn er aber wiederkommt, und es ist aufgeräumt, freut er sich.«

Über das Sauberhalten der Wohnung hatte meine Freundin

auch eine Geschichte zu erzählen, die ein Schlaglicht auf den Charakter ihres Freundes warf, die hier aber nicht hingehört. Auch auf ihre eigene Erscheinung achten Männer laut Alexa erschreckend schlecht:

»Wenn Männer nur wüssten, wie das bei uns ankommt, wenn sie sich mit den Klamotten keine Mühe geben! Und noch was: Männer, die nicht tanzen können, können auch nicht küssen und sind schlecht im Bett!«

Ich begann mich zu fragen, was wirklich dahintersteckte, dass meine Freundin mich seit Jahren bittet, einen Tanzkurs mit ihr zu machen.

Ansonsten beschwerte sich keine der Damen darüber, dass Männer sich keine Mühe machen würden. Das hat mich doch überrascht. Nein, sie meckerten nur darüber, dass die Männer, wenn sie sich mal Mühe geben, alles falsch machen. Hier O-Ton Karen:

»Ich habe noch einen dicken Bauch von der Schwangerschaft, weil ich erst vor ein paar Monaten entbunden habe. Und er sagt dann sowas in der Art wie: ›Dein Bauch ist zwar dick, aber wenn ich mir Mühe gebe, kann ich ihn trotzdem sexy finden.‹ Er hält das für ein Kompliment! Jetzt schließe ich mich im Bad ein, wenn ich mich ausziehe.«

Über irreführende Komplimente konnte meine Freundin nur laut lachen. Die Beispiele, die sie anbrachte, sind aber für diesen Bericht nicht relevant. Beret jedoch konnte eine schöne Geschichte von mangelnder männlicher Sensibilität wiedergeben:

»Eine Freundin hat mir erzählt, dass sie schon lange Krach mit ihrem Mann hat – immer nur wegen Kleinigkeiten. Es fehlt ihr bei ihm die Achtsamkeit, die Spontanität, die Eigeninitiative, die Romantik. Dabei ist er ein toller Familienvater, verlässlich und sensibel. Aber in Beziehungsdingen halt faul. Wenn die Kinder weg sind und sie mal einen freien Abend haben, fragt sie ihn: ›Was machen wir heute?‹ Er: ›Fernsehen?‹ Und haut sich aufs Sofa. Sie: ›Warum hast du keinen Tisch im Restaurant bestellt?‹ Das treibt meine Freundin in den Wahnsinn, sie reizt ihn bis aufs Blut und beschimpft ihn, sogar vor den Kindern. Sie will ihn aufrütteln, damit er endlich reagiert. Aber es hilft nichts. Mein Lieblingsbeispiel, worüber sie zu meckern hatte: Er brachte ihr Blumen mit, das ist schon romantisch, aber sie waren lila. Lila! Und das in der Adventszeit, als sie alles in Rot und Gold dekoriert hatte!«

Insgesamt scheinen Männer der Kommunikation gegenüber gewisse Vorbehalte zu haben – speziell gegenüber der Kommunikation mit Frauen. Karen hatte da ein Beispiel:

»Männer wollen nicht reden! Der soll reden, reden, der Blödmann! Er muss oft irgendwas machen, was er nicht will, zum Beispiel seiner Mutter einen Gefallen tun, das regt ihn auf und macht ihm schlechte Laune, aber er sagt nichts, und dann kriege ich auch schlechte Laune. Dabei würde ich ihn ja verstehen, wenn er mir sagt, was Sache ist. Aber er sagt gar nichts, er macht es einfach.«

Damit hatte sie in ein Wespennest gestochen. Es scheint, dass das Thema Männer und Kommunikation ein ganzes Spektrum von einzelnen Unterproblemen aufweist. Alexa hatte sich dazu offenbar schon länger Gedanken gemacht:

»Frauen denken immer, wenn ihr Lover nicht reden will, heißt das, er liebt sie nicht. Wir empfinden das aber nur deswegen so, weil wir Frauen Schweigen bewusst als Missachtung einsetzen. Wir strafen mit Schweigen. Das wissen die aber gar nicht. Bei den Kerlen bedeutet Schweigen eher, dass es nix zu meckern gibt. Ich habe den Jungs auf der Arbeit schon erklärt: ›Wenn ich morgens ins Büro komme und nichts sage, dann heißt das, ich habe schlechte Laune.‹ Die Jungs darauf: ›Ach, wirklich?‹«

Männer scheinen einem allgemeinen Missverständnis aufgesessen zu sein: Dass Kommunikation grundsätzlich Schuldgefühle zur Folge hat, man also am besten so wenig spricht wie möglich. Alexas Beweisführung dazu:

»Wir gingen gerade ins Bett, und ich sagte: ›Ich habe ein Problem und würde gerne darüber reden.‹ Er: ›Nein, ich muss schlafen, gute Nacht.‹ Ich fragte ihn, was für ein Problem er denn damit hätte, mit mir noch einmal kurz zu reden, wenn mich was bedrückt? Da meinte er: ›Wenn ich müde bin, dann kann ich nicht mehr so gut argumentieren.‹«

»Er meinte wohl, wenn er müde ist, kann er sich nicht mehr so gut wehren?«, nuschelte meine Freundin und hickste. Zu diesem Thema hatte auch Karen etwas zu sagen:

»Er verspricht immer, irgendwelche Sachen im Haus zu reparieren, die er dann doch nicht schafft. Der sieht sein Kind und mich nur ein, zwei Tage in der Woche, weil er auswärts arbeitet. Ich sage schon gar nichts mehr, aber er kommt schon mit diesem Gesicht an, als ob ich etwas gesagt hätte. Dem ist das schlechte Gewissen ins Gesicht geschrieben. Dabei sage ich nichts mehr! Einmal schlug ich ihm am Telefon ganz freundlich vor: ›Hör mal, du arbeitest zu viel, nimm doch einfach mal ein bisschen frei, du musst dich doch auch mal pflegen, leg mal die Beine hoch, lass uns einen schönen Tag machen‹. Da wurde er sauer und sprach drei Tage nicht mit mir.«

Je länger ich zuhörte, desto mehr fiel mir auf: Wenn Frauen über Männer meckern, meckern sie oft darüber, dass die Männer über sie meckern. Zum Beispiel darüber, dass Frauen so viel meckern, so Alexa:

»Männer nörgeln ständig an dir rum, nennen das aber ›berechtigte Kritik‹. Wenn es aber umgekehrt ist, wenn Frauen berechtigte Kritik üben, dann ist das ganz schnell Nörgeln.«

Mindestens drei von ihnen seufzten.

»Sie glauben, wir bilden uns bloß ein, wenn wir Schmerzen haben«, schimpfte Beret. »Ich bekomme total schnell Blasen, das passiert mir auch mit Schuhen, die ich schon lange trage.

Mein Mann sagt dann gern: ›Andere Frauen laufen auch in hohen Schuhen, das bildest du dir ein.‹ Dabei bluten mir schon die Füße!«

Auch das bekannte Insektenanziehgefälle zwischen Männern und Frauen brachte sie zur Sprache: »Wenn es Mücken gibt, kommen die immer zuerst zu mir, ich versuche die abzuwehren, will eine Jacke, will reingehen, er sagt: ›Wieso? Zu mir kommen keine.‹ Abends dann ist er erstaunt, dass ich total zerstochen bin.«

Ähnlich verhält es sich mit der weiblichen Beziehung zur Natur:

»Sie sind genervt, weil du nicht mal spontan bei dreißig Grad und gleißender Sonne mit ihnen zum Strand rennen willst, weil du erst ein paar Minuten brauchst, um dich mit Sonnenschutz einzucremen«, so Beret, die zunehmend gereizter klang. »Wir haben einen anderen Hauttyp! Das verstehen sie nicht! Dass wir lieber Vorsorge treffen wollen, um dann entspannt mit ihnen zusammen sein zu können, halten die für verschwendete Zeit. Dann werfen sie uns vor, wir wären nicht spontan genug.«

Ich muss gestehen: Je mehr sie sich darüber beschwerten, wie wir Männer über sie nörgeln, desto erleichterter wurde ich. Denn ich hatte befürchtet, dass wir Männer ihnen in Sachen Mosern nicht das Wasser reichen können. Weit gefehlt!

»Genau wie beim Sex«, schnaubte Alexa zum Thema Spontanität. »Das größte Problem zwischen Mann und Frau ist, dass eine Frau immer etwas länger braucht als er, sowohl im Bad als auch im Bett. Obwohl es auch Männer gibt, die lang im Bad brauchen …«

Gelächter ertönte, und Beret mokierte sich darüber, dass »sie nölen, wieso du schon wieder zwei Stunden mit der Freundin telefonierst …«

»Warum du nie dann Hunger hast, wenn er grad Hunger hat …«, warf Alexa ein.

»Einerseits heißt es: ›Meinst du wirklich, dass du jetzt noch was von dem Sahnepudding nehmen solltest?‹«, grollte meine Freundin.

»Und dann wieder: ›Och Mensch, du gehst nie spontan abends noch mit mir zum *All-you-can-eat*-Buffet‹«, grummelte Beret. »Männer führen dich erst in Versuchung mit der Esserei, aber wollen dann, dass du dich doch beherrschst.«

»Männer wollen nicht, dass man von ihren Tellern nascht«, murmelte Alexa bitter.

»Ich frage: ›Gibst du mir was von deiner Pizza ab? Dann geb ich dir was von meiner‹«, berichtete meine Freundin. »Er sagt: ›Nur wenn was übrigbleibt.‹ Das heißt also nein.«

»Für Frauen ist gemeinsam essen und das Essen teilen eine soziale Angelegenheit«, sagte Alexa. »Meine Mutter würde das beste Stück Fleisch für ihre Kinder und ihren Mann hergeben, das wäre kein Problem für sie. Männer brauchen das eher für sich, das ist vielleicht evolutionär bedingt.«

Das war offenbar ein wichtiges Thema, nicht nur nörgeltheoretisch, sondern auch ganz konkret: Ich hörte sie gemeinsam murren und knurren, bis eine der Freundinnen fragte: »Wann ist eigentlich das Essen fertig?« Kurz darauf hörte ich das Geschirr und Besteck klappern und wusste, dass meine Freundin den Tisch deckte.

»Die Quiche ist fertig!«, rief Karen.

Danach kamen keine verwertbaren Nörgeleien mehr.

Allerdings brauchte ich auch nichts mehr hören, denn mir war irgendwo mittendrin etwas Rätselhaftes aufgefallen, etwas, was meine Freundin geäußert hatte. Sie tuschelten über allerlei, was ich nicht genau verstand, dann flüsterte sie: »… Nörgel-Experiment … Eric darf das nicht wissen … Tagebuch …« Dann vernahm ich gar nichts mehr. Irgendwas war runtergefallen.

Nörgel-Experiment? Davon hörte ich zum ersten Mal.

Bevor sie wieder nach Hause kam, durchsuchte ich ihr Zimmer. Und tatsächlich, ich fand ein Heft und darin ein paar Seiten vollgekritzelt mit persönlichen, erstaunlichen Notizen. Die will ich Ihnen nicht vorenthalten.

Das Papier duftete übrigens dezent nach Quiche Lorraine.

14 ½. Meine geheime Nörgel-Diät
Tagebuch eines gewissenlosen Experiments

Er glaubt, ich kriege es nicht mit, aber Eric schreibt ein Buch übers Nörgeln. Ich höre ja seine ständigen Telefoninterviews mit Psychologen und solchen Leuten. Der Mann scheint Nörgeln für einen unersetzlichen Bestandteil menschlichen Miteinanders zu halten. Das macht mir schon ein bisschen Sorgen, und ich frage mich: Wie steht es mit mir? Ich will wissen, wie es sich ohne lebt. Ich habe mich entschlossen, ein Experiment zu machen, ohne ihm davon zu erzählen: Ich will mich zwei Wochen lang nicht beschweren, über nichts, bei niemandem. Egal, wie sehr ich provoziert werde.

Tag 1
Langweilig! Es ist verdammt langweilig, wenn man sich nicht über irgendwas beschweren kann. Eine anständige Beschwerde ist manchmal das einzig Aufregende am ganzen Tag. Da kommen immerhin echte Gefühle ins Spiel: Frust, Wut, Zorn, verletzter Stolz. Was gibt's sonst? Ein Einkauf bei Aldi? Ein Spaziergang im Park? Drei Stunden *CSI* hintereinander? Alles nicht halb so aufregend. Wo bleiben die großen Gefühle?

Tag 2
Nur weil ich aufgehört habe zu nörgeln, heißt das nicht, dass er aufhört.

Tag 3

Heute Morgen sah das Waschbecken mal wieder aus wie Sau. Voller Bartstoppeln, der Spiegel mit Zahnpasta verziert. Wie oft habe ich ihn gebeten, hinterher sauberzumachen? Ich putze es nicht mehr, weil ich keinen Bock habe, immer die Einzige zu sein, die das tut.

So langsam sehe ich auch die Nachteile: Seit drei Tagen stelle ich keine Forderungen mehr, jedenfalls nicht an ihn. So war das nicht geplant. Zwar nutzt es nix, wenn ich ihn darauf hinweise, dass er auch mal aufwischen könne, doch normalerweise sage ich es trotzdem. Irgendwie hat es sich über die Jahre so eingeschlichen, dass Eric jede Forderung als eine Nörgelei versteht. Selbst wenn ich um etwas bitte, das eigentlich vereinbart war. Ich sage höflichst: »Könntest du vielleicht mal den Müll rausbringen?« Er hört: »Versager! Elender! Kannst du nicht mal ein einziges Versprechen einhalten?« Also halte ich meinen Mund. Warten wir's ab. Vielleicht fällt es ihm ja doch noch auf, die Sache mit dem Waschbecken. Er ist ein Mann, aber er ist nicht blind.

Tag 4

Das war jetzt eine Überraschung. Heute habe ich gemerkt, wie schwer es ist, sich zu ärgern, wenn man sich nicht beschweren kann. Ich dachte immer, man beschwert sich, weil man sich eben ärgert, dass der Ärger zuerst kommt und danach die Beschwerde. Heute früh war es genau umgekehrt.

Ich schlurfte schlaftrunken in die Küche und die Milch war alle. Normalerweise würde ich jetzt in Erics Zimmer stürmen, wo er am Computer sitzt, neben sich seine riesige Tasse Milchkaffee, den er mit der letzten Milch im Haus fabriziert hat, obwohl er doch genau weiß, dass ich es ohne meinen Milchkaffee nicht mal unter die Dusche schaffe, und ihn anschnauze, warum er mir nicht wenigstens einen Teelöffel Milch übrig gelassen hat. Heute dachte ich: war bestimmt ein Versehen von ihm. Also warf ich mir irgendwas über und ging ungeduscht und ungeschminkt zum Laden und holte mir Milch. Das hatte ich noch nie getan.

Dafür durfte ich mich über Erics Gesichtsausdruck amüsieren – er schlich den ganzen Vormittag auf Zehenspitzen herum, und als ich immer noch nicht wegen der Milch explodieren wollte, wusste er gar nicht, was er tun sollte.

Tag 5

Vor allem in größerer Gesellschaft kann es aber auch nervig sein.

Heute Abend saß ich mit Freunden zusammen. Ständig beschwerten sie sich über den letzten Scheiß. Ich saß da und konnte nicht mitmachen. Wenn ich etwas Positives sagte, guckten sie mich komisch an. Überhaupt fällt mir erst jetzt auf, wie viel genörgelt wird. Es ist eine echte Nörgel-Umweltverschmutzung im Gange, wo ist der Politiker, der etwas dagegen unternimmt?

Da war ein befreundetes Pärchen dabei, Marke Hobbyschriftsteller. Er laboriert schon eine ganze Weile an einem Roman herum, sie sollte sein Werk immer wieder für ihn lektorieren, hat aber keine Zeit mehr. Jetzt gibt er einer Freiberuflerin ein bisschen Geld dafür. Als das Gespräch darauf kam, warf sie ihm, ohne einmal Luft zu holen, in einem einzigen Satz gleich fünf Beleidigungen an den Kopf, und das mit einem Lächeln, als ob sie ein Witz erzählte: »Hättest du mir kein Kind angehängt, hätte ich ja dein Buch umschreiben können, aber jetzt musst du Geld ausgeben, das wir nicht haben, um jemand anders dafür zu engagieren, der das viel schlechter macht als ich.« Wow! Seine Vaterschaft, sein Schreibstil, seine Versorgerfähigkeiten – alles in einem Satz brutal abgekanzelt. Ich bin sicher, sie würde es nie übers Herz bringen, ihm diese Dinge direkt zu sagen, aber so ganz nebenbei, als Stichelei, das ging.

Nur einmal am dem Abend brach es aus mir heraus, ich konnte nicht anders: »Jetzt hört mal auf zu jammern!« In dem Augenblick, in dem ich es sagte, wusste ich, dass ich zu weit gegangen war. Meine Freunde guckten kurz betreten, sagten aber nichts. Drei Minuten später war alles vergessen, und die Jammerei ging weiter.

PS.: Heute hatte ich das Gefühl, dass der Haufen schwarzer Herrensocken am Fußende des Bettes sich bewegt hat.

Tag 6

Noch etwas fiel mir auf: Man muss sich nicht immer den Tag mit eigenem Gemecker versauen, man kann ihn sich auch durch die Nörgelei anderer verderben lassen. Sogar dann, wenn man gar nicht dabei war!

Eric besuchte gestern Abend, als ich unterwegs war, einen Freund nebst Frau und Kleinkind und geriet mitten in einen Streit über die Lautstärke des spielenden Radios, der sich noch ausweitete, als die Frau das Radio komplett ausmachte. Daraufhin rannte ihre zweijährige Tochter wutentbrannt – nein, nicht auf ihre Mutter, sondern ihren Vater zu und schlug ihn, nach dem Motto »Papa ist an allem schuld«.

Im Zeitraffer sah mein Freund das ansonsten reizende Mädchen heranwachsen und alles Unangenehme, was ihr je widerfahren würde, auf das Verhalten von Männern zurückführen. Sie würde ihnen die Schuld für alles in die Schuhe schieben, sie ihr ganzes Leben lang fertigmachen. Geknickt schlich er nach Hause. Er fühlte sich so schlecht. Er hatte doch gar nichts getan! Ich merkte das, als er ankam. Noch heute, den ganzen Tag über schenkte er mir desillusionierte, finstere Blicke. Dabei hatte ich auch nichts getan! Aber ich beschwerte mich nicht.

PS.: Das Waschbecken ist so gut wie nicht mehr benutzbar.

Tag 7

Heute wollten wir zu einer Party gehen, aber ich hatte keine große Lust, ich war müde und dazu war es einer dieser Tage, wo man einfach in allem, was man im Kleiderschrank hat, doof aussieht. Alles, was ich hatte, ging mir auf den Keks. Im Grunde brauchte ich einfach ein neues Kleid, und ich wollte gerade sagen, ich komme nicht mit, ich hab nichts anzuziehen, als ich merkte: Das ist Rumgenöle. So hatte ich das noch nie gesehen: Ich maule darüber, dass ich kein anständiges Kleid habe und beweise es auch gleich damit, dass ich zu Hause bleibe. Ich habe kurzerhand eine Hose angezogen, wir gingen los, und es war wunderbar. Ich war danach so froh, dass ich mich aufgerafft hatte.

Tag 8

Eric blüht zusehends auf, weiß aber nicht genau, warum. Es geht ihm natürlich besser, seitdem ich nicht mehr herumnörgle, aber er schiebt es auf äußere Einflüsse. Er glaubt, es hat etwas damit zu tun, dass diese neue DVD-Serie endlich eingetroffen ist, die wir jetzt abends immer anschauen. Sie handelt von einem Macho-Arschloch-Schriftsteller in LA, der beziehungsunfähig und dazu ein Frauenheld ist – es fällt übrigens auf, dass er in keiner einzigen Szene die Bartstoppeln aus dem Waschbecken wischt – das gefällt Eric. Ich würde ihm so gerne sagen, woher seine gute Laune wirklich kommt und schauen, wie er reagiert, aber ich kann es nicht, solange das Experiment läuft.

PS.: Ich kann mich im Badezimmerspiegel nicht mehr erkennen. Schminke mich jetzt im Flur.

Tag 9

Ich bemerke eine neue, merkwürdige Leichtigkeit, die den Tag bestimmt. Fühle mich grundlos heiter. Das hatte ich schon seit Jahren nicht mehr. Um zu nörgeln, muss man jede Kleinigkeit ernst nehmen; wenn man nicht mehr nörgelt, muss man über Kleinigkeiten lachen. Ich bin zuweilen sogar leicht euphorisch, obwohl es keine Erklärung dafür gibt.

Es macht Spaß, ein Geheimnis zu haben. Das Leben scheint auf einmal so übertrieben freundlich zu sein. Schon morgens merke ich, wie angenehme Gefühle den Platz einnehmen, den bis jetzt die ständige Nörgelbereitschaft besetzt hielt.

Heute Morgen beim Frühstück sprach er es an: »Was ist mit dir? Bist du okay?«

»Wieso?«

»Du bist irgendwie anders. Warst du beim Friseur?«

Ich lachte und küsste ihn, und er runzelte sorgenvoll die Stirn. Ich glaube, er denkt, jetzt ist es soweit, sie hat einen anderen.

Den ganzen Tag schaute er mich merkwürdig an. Ich glaube fast, er hat's kapiert. Jetzt muss er nur noch von selbst auf die Idee kommen, dass er ein bisschen was im Haushalt tun könnte, wie er versprochen hat. Ich fühle mich zunehmend wie ein buddhistischer Mönch. Wenn nicht mehr dazu nötig ist, spirituell zu leben, als auf die Nörgelei zu verzichten, könnte ich das auch.

Tag 10

Andererseits, es gibt schon ein Unterschied zwischen mir und einem buddhistischen Mönch. Mönche werden immerhin von allen bewundert. Alle finden sie cool. Filmstars besuchen sie und setzen sich für sie ein. Ich aber – niemand weiß, was ich hier durchmache. Richard Gere jedenfalls wird nicht jeden Moment auftauchen und zu Eric sagen: »Hey, Buddy, schau, was deine Freundin für dich durchmacht.«

Heute Morgen kam es ganz dicke. Ich hatte eine Vase bei einem eBay-Händler ersteigert, und sie kam kaputt hier an. Ich rief ihn sofort an, aber er wollte sie mir nicht ersetzen. Er hat mich am Telefon nur ausgelacht und aufgelegt. Dreimal hintereinander. Ich hatte stundenlang einen dicken Kloß im Hals vor

Ärger. Mein Körper gab mir deutlich zu verstehen, dass, wenn er schon mal massenhaft Adrenalin ausgeschüttet hat, dies auch irgendwo hinmüsse. Heute war da nichts mit »den Ärger einfach ausschalten.« Ich ging ins Badezimmer und klatschte mir kaltes Wasser ins Gesicht. Dann habe ich versucht, mich selbst im Spiegel ein bisschen aufzumuntern: »Du schaffst das, durchhalten, nicht aufregen …« Es half nicht besonders, vielleicht weil ich im Spiegel mit den Zahnpastaflecken aussah, als hätte ich eine schlimme Pigmentstörung. Meine einzige Hoffnung war, dass Eric heute endlich merkt, was los ist, und mir hilft, die Wohnung wieder ein bisschen auf Vordermann zu bringen. Das wäre echt der richtige Tag dafür.

Und tatsächlich: Er hat etwas bemerkt und etwas getan. Nur nicht das, was ich wollte. Am Abend kam er wieder mit einem Strauß Blumen.

Zu allem Überfluss begann er, mir Avancen zu machen. Er dachte wohl: Kein Nörgeln + Blumenstrauß = Sex.

»Nicht. Heute. Liebling. Ich. Habe. Kopfschmerzen.«

»Och komm«, sagte er. »Du kannst doch auch mal was für die Beziehung tun.«

Das war's.

Ich schrie. Ich schrie ihn an, wie ich ihn noch nie angeschrien habe. Ich nannte ihn einen unsensiblen, blinden Klotz, der überall seine Bartstoppeln verteilt, und überhaupt, putzt der Mann sich die Zähne mit einer Zahnbürste oder einem Propeller? »Und noch was! Das Experiment ist hiermit vorzeitig beendet!« Mir doch egal, dass er nicht wusste, wovon ich sprach. Dann schmiss ich ihm die Blumen an den Kopf, marschierte ins Bad und putzte bis drei Uhr morgens.

Als ich wieder rauskam, schlief er.

Das war das Ende meines Experiments.

Hätte nicht gedacht, dass es so schwer ist, nicht mehr zu nörgeln!

Sich einfach nicht mehr zu beschweren, reicht nicht. Die alten Instinkte fordern ihr Recht. Ein neues Hobby muss her, eine Alternative, eine neue Religion. Irgendwas. Ansonsten ist man schnell in Gefahr, aller Missachtung und jedem Blödsinn gegenüber so freundlich zu bleiben, bis man sich wie ein Fußabtreter fühlt. Verdammt, es war leichter, mit dem Rauchen aufzuhören!

Alleine ist das nicht zu schaffen.

Die folgenden zwei Tage meckerte ich zwar nicht mehr, aber nicht aus Absicht, sondern weil ich mit Migräne im Bett lag.

15. Dem Liebsten die Leviten lesen

Wie mäkel ich mir den perfekten
Partner zurecht?

Das Nörgel-Tagebuch meiner Freundin hatte mich arg mit-
genommen. Beinahe hätte sie das Meckern ganz aufgegeben!
Was würde aus unserer Beziehung werden, wenn es ihr eines
Tage noch gelingt? Hätte ich dann überhaupt keinen Einfluss
mehr auf sie? Ich musste etwas unternehmen, und zwar sofort.

Ich rief noch einmal Eva Jaeggi an, und fragte sie, was Nörgeln in einer Beziehung überhaupt für eine Rolle spielt.

»Unter anderem ist es auch eine Form der Kontaktauf-
nahme«, meinte sie. »Es fungiert als Kontakt, wie ein Kind,
das Aufmerksamkeit will und deshalb immer Schwierigkeiten
macht. Vom Grundtenor her ist es also positiv, aber es ist das
falsche Mittel.«

Ich mochte ihren Ansatz: Nörgeln ist also eigentlich im Kern
romantisch. »Aber wieso soll es denn das falsche Mittel sein?«,
hakte ich nach. »Wenn ich meine Freundin anmeckere, mault
sie zurück, dann wird gestritten, und das wird schon leiden-
schaftlich, glauben Sie mir.«

»Es ist falsch, weil es das Ziel verfehlt«, sagte sie. »Derjenige,
der immer wieder bekrittelt wird, zieht sich zurück. Der andere
merkt das und will den Kontakt wieder herstellen und wählt
dummerweise den falschen Weg, indem er nörgelt. Damit treibt
er den anderen noch weiter weg.«

Ich rief auch noch einmal die Paartherapeutin Simone
Schmitt an. Sie musste ebenfalls zugeben, dass Nörgeln ein Zeichen von Liebe sein kann.

»Es stimmt schon«, räumte sie ein. »Solange man nörgelt, so

lange ist einem der andere nicht egal. Wenn man damit aufhört, ist es vielleicht schon ein Zeichen von Gleichgültigkeit. Nur, das Problem ist: Nörgeln ist negative Kommunikation, und wenn man sich mehr negative als positive Dinge zu sagen hat, wenn man kaum noch lobt oder Komplimente macht, geht das Stimmungsbarometer nach unten und die Partnerschaft ist gefährdet. Niemand will nur negativ leben.«

»Also ich kenne Leute, die sich in einer positiven Stimmung überhaupt nicht wohlfühlen würden«, wandte ich ein. Da war eine Pause am anderen Ende der Leitung. »Ich spreche nicht von mir«, versicherte ich eilig.

»Oft trägt der Nörgler eine Grundunzufriedenheit mit sich herum und der Partner ist ein willkommenes Ziel für den schwelenden Groll gegen die Welt«, war Jaeggis Meinung zum selben Thema. »Es gibt Menschen, die immer einen Grund suchen, missmutig zu sein. Die sind oft schon als Kinder immer unzufrieden. Das hat man gelernt, dass man sich nicht wohlfühlt in der Welt, dass man den Menschen nicht trauen kann, dass sie einem nur Schlechtes entgegenbringen. So etwas höhlt eine Beziehung aus.«

Ich muss sagen, ich fand diese Paartherapeuten ein wenig zu negativ für meinen Geschmack. Zuspruch, das war es, was ich jetzt brauchte. Ich suchte Schützenhilfe bei Fritz B. Simon, Psychoanalytiker in Berlin, Professor an der Uni Witten/Herdecke und Autor von *Tödliche Konflikte: Zur Selbstorganisation privater und öffentlicher Kriege.*

»Erstens«, stellte Simon klar, als ich ihn anrief, »hilft das Meckern nicht bei Problemen, und zweitens verbessert es die Qualität der Beziehung nicht. Die Emotionen, die damit verbunden sind, sind nicht positiv. Weder der Nörgler noch der Angenörgelte fühlen sich gut dabei. Man ist nicht zufrieden, wenn man rummosert. Meist fühlt man sich hilflos und denkt nicht, dass man in der Lage sei, etwas zu ändern. Wenn man sagt, ›die Situa-

206

tion ist schrecklich, aber ich kann sie ändern‹, ist man Täter. Als Nörgler ist man Opfer. Hinzu kommt, dass Nörgeln in Paarbeziehungen so abläuft: einer beschwert sich und der andere muss zuhören. Einer ist unzufrieden und der andere soll es ändern. Meist tut der andere das aber nicht. Und wenn er doch mal etwas ändert, weil man genörgelt hat, ist das auch nicht genug. Nörgeln ändert nichts und ist deshalb nur destruktiv.«

»Aber Sie müssen zugeben, dass Meckern ein Paar auch enger zusammenbringen kann«, argumentierte ich. »Die besten Momente in meiner Beziehung sind die, wenn meine Freundin und ich gemeinsam über das völlig durchgedrehte Finanzamt schimpfen oder über die Nachbarn, die mitten in der Nacht an die Wände klopfen, wenn wir uns in aller Ruhe streiten wollen oder über gewisse Telekommunikationsdienstleister, die ihre Dienste billig anbieten und dann, wenn man sie braucht … Hallo? Hallo?«

Die Leitung war tot. Es dauerte eine Weile, bis die Verbindung wiederhergestellt war.

»Es stimmt schon, wenn man von Feinden umzingelt ist, das bindet aneinander«, räumte Simon ein, als ich ihn wieder an der Strippe hatte. »Auch ein Kind oder ein zu teures Haus bewirken das. Man schafft ein gemeinsames Problem, das schweißt ein Paar zusammen. Aber auch da ist der Effekt, dass man Nörgeln nur als sporadische Entlastung benutzt, ohne das echte Problem anzufassen. Wie hilfreich ist es wirklich auf lange Sicht, das schlechte Wetter zu dämonisieren?«

»Also, ich bin sicher, wenn ich nicht mehr nörgeln würde, würde meine Freundin denken, ich hätte eine andere. Ich glaube, sie mag es wirklich.«

»Ich hatte mal eine Frau bei mir in Therapie«, meinte Simon, »die glaubte, sie stehe kurz davor, ihren Mann totzuschlagen, weil er nur noch nörgelte. Ich fragte sie, wie realistisch das sei, und sie sagte, ›die Wahrscheinlichkeit liegt bei hundert Prozent‹.

Dann fragte ich, wie hoch die Wahrscheinlichkeit sei, wenn sie beide konsequent eine Paartherapie machten. Da meinte sie, ›fünfundneunzig Prozent‹.«

Ich wischte mir den Schweiß von der Stirn und fragte mich, ob meine Freundin mir wirklich alles sagt, was sie so denkt.

»Und?«, fragte ich. Ich wollte wissen, was dann passierte, aber er ließ mich zappeln.

»Nörgelnde Menschen kriegen den Partner, den sie verdienen«, fuhr er fort. »Man kreiert ihn selbst. Wenn der Mann zum Baumarkt geht und die Frau sagt, sei bitte in fünfzehn Minuten wieder da, dann ist das geradezu eine Einladung, zu trödeln. Man weiß, wie man den anderen ärgern kann. Die Frau nörgelt und weiß ganz genau, dass ihn das ärgert; er trödelt und weiß ganz genau, dass sie das ärgert. Nach dem Motto: Wie schaffe ich, dass mein Partner das Verhalten zeigt, dass ich an ihm hasse?«

»Wollen Sie damit sagen, dass man seine Partnerin nur zum Schlechten verändern kann und nicht zum Guten?« Ich war ehrlich schockiert. Wenn einer es nur gut meinte, dann ich!

»Man muss erstmal einsehen, dass man mit Nörgeln nicht weiterkommt«, sagte Simon knallhart. »Der zweite Schritt ist, etwas anderes zu probieren, um das zu erreichen, was man will. Wann hat der Partner schon mal etwas getan, was man wollte, und was hat damals dazu geführt? Sie können die Voraussetzungen dafür wieder schaffen. Sie können bitten, aber nicht fordern. Wenn man über einen Fehler des anderen nörgelt, sagt man damit, dass es um ein grundsätzliches Charakterdefizit geht: ›Du bist ein schlechter Mensch, weil du das tust.‹ Das wirkt nicht. Wenn der eine den Richter spielt und sich über den anderen aufschwingt, das macht keiner mit, das kann man vergessen.«

Ich verspürte leichte Panik in mir aufsteigen. Irgendwoher kannten diese Leute meine Tricks.

»Oft entsteht eine Art Trotz«, betonte Eva Jaeggi, als ich ihr die gleiche Frage stellte. »Wenn der Partner immer auf eine bestimmte Weise abgewertet wird, macht er erst recht, was den anderen ärgert. Es geht ja oft um Kleinigkeiten, die man ändern könnte, wenn man wollte. Man behält sie aber aus Ärger über den anderen bei. Oder wann haben Sie das letzte Mal Ihre Socken aufgehoben?«

Ich fühlte mich ertappt. »Das ist jetzt aber ein bisschen sehr persönlich«, murmelte ich. »Obama hat auch immer seine Socken rumliegen lassen, sagt Michelle, und schauen Sie, wie weit er es gebracht hat.«

Auch Monika Stützle-Hebel hatte etwas zu dem Thema zu sagen. »Ich kenne eine Paarbeziehung, in der diese traditionellen Rollen umgekehrt sind«, berichtete sie. »Sie ist schlampiger als er, findet er. Er versucht mit allen möglichen Mitteln, sie zu erziehen. Er macht Zeitpläne mit ihr aus: Während er auf der Arbeit ist, soll sie dies oder jenes machen. Sie aber hat ihr Kind zu betreuen, und ein Kind ist immer eine gute Ausrede. Es gibt tausend Gründe, warum sie den Zeitplan nicht einhält, bis auf den einen, dass sie keine Lust hat. Die Tatsache, dass er den Zeitplan macht, ist letztendlich die Ursache, warum sie es nicht tut. Sie will nicht von ihm erzogen werden.«

»Was heißt hier erziehen«, wiegelte ich ab, »ich will doch meine Freundin gar nicht erziehen, ich will nur, dass sie alles tut, was ich von ihr erwarte. Das ist doch nur vernünftig.«

»Viele gehen eine Beziehung nach dem Hoffungsprinzip ein«, erklärte sie, »nach dem Motto: ›Er wird sich noch ändern‹, soll heißen, ›ich werde ihn noch ändern.‹«

»Na ja«, sagte ich. »Das kann ich auch verstehen. Jeder braucht Ermunterung und Unterstützung, wenn er ein großes Ziel erreichen soll. Wenn eine Frau zum Beispiel nicht gerade eine Angelina Jolie ist, da braucht sie einen Mann, der ihr den Weg dahin zeigt. Ich selbst versuche seit vielen Jahren, meiner Freundin den Weg dahin zu weisen.«

»Das mögen aber andere Menschen nicht«, meinte sie. »Mit

solch einer Idee – du sollst dich ändern, um mir zu gefallen –, stelle ich mich automatisch über den anderen. Er soll sich anstrengen und auf mein Niveau kommen. Ich verlasse die Augenhöhe. Der andere spürt das Ungleichgewicht und versucht, die Balance wieder ins Reine zu bringen. Nicht aber, indem er dem Wunsch des anderen nachkommt, sondern indem er heftig Widerstand leistet. Das ist die Schleife, die das Nörgeln erzeugt. Man versucht immer hilfloser und immer nörgelnder, den anderen zu verändern.«

»Was heißt hier hilflos?«, bemerkte ich. »Immerhin sage ich, was ich will. Just letzte Woche habe ich ihr gesagt, sie soll eine Brustvergrößerung vornehmen lassen, und ich habe ihr auch eine Broschüre hingelegt, wo man sich ganz billig in Rumänien die Beine verlängern lassen kann … Wer will schon sein Leben lang immer zu anderen aufschauen müssen? Aber ich habe ihr auch gesagt, sie soll ruhig nur mit der Brustvergrößerung anfangen, wir wollen nichts überstürzen. Ich bin kein Unmensch.«

»Wie lange arbeiten Sie schon an diesem Projekt?«

»Seit wir uns kennen – ist ein paar Jahre her …«

»Und, hat es bis jetzt was gebracht?«

»Ich glaube, ich bin meinem Ziel näher als je zuvor.«

»Das Paradoxe daran ist, dass der andere sich widersetzt, und indem er das tut, schafft er keine Balance, sondern ein neues Ungleichgewicht«, sagte Stützle-Hebel. »Etwa: ›Ich bin die Stärkere, weil er sich an mir die Zähne ausbeißt. Sein Nörgeln ist ein Beweis, dass er es nicht schafft, mich zu ändern.‹«

Da war was dran. Die Broschüre lag immer noch da, wo ich sie hingelegt hatte, aber jetzt waren Schnurrbärte an alle darin abgebildeten Ärzten angemalt.

»Ich hatte einmal ein Paar in Behandlung, das dreißig Jahre verheiratet war«, erzählte mir Fritz B. Simon. »Er hat gern getrunken, und sie hat sich darüber aufgeregt und immer wieder an ihm herumgenörgelt. Ich fragte sie: ›Wann haben Sie beschlossen, Ihren Mann vom Trinken abzubringen?‹ Sie sagte: ›Dreißig Minuten, nachdem wir uns kennengelernt hatten.‹ Und das versucht sie nun seit dreißig Jahren.«

Das machte mir Hoffnung. »Ich bin erst seit fünfzehn Jahren dabei«, sagte ich. »In weiteren fünfzehn könnte ich es schaffen.«

Meine Paartherapeuten waren skeptisch.

»Sie werden sowieso nur das von ihr bekommen, was sie freiwillig gibt«, behauptete Simon. »In Paarbeziehungen ist es nicht möglich, den anderen zu ändern. Nur sich selbst kann man ändern.«

»Aber mit mir selbst bin ich ja eigentlich zufrieden«, sagte ich.

»Und sie ist mit sich zufrieden«, meinte er. »Wenn man damit nicht leben kann, muss man sich Konsequenzen überlegen und einen anderen Partner suchen. In einer Paartherapie würde ich fragen: ›Was würden Sie tun, wenn durch einen Gentest bewiesen ist, dass er sich nicht ändern kann? Sich trennen?‹ Die meisten sagen, na ja, er schmeißt halt die Socken auf dem Boden, so schlimm ist das nun auch wieder nicht, dass ich deswegen gehen würde.«

Ich mochte die Richtung nicht, die dieses Gespräch nahm. »Aber wenn ich aus der Beziehung aussteige, muss ich bei der nächsten Frau wieder von vorn anfangen. In diese Beziehung habe ich schon soviel investiert. Ich bin so nah dran …«

Doch auch von den anderen Paartherapeuten konnte ich keine Hilfe erwarten.

»Eben das ist die Selbsttäuschung«, kommentierte Stützle-Hebel. »Man erwartet mehr vom Partner als von sich selbst. Man hat ja schon den Partner, den man verdient. Sie haben keine Angelina Jolie, weil Sie kein Brad Pitt sind.«

Das war ein Schlag unter die Gürtellinie. »Äußerlich vielleicht nicht«, gab ich zu, »aber auch innere Werte zählen. Innerlich bin ich schon wie Brad Pitt. Sogar besser.«

»Sie müssen akzeptieren, dass Sie nicht der Mann sind, der Angelina Jolie zur Partnerin haben kann«, wiederholte sie leicht besorgt.

Jetzt war ich völlig deprimiert. »Was sind Sie für eine Psychotherapeutin«, beschwerte ich mich. »Sollten Sie mich nicht aufbauen? Sollten Sie nicht mein Selbstbild aufpäppeln? Ist das nicht Ihr Job? Jetzt sagen Sie, ich soll akzeptieren, dass ich nie der Mann sein werde, der ich sein will!«

Fritz B. Simon legte sogar noch einen drauf. »Sie sind aber nicht der perfekte Partner. Niemand ist der perfekte Partner.«

»Sie wollen, dass ich meine Ziele und Träume aufgebe«, klagte ich. »Sie wollen, dass ich nicht nach den Sternen greife. Was ist das für eine Botschaft? Zu Hause in Amerika habe ich immer gelernt, dass man alles bekommen kann, was man will, wenn man sich nur anstrengt. Jetzt strenge ich mich schon fünfzehn Jahre lang an, und Sie wollen, dass ich aufgebe.« Von keinem der Therapeuten bekam ich eine Antwort. Ich winselte: »Das wäre doch eine Kapitulation.«

In dieser Hinsicht stimmten sie mit mir überein.

»Es ist schon eine Kapitulation vor der Realität, wenn man akzeptiert, dass der Partner nicht ist, was man will«, räumte Monika Stützle-Hebel ein. »Genau diese Idee, dass man den anderen zum perfekten Partner erziehen will, hat viel damit zu tun, was heute oft diagnostiziert wird: Dass wir im Zeitalter der Narzissten leben.«

Sie erklärte, dass uns heute von allen Seiten beigebracht wird, dass wir alles bekommen könnten und alles sein könnten, was wir wollen – »wenn wir nur fest genug daran glauben«, fügte sie an. Wir haben keine Ahnung von Management, meinte sie, wären aber besser als unser Chef, wenn man uns nur ließe; auf dem Fußballplatz kippen wir schon nach 20 Minuten um, aber was Ballack alles falsch macht, das wissen wir; es gibt nicht die klitzekleinste Andeutung, dass wir singen könnten, aber wir melden uns bei *Deutschland sucht den Superstar* an. Na gut, ich kenne in meiner Bekanntschaft zwar niemanden, der sich jemals bei *DSDS* angemeldet hat, dafür aber etliche, die sich nie mit einer Partnerin zufriedengeben würden, die nicht annähernd so aussieht wie ein Model. Dabei sehen sie selbst eher aus wie eine Mischung aus Alice Cooper und Fozzie Bär.

»Es ist schon kränkend zu merken, dass wir nicht die Götter sind, denen alles zufliegt«, sagte Stützle-Hebel mitfühlend. »Angelina Jolie können Sie aber nicht haben. Und Sie können erst recht nicht Ihre Partnerin dazu machen.«

»Jetzt haben Sie mir jede Hoffnung genommen«, murmelte ich.

»Das ist deprimierend, das stimmt, aber Sie werden nicht glauben, wie fröhlich Sie werden, wenn Sie das akzeptieren«, meinte sie munter.

Vielleicht hatte sie recht, immerhin war ich noch am Leben. Mir fiel die Frau wieder ein, die überzeugt gewesen war, sie würde ihren ewig nörgelnden Mann eines Tages noch totschlagen.

Ich fragte Fritz B. Simon, was aus ihr geworden war.

»Wir sprachen darüber«, antwortete er. »Ich habe genau abgefragt, wie die Eskalation zwischen den beiden immer entstanden ist, was die Stufen waren, was genau jeder Partner dazu beitrug. Man kann sich ja nur dann gegenseitig so auf die Palme bringen, wenn man den anderen gut kennt. Man weiß ganz genau, auf welche Knöpfe man drücken muss. Ist das einmal offengelegt, kann man einander beim nächsten Mal nicht mehr so leicht manipulieren. Der andere weiß, was man tut, und man selbst weiß es auch. Man steht darüber, und es macht keinen Spaß mehr. Man kann nicht mehr so tun, als sei man das Opfer, wenn man bewusst sieht, was man selber dazu beiträgt. Als den beiden klar wurde, wie das funktioniert, hatte die Frau keine Angst mehr, irgendwann auszurasten.«

»Wie lange hat das gedauert?«, fragte ich. Ich rechnete mit 15 Jahren.

»Drei Sitzungen«, sagte er.

Es war ein Fehler, diese Leute anzurufen. Sie hatten überhaupt kein Verständnis für Nörgler. Ich fragte mich, ob diese Anti-Nörgel-Einstellung Schule macht. Bei meinen Nachforschungen stieß ich auf einen beängstigenden Trend: Das war nur die Spitze des Eisbergs. Es existiert eine regelrechte Anti-Nörgel-Industrie.

16. Die Gute-Laune-Mafia

Wie skrupellose Geschäftsleute ehrliche
Bedenkenträger ausbeuten

Sie sollten wissen: Nicht alle schätzen ein kritisches Bewusstsein. Es gibt hinterlistige Menschen, die den Nörgelbemühun-
gen der restlichen Welt mit Beharrlichkeit und großer Raffinesse
entgegenwirken.

Bekanntlich gilt meine Heimat Amerika weltweit als Land
der Optimisten und Gutgelaunten. Dort haben Typen Hoch-
konjunktur, die die Chuzpe besitzen, etwas Neues auf die Beine
zu stellen, Ideen zu verfolgen, eisenhart ihr Ding durchzuziehen – allein bei dem Gedanken bin ich bereits erschöpft –, ohne
sich von Zweiflern, Bremsern und Neidern entmutigen zu lassen, so lange, bis alle um sie herum in ihren Grundfesten völlig
erschüttert sind.

Zwei meiner Landsleute haben diese perfide Bewegung los-
getreten. Dale Carnegie begann 1936 mit *Wie man Freunde gewinnt: Die Kunst, beliebt und einflussreich zu werden* und Norman Vincent Peale 1952 mit *Die Kraft positiven Denkens* abstruse
Theorien, wilde Phantasien und freche Lügen in zuckersüße Bücher zu verpacken, die das Blaue vom Himmel versprachen und
so naive, leichtgläubige Menschen vom Weg des wahren Nörgelns abbringen konnten.

Und was ist die Folge? Die absolute Verdummung Amerikas.

Der durchschnittliche Amerikaner ist auf Besorgnis erregende Weise intellektuell zurückgeblieben, hochgradig tumb,
ja erschreckend sorglos. Man merkt es schon an ganz alltäg-
lichen Dingen. Wenn man in Deutschland einer ganz gewöhnlichen Frau ein Kompliment macht, zum Beispiel, »das ist aber

ein hübsches Kleid«, würde sie sich schämen, das Kompliment anzunehmen, ohne es in anmutiger Weise intellektuell zu kommentieren: »Ach, das wollte ich schon lange zur Altkleidersammlung bringen«, um damit gleich ihren rein theoretisch überlegenen Geschmackssinn zu beweisen. Was für eine herrliche Einladung zu einem erfrischenden Disput! Was antwortet die Amerikanerin darauf? »Vielen Dank«! Ein Killerargument, das jedes Gespräch zum Erliegen bringt. Dümmer geht's nicht!

Noch heute folgen gewisse verantwortungslose Menschen dem Vorbild Dale Carnegies und Norman Vincent Peales: Uns erwächst gerade eine zweite Generation der Anti-Nörgler, und sie haben sich einiges einfallen lassen, um naive Menschen in ihre Fänge zu bekommen, selbst unter uns hier in Deutschland – Schlangen im Nörgel-Paradies!

Lange genug haben wir diese Typen geduldet. Irgendwann muss einer aufstehen und sagen: »Es reicht! Bis hierher und nicht weiter!«

Doch wer soll das machen, wenn nicht ich, der ich all ihre Tricks kenne? Also habe ich mich entschieden, drei dieser Menschen anzurufen, ihre verwerflichen Absichten zu entlarven, ihre Aussagen im Kern zu widerlegen, und sie öffentlich bloßzustellen.

Einer davon ist Ramona Wonneberger, die vor einigen Jahren ihr Anti-Ärger-Institut mit Büros in Leipzig und in Berlin gegründet hat. Sie betreibt seit 1996 eine Softwarefirma und seit 2005 parallel ihr Institut. Sie besucht vor allem Firmen und hält dort Seminare ab, in denen sie den Teilnehmern beibringt, sich nicht über jeden Scheiß zu ärgern. Sie macht ihren Opfern dabei ein wahnwitziges Versprechen: Wenn Sie es schaffen, sich weniger zu ärgern, werden Sie weniger Ärger haben.

»Hören Sie mal, Wonneberger, wenn das überhaupt Ihr richtiger Name ist«, sagte ich, als ich sie endlich am Telefon hatte: »Was bilden Sie sich eigentlich ein, ehrliche Nörgler zu bevormunden, und sie zu drängen, sie sollten aufhören, sich zu ärgern? Das ist doch ihr gutes Recht, das geht Sie doch nichts an.«

»Um Gottes Willen!«, sagte die Stimme am anderen Ende der Leitung. »Wenn Sie sich lieber ärgern wollen, dann ärgern Sie sich halt. Es ist Ihr Leben. Aber das Leben ist kurz. Wenn wir an die Himmelstür klopfen, werden wir nicht gefragt, ob wir Erfolg hatten oder Bäume gepflanzt haben, sondern: ›Wie viele Stunden da unten warst du glücklich?‹ Wenn ich mich ärgere, kann ich nicht gleichzeitig glücklich sein.«

»Das sagen Sie«, warf ich ein. »Ihr Gehirn ist vielleicht zu klein, um zwei Dinge gleichzeitig zu tun, meins aber nicht. Moment – darüber muss ich noch mal nachdenken.«

Sie ignorierte meinen Versuch, sie zu ärgern.

»Die gute Nachricht über Ärger ist: Ich kann es auch lassen. Ich sage meinen Seminarteilnehmern nie, ›ärgern Sie sich nicht‹. Ich sage nur, ›Sie haben die Wahl‹. Die meisten Leute denken ja, ich habe das Recht, mich zu ärgern; der andere soll sich ändern. Das kann auch durchaus so sein. Aber es ist unwichtig. Wichtig ist: Man hat die Wahl.«

»Was heißt, man hat die Wahl?«, plärrte ich erregt. »Es gibt auch Situationen, wo man nörgeln muss. Wenn etwas Falsches passiert, wenn Unrecht geschieht, muss der Nörgler seinen Finger auf die Wunde legen, sonst verliert die Gesellschaft jeden moralischen Anspruch. Dann herrscht das Chaos!«

»Es gibt durchaus Situationen, in denen es vielleicht was bringt, sich zu ärgern«, gab sie endlich zu. »Manchmal tut es gut, Luft abzulassen. Wenn die Wut wirklich da ist, Herr Hansen, und Sie sind nicht intelligent genug, damit umzugehen oder eine Lösung zu finden, dann ist es besser, Sie hauen irgendwas kaputt, als dass sie sich endlos ärgern.«

»Sie brauchen hier nicht persönlich werden«, warnte ich sie.

»Wissen Sie, in meiner Firma sage ich meinen Mitarbeitern

immer: ›Nehmen Sie lieber einen Hammer und hauen Sie auf die Tastatur und schmeißen Sie sie aus dem Fenster, als sich lange darüber zu ärgern. Eine neue Tastatur können wir jederzeit kaufen. Das ist besser, als eine Woche lang den Ärger mit sich herumzutragen.‹«

»Was ist so schlimm daran?«, fragte ich. »Wir tragen die Liebe möglichst lange mit uns herum, Glück auch, und sogar Briefe ans Finanzamt, die wir längst hätten abschicken müssen.«

»Weil wir einen Preis dafür zahlen«, behauptete sie. »Wir werden krank. Wir werden depressiv. Wir haben keine Lust auf die Arbeit. Wenn es abends zu Hause am Abendbrottisch nur ein Thema gibt, was wieder alles Blödes auf der Arbeit passiert ist, dann vergiften wir auch da die Luft. Alles wird deprimierend und negativ, die Beziehung geht kaputt, selbst die Kinder werden zu Nörglern erzogen.«

Ich muss sagen, sie entwarf ein so düsteres Bild, dass mir das schon wieder gefiel.

Sie behauptete, durch ein Schlüsselerlebnis ins Anti-Ärger-Business gerutscht zu sein, ein bisschen wie Paulus zum Christentum, aber ohne Römer und die coole Stimme vom Himmel und so:

»Es war nach einem unglaublich anstrengenden Tag«, erinnerte sie sich. »Man hatte in mein Auto eingebrochen. Ich komme also mitten in der Nacht mit eingeschlagener Scheibe nach Hause gefahren, und in der Tiefgarage wartet mein Nachbar. Er schreit mich an: Ich parke zu nah an der weißen Linie, das macht es für ihn schwer, ein- und auszusteigen. Meine normale Reaktion wäre ein Wutausbruch gewesen. Meine Kreditkarten waren weg! Ich hatte sehr früh am nächsten Morgen Termine in München, und er macht mich wegen so etwas an. Aber ich sagte nur, es täte mir leid. Ich erklärte, warum ich das tue: Weil ich zu faul bin, noch mal rauszufahren und gerade zu parken. Es täte mir leid, dass es ihn ärgert, und ich wünschte ihm noch einen schönen Abend. Es war ganz merkwürdig. Ich war so ruhig geblieben. Ich grübelte die ganze Woche darüber nach und endlich wurde mir klar: Ich bin es, der entscheidet, worüber ich mich ärgere. Ich begann, im Büro die Leute bei der Arbeit zu beobachten. Die einen machten sich ganz ruhig und besonnen ans Werk; die anderen stänkerten den ganzen Tag über alles und jeden herum, und mit ihrer Meckerei steckten sie auch die anderen an. Eines Tages rief ich meine Belegschaft zusammen und sagte ihnen: ›Ab jetzt ist sich ärgern verboten.‹ Ich untersagte ihnen, über Kunden zu meckern, über die Krankenschwester ihrer Mutter, über diese Dinge. Was nichts mit der Arbeit zu tun hat, darüber wird nicht gemeckert, und wenn es um die Arbeit geht, will ich nur Vorschläge hören, die die Situation verbessern.«

In den folgenden Monaten las sich Ramona Wonneberger in die infame Anti-Ärger-Literatur ein und hielt im Büro heimlich Anti-Ärger-Seminare ab. Das führte laut Wonneberger zu einer so fühlbar besseren Stimmung im Büro, dass sie anfing, ihre Seminare anderen Firmen anzubieten, und bald interessierte sich auch die Presse dafür. Kurze Zeit später gründete sie ihr Institut.

»Zu fünfundneunzig Prozent fühlen wir uns als Opfer«, sagte sie. »Wir werden zu Opfern gemacht vom Ehepartner, von der Politik, vom Chef, von den Mitarbeitern oder Konkurrenten, von den Umständen, von den Eltern oder der Erziehung. Und wir reden und denken ständig darüber nach. Das nenne ich ›Opferlaberei‹.«

Ich wollte gerade ihre opferverhöhnende Wortwahl kritisieren, befürchtete jedoch, sie würde mich dann als Opferlaberer hinstellen, und den Gefallen mochte ich ihr nicht tun.

»Es gibt immer nur einen einzigen Grund für Ärger: Es gibt etwas im Leben, das ich gern anders hätte. Das kann das Wetter im Urlaub, das kann der Chef sein. Aber immer gibt es nur eine sinnvolle Frage: Kann ich das ändern oder nicht? Wenn nicht, dann ist jede Minute ärgern verschwendete Lebenszeit. Anstatt sich über den Chef zu ärgern, kann man die Energie nutzen, nach einem neuen Job zu suchen. Wenn ich nichts tue und den ganzen Tag mit diesen Gedanken im Kopf herumgehe, kann ich nicht kreativ sein, nichts erreichen. Alles ist besetzt.«

»Einen kleinen Groll hegen ist durchaus eine sinnvolle intellektuelle Tätigkeit«, argumentierte ich. »Es hält das Hirn wach und schützt vor Langeweile.«

»Eine Frau hat sich fünf Jahre lang geärgert, dass die Nachbarn die Treppe nicht putzen. Fünf Jahre lang! Dabei gab es Alternativen. Sie hätte eine Firma beauftragen können, die das macht, und von den Nachbarn den entsprechenden Betrag verlangen können. Man kann es selber in die Hand nehmen. Selbst die Treppe eine Woche dreckig zu lassen ist besser, als sich ständig zu ärgern. Aber wir sind in unserem Ärger gefangen, wir drehen uns im Kreis, und es fällt uns nicht ein, dass es eine Alternative gibt.«

»Aber natürlich gibt es die«, warf ich ein, »das weiß doch jeder: Dass der andere sich endlich ändert. Und wenn es zehn Jahre dauert.«

»Ein Chef hat mal einen Mitarbeiter zu mir geschickt, der sich ständig über den Kollegen Thorsten geärgert hatte«, sagte sie. »Er ärgerte sich wirklich vierundzwanzig Stunden am Tag über ihn. Sie sind sogar schon handgreiflich geworden. Wir sprachen über seinen Ärger, dann hörte ich eine Weile nichts mehr von ihm, bis seine Ehefrau zu mir kam und sich bei mir bedanken wollte. Ihr Mann sei wie ausgewechselt, sagte sie. Er ärgerte sich nicht mehr. Er genoss das Leben. Sie fragte mich, was ich getan hatte. Es war einfach: Ich hatte ihn aufschreiben lassen, warum er sich so ärgerte. Er schrieb, dass er sich ärgere, weil er nicht Thorstens Chef war und ihn nicht feuern konnte. Da fragte ich ihn, ›Wenn Sie ihn entlassen könnten, würden Sie es wirklich tun?‹ Er dachte nach und sagte endlich, ›Nein. Thorsten ist Familienvater, und er hat ein Haus, das er abbezahlen muss.‹ Dann ging ihm ein Licht auf. Er sagte: ›Das ist alles Quatsch. Jetzt ist Schluss‹, und entschloss sich, sich nicht mehr zu ärgern.«

Die Zynischsten sind die Anti-Nörgler, die sich einen Spaß daraus machen, sich über uns wohlmeinende Bedenkenträger lustig zu machen – und uns dabei auch noch das Geld aus der Tasche ziehen.

Die Psychologin und Therapeutin Eleonore Höfner, Leiterin des Deutschen Instituts für Provokative Therapie in München, ist eine solche Person.

»Ich gebe den Nörglern einfach recht«, erklärte sie ihre hinterlistige Methode. »Ein Ehepaar kommt zum Beispiel zu mir in die Therapie und die Frau erzählt, warum die Beziehung unerträglich ist, wie schlimm ihr Mann ist, und was er alles anstellt, um ihr das Leben schwer zu machen. Ich habe Scheidungen gesehen, die auf Kleinigkeiten basierten, wo der Mann seine Bartstoppeln im Waschbecken hat liegen lassen. Die Partnerin pickt sich solche Ereignisse heraus, an denen sie zu sehen glaubt, dass er ein Egoist ist und sie nicht liebt. In einer herkömmlichen Paartherapie sagt man dann meist so etwas wie: ›Kann es sein, dass Sie sich irren? Er muss doch auch gute Seiten haben.‹ Ich mache das anders: Ich gebe ihr unentwegt recht. Ich sage: ›Wo haben Sie den da bloß gefunden? Das ist ja ein grauenvoller Typ, Sie verdienen einen anderen Mann, einen perfekten, der alles immer richtig macht. Mit so einem Trottel wie ihm können Sie gar nicht umgehen. Lieber einen, der wirklich jederzeit alles sauber hinterlässt: Waschbecken, Toilette, und wenn er ein Glas benutzt hat, spült er es gleich und stellt es zurück. Ihr Mann ist furchtbar. Am besten, Sie machen eine Liste mit allen Punkten, die nötig sind, damit alles perfekt ist, und wenn er etwas falsch macht, zeigen Sie einfach auf Punkt 18. Die Liste muss überall hängen, und wenn er nach Hause kommt, muss er als Erstes nachschauen, was er machen muss.‹ Es gibt keine Frau, die dann nicht sagt, ›um Gottes willen, so einen Langweiler will ich nicht‹, oder ›so schlimm ist er nun auch wieder nicht‹. Das hat eine viel bessere Wirkung, als wenn ich sie belehren würde: ›Schauen Sie doch mal auf seine positiven Seiten.‹ Das brächte sie nur dazu, zu sagen: ›Das haben Sie noch nicht richtig verstanden, ich erkläre es noch mal‹.«

Plötzlich fiel mir ein: Wenn es sich um eine Paartherapie handelt, dann sitzen die armen Kerle ja die ganze Zeit daneben, während diese Frau sie runterputzt. »Und was sagt der Ehemann dazu?«, fragte ich empört.

»Er fühlt sich unglaublich gut verstanden, weil er kapiert, dass ich die Vorwürfe seiner Frau ins Lächerliche ziehe. Aber ich wechsle alle paar Minuten die Fronten, so dass auch er sein Fett abbekommt. Ich sage zu ihm: ›Was Sie aushalten müssen – Sie sind wirklich der Ärmste der Armen! Sie sitzen wahrscheinlich allein zu Hause und fragen sich, wie Sie das verdient haben, dass Sie so etwas erleben müssen, und diese Frau, die hat wirklich nichts im Kopf. Sie wissen ja, wie Frauen sind, die kriegen einen Orgasmus, wenn sie über Männer schimpfen können, und sie reden wie ein Tornado, das ist *family entertainment* für sie, das ist ein Ersatz für Sex.‹ Und irgendwann sieht er ein, dass auch er sich lächerlich verhält.«

»Sie sind ja grausam«, sagte ich. »Wie verächtlich müssen Sie sein, wenn Sie die berechtigte Kritik der Menschen nicht ernst nehmen?«

Geduldig erklärte mir Eleonore Höfner, dass die Provokative Therapie auf der Idee basiert, man könne den Klienten aus seinem geistigen Teufelskreis holen, indem man ihn dazu bringt, sein Problem aus einer anderen Perspektive zu sehen. Zu diesem Zweck provoziert man ihn so lange, bis seine eigene fixe Idee ad absurdum geführt wird und er darüber lachen kann. Dadurch gewinnt er Abstand und kann sie verwerfen.

»Manch einer blockt allerdings von vornherein ab und gibt

zu: ›Ich habe ein Problem, aber ich will mich in meinem Alter nicht mehr ändern‹«, erzählte sie weiter. »Ich gebe ihm recht. Ich gebe ihm mehr recht, als ihm lieb ist. Ich sage: ›Es gibt Menschen, die können sich ändern, aber dann gibt es Leute wie Sie. Sie sind zu alt, zu dick, zu blond, zu blöd, vergessen Sie's ganz einfach, Sie werden sich nie ändern.‹ Das weckt Widerstand. Ein Zeichen von Reife ist ja, dass man neue Dinge ausprobiert, ohne Erfolgsgarantie. Aber der Klient steckt fest und sieht nur die eine Möglichkeit, und die findet er fürchterlich. Ich zeige ihm, dass seine Ängste total übertrieben sind. Sobald er über das lachen kann, was bisher eine fixe Idee war, wird er frei für neue Denk- und Verhaltensmöglichkeiten.«

»Und genau da liegen Sie falsch, Frau Höfner«, sagte ich fest. »Nörgelei ist keine ›fixe Idee‹, sondern eine intellektuell höchst anspruchsvolle Bemühung, die Welt, in der wir leben, ein klein wenig besser zu machen. Einige von uns sind mit der Gabe gesegnet, Missstände erkennen zu können. Wenn wir unsere Beobachtungen nicht publik machen, wird aus dieser Welt nie etwas werden. Das ist nicht zum Lachen.«

Am anderen Ende der Leitung herrschte Stille. Ich schien sie zum Nachdenken gebracht zu haben, denn plötzlich sagte sie: »Sie haben völlig recht mit Ihrer Überzeugung, dass die anderen ihr Verhalten schon ändern werden, wenn ich nur lange genug an ihnen herumnörgle.« Dabei lachte sie leise, als hätte sie einen guten Witz gemacht. Manche Arten von Humor verstehe ich nicht.

»Es dauert vielleicht eine Weile«, sagte ich tapfer, »doch irgendwann ist man schon erfolgreich.«

»Sie sollten niemals aufhören zu nörgeln«, pflichtete sie mir bei, »Sie könnten ja kurz vor dem Ziel sein!«

»Ja, genau das denke ich!«

»Sie sind ein Held«, sie suchte nach Worten, »oder ein Märtyrer, denn die Welt kann nur durch Nörgler wie Sie gerettet werden!«, fuhr Frau Höfner zunehmend begeistert fort. »Stellen Sie sich vor, was für ein wunderbarer, ehrlicher und besserer Platz die Erde wäre, wenn alle Menschen so dächten wie Sie. Jedermann sagt jedem sofort unverblümt, wo ihm etwas nicht passt. Da die Leute meistens nicht zuhören, muss man das möglichst laut und in nöligem Tonfall machen, damit es wirklich ankommt. Natürlich wird das Leben dadurch sehr freudlos und auch ziemlich anstrengend, und die Freunde und Partner laufen einem reihenweise weg, aber das ist eben der Preis für wahre moralische Sauberkeit!«

Frechheit! Natürlich lag sie damit total daneben! Schlagartig wurde mir klar: Diese Frau ist zwar eindeutig eine unverbesserliche Anti-Nörglerin, doch gleichzeitig beherrscht sie alle Regeln der Nörgelei, und diese setzt sie mit einem starken Schuss Ironie ein, um ihre Klienten klein zu machen. Ich war hin und her gerissen zwischen Ehrfurcht – und einfach nur Furcht.

In ihrem Eifer, gutgläubige Kunden einzuwickeln, greift die zeitgenössische Anti-Nörgel-Industrie zuweilen zu ganz neuen, verwerflichen Methoden. Oder wie sonst soll man den Versuch beschreiben, das hoch entwickelte menschliche Nörgeln mit animalischem Verhalten gleichzusetzen?

Amy Sutherland ist Journalistin in Maine. Vor ein paar Jahren ließ sie sich zur Tiertrainerin ausbilden und schrieb ein Buch darüber, wie man als Mensch mit Seelöwen, Pumas und Kamelen umspringt. Dabei sind ihr – wer hätte das gedacht? – einige Ähnlichkeiten zwischen Mensch und Tier aufgefallen. Daraufhin schrieb sie ein zweites Buch: *Die Männerbändigerin: Wie ich meinem Mann das Zuhören beibrachte und andere Kunststücke*, in dem sie darstellt, wie man den Partner ähnlich wie ein Tier trainieren kann.

Na, sind Sie jetzt genauso empört wie ich?

Während Sie und ich und jeder normale Mensch das eigene Verhalten und das des Partners als Folge von gut durchdachten und weise abgewogenen Entscheidungen begreift, behauptet Amy Sutherland: Das ist nichts weiter als Verhalten – genau das Gleiche, wie wenn eine Katze am Teppich kratzt. Die Katze macht das nicht, weil sie es lange mit sich herumgetragen hat und endlich zu dem Schluss gekommen ist, dass es raus muss, sonst kann sie diese Beziehung gleich abschreiben; nein, sie hat einfach Lust, am Teppich zu kratzen. Argumenten kann man mit Logik begegnen; Verhalten muss man abtrainieren. So sieht Amy Sutherland auch das Nörgeln.

Als ich davon hörte, lief es mir kalt über den Rücken. Ich konnte meinen Missmut nicht zurückhalten. Ich musste sie anrufen und ihr sagen, was ich von ihr hielt.

»Wie können Sie das mit Ihrem Gewissen vereinbaren?«, schnaubte ich, als ich sie am Telefon hatte. »Der Nörgler ist doch kein Tier!«

»Genau das haben auch einige an dem Buch auszusetzen gehabt«, gab sie zu. »Sie meinten, es sei manipulativ. Sie mochten die Idee nicht, dass jeder seinen Partner ›trainiert‹. Doch die Wahrheit ist, wir manipulieren uns sowieso ständig gegenseitig. Ein Großteil von dem, was wir tun, ist der Versuch, Menschen zu beeinflussen, auch Menschen, die wir lieben. Nörgeln ist ein Teil davon.«

»Es ist doch unser gutes Recht, unsere Partner zu ändern«, knurrte ich. »Aber ich bezweifele, dass irgendein Affe so gut nörgeln kann wie ich«.

»Wissen Sie, ich habe mich selbst nie als Nörglerin begriffen, aber als ich das Buch schrieb, musste ich mein eigenes Verhalten näher anschauen und feststellen, dass ich doch rummäkelte, und das war keine schöne Erkenntnis. Nörgeln ist wirkungslos, und wenn ich wie eine Tiertrainerin denken wollte, musste ich die Dinge anders anpacken. Ich hörte also auf damit. Erst dann merkte ich, dass damit auch eine Art grundsätzlicher Frustration verschwindet. Nörgeln nervt auch den Nörgler. Das wusste ich nicht, bis ich damit aufhörte. Das hat unsere gesamte Beziehung verbessert. Es hat alles leichter und positiver gemacht.«

»Das hat aber nichts mit Tieren zu tun«, brummte ich. »Wenn ich meine Partnerin stundenlang anschnauze, dass sie alles falsch macht, und herumwinsele, dass sie mir nicht das gibt, was ich will, und danach mehrere Stunden lang mutterseelenallein in meinem Arbeitszimmer schmolle, tue ich das nicht als Tier, sondern als bewusst denkender Mensch.«

»Wenn ein Tiertrainer will, dass ein Tier ein bestimmtes Verhalten zeigt, probiert er verschiedene Techniken aus, bis er eine findet, die funktioniert. Reagiert das Gegenüber auf eine Technik nicht, lässt er sie fallen und probiert eine neue. Wir Menschen arbeiten in dieser Hinsicht anders: Wir wiederholen unsere Technik, werden aber immer lauter. Wenn ich mit meinem Hund spazieren gehe, sehe ich, wie die Leute ihre Hunde immer wieder mit dem gleichen Befehl bombardieren: ›Sitz! Sitz! Sitz!‹ Sie meckern ihre Hunde an! Wenn Sie einen Befehl endlos wiederholen müssen, bedeutet das aber, dass das Tier ihn nicht als Befehl begreift, sondern als Lärm, wie Hintergrundmusik aus einem Radio – für das Tier ist er bedeutungslos. Er wird einfach ausgeblendet in der Hoffnung, irgendwann hört er auf.«

»Und Sie wollen uns jetzt beibringen«, grunzte ich herablassend, »uns lieber wie Tiere zu verhalten, statt zu nörgeln?«

»Übertragen auf eine Partnerschaft heißt das: Sie stellen nur eine einzige Frage und lassen das ganze Drumherum weg«, sagte sie. »Wenn Ihr Partner dann ›Nein‹ sagt, dann haben Sie Ihre Antwort. Jetzt müssen Sie sich Plan B einfallen lassen – wie bekomme ich von ihm, was ich will, ohne zu motzen? Man kann ihn nicht zwingen. Das ist eine der Kernaussagen in meinem Buch: Genauso wie beim Umgang mit Tieren können Sie nur Ihr eigenes Verhalten beeinflussen, nicht das Verhalten eines anderen. Sie müssen Ihr eigenes Verhalten ändern, wenn Sie von Ihrem Partner eine andere Reaktion wollen.«

»Sagen wir – rein theoretisch jetzt –, man nörgelt seine Partnerin ständig an, um etwas von ihr zu bekommen. Wie sieht Plan B aus, wenn es nicht funktioniert?«

»Zum Beispiel?«, fragte sie.

»Ach, irgendwas«, piepste ich. »Zum Beispiel: Wenn man mehr Sex haben will.«

»Sie nörgeln Ihre Partnerin an, weil Sie mehr Sex von ihr wollen?«

»Ich doch nicht, um Gottes Willen. Ich meine das ja nur rein theoretisch.«

»Rein theoretisch: Hören Sie auf zu grollen. Wenn Sie nörgeln, um Sex zu bekommen, heißt das, dass Ihre Taktik nicht funktioniert. Sie brauchen einen Plan B. Konzentrieren Sie sich lieber auf die äußeren Umstände. Bringen Sie beispielsweise die Wohnung in Ordnung. Gehen Sie mit ihr aus. Erwähnen Sie Sex nicht. Bitten Sie nicht darum – diese Technik ist schon verbraucht. Geben Sie ihr stattdessen die Gelegenheit, es zu wollen.«

Das hörte sich nach einer Menge Arbeit an. Also hatte ich wieder was dazugelernt: Es ist leichter, endlos wegen einer Sache zu nerven, als für eine Sache etwas zu tun.

»Nachdem ich aufgehört hatte zu nörgeln«, berichtete sie, »schaute ich mir einige Verhaltensweisen meines Mannes noch einmal genauer an und begriff, wie tief verwurzelt sie waren. Es gibt Dinge an ihm, die sich einfach nie ändern werden. Sie sind zu sehr mit seiner Persönlichkeit verwoben. Teilweise hörte ich auf zu meckern, weil ich verstand, dass er sich nie ändern wird.«

»Das tut mir aber leid.«

»Wieso denn?«, fragte sie. »Wissen Sie, es gab da eine Kleinigkeit, die mich ärgerte: Er zieht seine Schuhe vor der Wohnungstür aus, wenn er nach Hause kommt, und lässt sie da liegen. Ich bin mit einem Bruder aufgewachsen und verbrachte mein halbes Leben damit, über seine Schuhe zu stolpern, und das hasste ich. Also habe ich immer versucht, meinen Mann dazu zu bringen, seine Schuhe mit reinzunehmen und wegzuräumen. Und er sagte immer: ›Klar, mache ich‹, aber es ging nur ein paar Tage gut, und dann stolperte ich schon wieder über seine Schuhe. Irgendwann besuchte ich seine Familie in Minnesota und sah, dass die ganze Familie die Schuhe vor der Tür auszog und liegen ließ, und ich dachte: ›Aha, er wurde so erzogen. Er wird es nie ändern.‹ Jetzt trage ich seine Schuhe rein und räume sie weg. Ich bin diejenige, die sich daran stört, warum sollte ich es dann nicht übernehmen?«

»Hah!«, bellte ich. »Damit hat er den Kampf gewonnen.«

»Es ist kein Kampf«, sagte sie langsam und deutlich, wie zu einem Schuljungen. »Ich habe nichts zu verlieren. Als ich in der Tiertrainer-Schule war, lernte ich, dass diese Trainer keinen Machtkampf mit den Tieren führen. Das bringt nichts. Stattdessen versuchen sie, mit dem Tier mittels ihres Verhaltens zu kommunizieren. Wenn ich meinen Mann bitte, seine Schuhe wegzuräumen, macht er es. Aber wenn er nicht darüber nachdenkt oder es eilig hat, kehrt die Gewohnheit zurück. Es gibt Dinge, die Leute aus Trotz tun, und es gibt Dinge, die ein Partner als Trotz interpretieren kann, was es aber in Wirklichkeit gar nicht ist. Manchmal hilft es, Verhalten einfach als Verhalten zu begreifen. Ich bin jetzt glücklicher, und er macht viel mehr von den Dingen, die ich von ihm will.«

»Also haben Sie doch gewonnen«, krächzte ich voller Bewunderung.

Sie seufzte nur und legte auf.

Ihre gemeine Behauptung, Nörgelei sei keine intellektuelle Tätigkeit, sondern bloß Verhalten, machte mich stutzig. Es war die alte Frage von der Henne und dem Ei: Was war zuerst da? Ist es so, wie wir es empfinden: Zuerst kommt ein Ärgernis, und dann nörgeln wir darüber? Oder ist es doch umgekehrt:

Dass wir zuerst Lust bekommen, zu nörgeln, und dann erst die nächstbeste Gelegenheit dazu ergreifen?

Es war an der Zeit, ein paar berühmte Neurologen mit dummen Fragen zu belästigen.

17. Wer hat Angst vor der Amygdala?

Das Neueste über das Nörgeln aus der Neurologie

Ist Nörgeln tatsächlich genetisch bedingt, wie das unerklärliche Bedürfnis eines Hundes, sich doch lieber noch einmal im Kreis zu drehen, bevor er sich hinlegt – nur, um auf der sicheren Seite zu sein? Sitzt irgendwo tief im Gehirn ein heimliches Quengelzentrum, das uns regelmäßig sagt: »Schluss mit lustig, jetzt wird gemault!« Oder hat es tiefenpsychologische Ursprünge, die in der Kindheit programmiert wurden, wie die unerklärliche Lust, rothaarigen Frauen mit einem Ofenhandschuh auf den Po zu klatschen? Stammt es gar aus den Tiefen des kulturgeschichtlichen Kollektivbewusstseins als Folge eines 2000-jährigen teutonischen Zusammenlebens, so ähnlich wie die zweite Lautverschiebung, der Weltschmerz oder der ZDF-Fernsehgarten?

Ich war gespannt und bang zugleich, als ich mir vornahm, auf diese Fragen Antworten zu finden. Mir war klar, dass ich am Beginn einer weltbewegenden Entdeckung stehe. Wie würden meine neu gewonnenen Erkenntnisse unser Selbstbild ändern? Psychologen sagen heute, dass der Mensch nur eine Handvoll Grundbedürfnisse hat, zum Beispiel Wärme, Sauerstoff, Trinken, Essen, Schlaf und Sex. Kommt durch meine Arbeit womöglich ein weiteres Grundbedürfnis hinzu?

Ich sprang also ins kalte Wasser, nahm das Telefon zur Hand und rief die Zentralstelle für Neurobiologische Präventionsforschung der Universität Göttingen an. »Ist Nörgeln ein neurologisches Phänomen?«, fragte ich ohne Umschweife.

»Nein«, antwortete Gerald Hüther, Leiter der Zentralstelle,

Professor für Neurobiologie und Autor des Buches *Biologie der Angst. Wie aus Streß Gefühle werden.* »Wer sind Sie?«

Ich nannte meinen Namen, bedankte mich und wollte schon wieder auflegen, als er ergänzte: »Allerdings gibt es einige archaische Notfallprogramme, die bei allen Säugetieren, also auch bei Ihnen, Herr Hansen, sehr tief im Hirnstamm verankert sind. Sie lösen zwar kein Nörgeln aus, aber man könnte sagen, dass das Nörgeln von ihnen gefärbt ist.«

»Wie bitte?« Ich hatte eine einfache Antwort erwartet.

Mit »archaischen Notfallprogrammen« meinte er vor allem drei Reaktionen auf Gefahren, die seit Urzeiten im Hirn vorprogrammiert sind. Bei einer extremen Gefahr entscheidet sich der Hirnstamm für eine davon: Angriff, Flucht oder ohnmächtiges Erstarren. »Herummosern gehört nicht dazu«, präzisierte Hüther, »aber es hat schon entfernt etwas mit ohnmächtigem Erstarren zu tun, und Schimpfen, kann man sagen, hat einen Hauch von Angriff.«

»Wenn Meckern nicht neurologisch-biologisch ist, woher kommt es dann?«

»Nörgeln ist zunächst eine Bewältigungsstrategie«, sagte er. »Man erlebt etwas, was unangenehm oder belastend ist. Vielleicht macht es einem auch ein bisschen Stress oder Angst. Es ist keine akute Gefahr, aber es ist etwas, was man nicht unbedingt machen will.«

Wenn ich mich mit einer Sache auskenne, dann mit Belastungssituationen. »Zum Beispiel, wenn ein Autor im Verlag anrufen und mitteilen muss, dass das Manuskript nicht ganz pünktlich fertig sein wird?«, fragte ich nach. »Oder dieses ohnmächtige Erstarren, das einen Mann befällt, wenn er zu lange in der Warteschleife von gewissen billigen und unfähigen Telekommunikationsdienstleistern rumhängt?«

»Das ist eine Belastung«, bestätigte Gerald Hüther. »Darauf reagiert der Mensch mit einer Bewältigungsstrategie. Die richtige Strategie wäre, das Problem zu lösen. Aber wenn man das nicht kann, jammert man, in der Hoffnung, dass jemand anderes Mitleid hat und das für einen übernimmt.«

»Aber woher kommt das?«, bohrte ich weiter.

»Nörgeln wird erlernt«.

Hoppla! Damit wären wir in einem neuen Bereich. »Jetzt sind wir bei … Psychologie? Soziologie?«

»Nörgeln findet nur in sozialen Gemeinschaften statt, in denen man mit solchen Appellen Erfolg haben kann«, bemerkte er. »In der frühen Kindheit sieht man das am besten – das Nörgeln der Kinder ist am reinsten. Sie meckern noch nicht über Merkel oder Obama, sie haben unmittelbare Gründe für ihre Quengelei. Es ist der Versuch, Mitleid zu erzeugen und Zeit zu schinden, damit man eine Aufgabe nicht machen muss. Das Kind soll den Müll rausbringen, also jammert es so lange, bis die Mutter sagt: ›Ich halte das nicht aus, ich mach's lieber selbst.‹ Zum Nörgelnlernen braucht man eben so eine Mama.«

Warme Erinnerungen wurden in mir wach. Ich dachte an meine Mutter, an unseren traditionellen samstäglichen Kampf über die Frage, wer von uns beiden wohl den Rasen mähen würde. Am Ende war ich zwar jedesmal der Verlierer gewesen, aber vorher hatten wir uns einen Nörgelkampf geliefert, der sich von Samstagmorgen bis Sonntagnachmittag hinzog. Das war's, was zählte. Da habe ich eine Menge gelernt. Zum Beispiel mit völlig aus der Luft gegriffenen Argumenten Zeit zu schinden, wenn ich muss. Oder mit fulminanten Gegenthesen vom Thema abzulenken. Eigentlich verdanke ich ihr meine Schriftstellerkarriere, wenn ich ehrlich bin.

»Herr Hansen? Sind sie noch da?«

»Entschuldigen Sie, Herr Hüther, ich war kurz abwesend.«

»Wenn ein Kind immer wieder damit durchkommt«, sagte er, »wird das Nörgeln als erfolgreiche Verhaltensweise bei jedem Mal immer fester in ihm verankert. Man wird auch ein immer besserer Nörgler. Dadurch lernt man auch Hilflosigkeit. Der Nörgler ist hilflos. Je häufiger man mit dem Quengeln als Kind Erfolg hat, desto wahrscheinlicher ist es, dass man sein ganzes Leben lang nicht die Aufgaben zu erfüllen versuchen wird, die vor einem liegen, sondern, dass man nur darüber meckert.«

Schon durch ein einziges Telefongespräch hatte ich zwei Ursachen des Nörgelns entdeckt. Wie viel mehr würde ich finden, wenn ich noch einen Anruf machte?

Ich wandte mich an Gerhard Roth, Biologe, Leiter des Instituts für Hirnforschung an der Universität Bremen und Autor des Buches *Persönlichkeit, Entscheidung und Verhalten: Warum es so schwierig ist, sich und andere zu ändern*, und fragte ihn, woher das Kritteln stammt.

»Nörgeln ist eine Haltung, die von einer niedrigen Frustrationstoleranz einerseits und von einer übersteigerten Selbsteinschätzung andererseits herrührt«, erklärte Roth.

»Sie meinen also: Nörgler sind so feinfühlig, dass sie sich bereits gestört fühlen, wenn irgendwelche Kleinigkeiten nicht klappen?«, hakte ich nach, »und zugleich so intelligent, dass sie für jedes Problem eine Lösung parat haben, selbst wenn sie vom Thema keine Ahnung haben?«

»Das ist eine interessante Mischung«, sagte Roth. »Man sieht die Welt grundsätzlich als schlecht; alles läuft immer schief. Gleichzeitig hat man das Gefühl, man weiß immer alles besser und überschätzt die eigenen Fähigkeiten.«

»Was wollen Sie mir damit sagen?«, fragte ich vorsichtig. Wusste der Kerl etwas über mich, was er nicht wissen sollte? »Sie reden gerade so, als ob Nörgler depressiv wären. Das macht mich traurig.«

»Nicht depressiv«, korrigierte er mich. »Nörgler glauben, sie könnten etwas ändern, wenn man nur auf sie hören würde. Die Depressiven dagegen glauben nicht, dass sie auch nur die geringste Kleinigkeit ändern können. Sie nörgeln nicht, sie verkriechen sich in eine Ecke.«

»Wie man Persönlichkeiten beschreibt, ist ein Riesenthema in der Psychologie«, ergänzte er. »Man kann sagen, es gibt zwei Grundtypen: Die einen gucken optimistisch in die Welt, das sind die *Risk-Takers*, die Risikofreudigen. Sie sind auf Belohnung aus und lassen sich durch Rückschläge nicht entmutigen. Genau das Gegenteil sind die *Harm-Avoiders*, die Gefahrenvermeider. Sie achten in erster Linie darauf, dass nichts schiefgeht. Sie nehmen lieber Nachteile in Kauf, als ein Risiko einzugehen. Sie kündigen ihre Arbeit nicht, weil sie befürchten, keine andere finden zu können; sie steigen nicht aus einer destruktiven Beziehung aus, weil sie Angst vor dem Alleinsein haben.«

Und schon sprach er einen weiteren, sehr schönen Nörgelaspekt an: Nörgeln aus Angst.

»*Harm-Avoiders* haben eine übersteigerte Furcht vor den Geschehnissen in der Welt und vor jeder Herausforderung«, sagte Gerhard Roth. »Einfache Aufgaben werden zu unüberwindlichen Hindernissen. Zu einem Anruf bei einer Behörde müssen sich auch ganz normale Leute überwinden, aber *Harm-Avoiders* rufen lieber gar nicht an. Sie denken immer nur daran, was alles zwecklos ist und was alles schiefgehen kann. Die meisten von uns liegen irgendwo zwischen den beiden Extremen in der Mitte.«

Harm-Avoiders konnte ich gut verstehen. Verstehen Sie mich nicht falsch: Ich persönlich bin natürlich in meinem Kiez eher als *Risk-Taker* bekannt.

»In solchen Fällen – bei extremen *Risk-Takers* wie auch bei *Harm-Avoiders* – ist der Mandelkern oder die Amygdala überaktiv«, ergänzte er.

Ich erwiderte irgendetwas in der Art wie »hä«?

Er erläuterte, dass die Amygdala ein mandelförmiges Zentrum in der linken sowie der rechten Gehirnhälfte ist, die mit

Furcht und Angst zu tun hat. »Im Normalfall signalisiert uns die Amygdala, was bedrohlich ist. Wenn sie aber hyperaktiv ist, signalisiert sie uns, dass alles gefährlich ist.«

Evolutionstechnisch gesehen macht die Amygdala Sinn: Sie sagt uns, wenn Gefahren drohen, und auch, wie wir uns verhalten sollen. Sie hat uns immer wieder den Arsch gerettet und maßgeblich dazu beigetragen, dass es den Menschen heute noch gibt. »Schreiend wegrennen« scheint eine ihrer erfolgreichsten Methoden zu sein.

Stellen Sie sich vor: Der Steinzeitmann allein in seiner Höhle. In der Höhle gegenüber, das weiß er, sitzt eine junge Steinzeitlady, die einen bestimmten, sagen wir mal gebärfreudigen Ruf genießt. Sie ist die potentielle Trophäe. Gleichzeitig weiß der Steinzeitgentleman, dass irgendwo da draußen im Gebüsch ein Säbelzahntiger herumstreunt. Das ist das Risiko. Es kann sogar sein, dass das Risiko objektiv gering ist, da die Ehefrau des Steinzeitgentlemans bereits seit über 24 Stunden nicht aufgetaucht ist, und das bedeutet höchstwahrscheinlich, dass der Säbelzahntiger gerade satt ist und zufrieden schläft. Ganz sicher ist das aber nicht, denn die Steinzeitehefrau hat sich in der Vergangenheit erstaunlich widerstandsfähig gezeigt.

Egal, wie sehr er es bereuen wird, der Steinzeitkavalier kommt in seinen quälenden Überlegungen an der überzeugenden Tatsache nicht vorbei, dass er immerhin noch ein Tag länger leben wird, wenn er auf die charmante Steinzeitschöne verzichtet.

»Biologisch gesehen ist es besser, Furcht zu haben als sorglos zu sein«, betonte Gerhard Roth. »Sorglos zu sein ist sehr riskant. Wer sich fürchtet, dem geht es vielleicht schlecht, aber er bleibt immerhin am Leben. Wer in einer Konferenz vor dem Chef und den versammelten Kollegen etwas sagt, kann eine Beförderung bekommen, kann aber auch seinen Job verlieren. Das ist aber viel schlimmer als eine verpasste Beförderung. Neurobiologisch gesehen erlebt der Durchschnittsmensch die

Angst vor einer Gefahr doppelt so intensiv wie die Freude auf einen Gewinn.«

Langsam verstand ich die süße Sünde Nörgelei: Sie ist eine post-evolutionäre Liebeserklärung an die Steinzeit.

Beim Stichwort »Angst« musste ich an die deutsche Tradition der Wahrsagerei denken.

Ist der deutsche Mandelkern auf diesem Gebiet besonders kompetent? Es kann ja keiner die Zukunft vorhersagen wie die Deutschen. Als Amerikaner schäme ich mich, dass ich da nicht mithalten kann. Vor kurzem fragte mich ein Kollege, ob ich glaube, dass Präsident Obama wiedergewählt wird. Er war gerade ein Jahr im Amt. Wir Amerikaner können einen Wahlsieger nicht mal am Tag davor bestimmen, ja oft nicht mal am Tag danach. Ich stotterte, ich stammelte, »möglich ist es, aber dann wiederum …« Er drehte sich unbeeindruckt weg. Ein Deutscher hätte mit dieser Frage kein Problem gehabt. Schon am ersten Sonntag nach der Bundestagwahl gibt die Forschungsgruppe Wahlen die erste Hochrechnung bekannt, wer der nächste Bundeskanzler sein wird, »wenn am nächsten Sonntag Wahl wäre«. Alles in Deutschland wird hochgerechnet, von den Wahlen über das Waldsterben bis hin zur Geburten- und Arbeitslosenrate. Deshalb sehen die Deutschen so klar in die Zukunft: Sie rechnen besser als andere Völker.

Ich rief den Trend- und Zukunftsforscher Matthias Horx in Wien an, wo er das Zukunftsinstitut Horx betreibt und Bücher schreibt, zum Beispiel *Anleitung zum Zukunftsoptimismus: Warum die Welt nicht schlechter wird*, und fragte ihn, was die Deutschen zu so eifrigen Wahrsagern macht. Er nannte mir auf der Stelle zwei Gründe.

»Erstens der Lobbyismus. Wenn Sie eine Studie darüber lesen, wie schlecht es den Rentnern in zehn Jahren gehen wird, steckt irgendein Renten- oder Versicherungsverband dahinter, der vom Staat eine neue Gesetzgebung oder mehr Geld will.

Wenn ein gestandener Journalist ein Buch darüber schreibt, dass das Internet uns alle dumm macht, dann ahnt er, dass ein Teil seiner Leser im Internet andere Informationsquellen entdecken und von seiner Zeitung abwandern wird. Er hat Angst, durch die neuen Medien seine gesellschaftliche Stellung zu verlieren.« Und natürlich will er diese Angst nicht für sich behalten.

»Es ist aber doch ganz klar«, gab ich zu bedenken, »dass das Internet eine verdammt gefährliche Sache ist.«

»Im Gegenteil«, meinte er. »Medien machen immer klug, ganz egal, welche, auch triviale Medien. Das ist erwiesen. Der IQ in ganz Europa und Amerika steigt seit vielen Jahren beständig an. Die Bildungsrate ist fünfmal so hoch wie vor fünfzig Jahren. Trotzdem warnt die Elite in jeder Epoche vor der Verdummung durch die neuen Medien. Wissen Sie, dass schon Sokrates vor der Schrift gewarnt hat? In dem Moment, in dem die Schrift sich durchsetzt, werden die Menschen verdummen, sagte er. Sokrates hat ja selbst nie geschrieben, nur gesprochen. Er sah voraus, sobald man anfängt zu schreiben und zu lesen oder gar Bücher durch die Welt schickt, die man dann zu Hause in aller Ruhe liest, pilgert keiner mehr zur Agora, wo er sitzt und seine Weisheiten von sich gibt.«

Eigeninteresse spielt also auch eine Rolle.

»Ein zweiter Grund ist einfach Angst«, sagte er, und schon waren wir wieder bei der Amygdala gelandet. »Angst ist bei uns evolutionstechnisch vorprogrammiert. Das ist auch der Grund, warum wir als Spezies so erfolgreich sind: Wir sind gefahrenorientiert. Wir sehen der Zukunft ängstlich entgegen und bereiten uns darauf vor. Deswegen erscheint uns die Utopie immer unwahrscheinlicher als die Dystopie. Bei meinen Vorträgen werfe ich ab und zu ein paar Behauptungen ins Publikum, zum Beispiel, ›die Scheidungsrate geht zurück‹, oder ›die Wälder der Erde werden immer mehr‹. Alles Fakten, die wahr sind. Aber wenn ich die Leute frage, ob sie das glauben, kommt immer die gleiche Antwort: ›Nein‹. Dabei ist unsere negative Einschätzung fast immer falsch. Unsere Welt wird immer besser. Es ist die Evolution. Die will es so. Vorübergehend kann etwas schiefgehen, aber es dauert nicht lange, und wir passen uns an. Das härteste Beispiel ist die Atombombe. Das ist ziemlich das Schlimmste, was der Mensch je erfunden hat. Aber seitdem gibt es weltweit so viel Frieden wie nie zuvor in der Geschichte. Die Menschheit passt sich der neuen Technologie an. Sie macht Fehler, aber wenn man keine Fehler macht, kann man nichts lernen. Dann geht es weiter.«

Das erinnerte mich an etwas, was die anderen Wissenschaftler gesagt hatten.

Ich hatte sie gefragt, ob sie wie ich der Meinung wären, dass die Deutschen einfach besorgter sind als andere Menschen. So wollten sie es zwar nicht ausdrücken, aber sie waren der Ansicht, dass die Nörgelei eine überdurchschnittlich wichtige Stellung in der deutschen Gesellschaft einzunehmen scheint.

»Ich glaube, das kommt daher«, hatte Gerhard Roth gesagt, »weil die Deutschen eher Stabilität suchen und dazu neigen, Risiken zu vermeiden, als etwas mutig anzupacken.«

Ist das Nörgeln ganz einfach eine deutsche Tradition wie der Stammtisch, der Sonntagsspaziergang oder die Halbglatze?

»Wenn man in einer Kultur groß wird, in der alle nörgeln, erzieht man sich selbst zum Nörgler«, räumte Gerald Hüther ein. »Es entsteht eine Bereitschaft, das Nörgeln zu übernehmen. Das ist ein kulturelles Phänomen.«

Gleichzeitig erklärte er, warum *German Angst*, wie er es nannte, auch ihre guten Seiten hat.

»Die deutsche Zukunftsangst kann manchmal auch vorteilhaft sein. Die Finanzkrise ist ein gutes Beispiel. Die Deutschen sind nicht ganz so schnell hinterhergerannt, sie haben immer mit erhobenem Zeigefinger gesagt, ›das geht zu schnell, das führt zur Katastrophe‹, und in diesem Fall hatten sie auch recht.«

»Aber wie kann ein ganzes Volk eine Tradition der Zukunftsangst kultivieren?«, fragte ich.

»Das ist die Frage. Warum sind die Deutschen kollektiv als
Menschen, als Gesellschaft, so sehr nörgelnd unterwegs?« Hüther hatte zwar keine wissenschaftlich fundierten Beweise – da
wird die Nörgelwissenschaft der Zukunft noch einiges bringen
müssen –, aber eine private Theorie:

»Die Angst kann eigentlich nur aus der historischen Situation heraus entstanden sein«, sagte er. »Die deutsche Gesellschaft ist eine, die nie zu sich selbst gefunden, nie ein Selbstbewusstsein, eine innere Stärke aufgebaut hat. Die Deutschen
hatten immer diese furchtbaren Kriege, angefangen mit dem
Dreißigjährigen Krieg, durch den die zwei großen Religionen
das Land mitten durch spalteten. Dann die schreckliche Kleinstaaterei, durch die die Deutschen den Anschluss an die moderne Welt und die internationale Entwicklung verpasst haben.
Immer wieder mussten sie der Moderne hinterherrennen. Auch
eine zeitgemäße Bildung und Industrialisierung mussten sie aus
dem Boden stampfen. Es gab nie eine lange Tradition, wie in
anderen Ländern, die Deutschen mussten sich alles Neue auf-
zwingen. Andere Länder hatten die Möglichkeit, sich mit etwas zu identifizieren, die Deutschen nicht. Selbst die Einheit
wurde nicht natürlich gestaltet: Bismarck musste sie mit Blut
und Schweiß erzwingen. Ähnliches war bei der Demokratisie-
rung nach dem Zweiten Weltkrieg und auch bei der Wiedervereinigung der Fall. All das konnte die Menschen nicht stark zu-
sammenschweißen, und aus dieser Tendenz heraus wurden sie
etwas zwanghaft. Auch die sprichwörtliche deutsche Gründlichkeit, dieser Kontrollzwang oder besser gesagt Perfektionismus,
das ist kein Zeichen von Stärke, sondern von Unsicherheit. Aus
dieser Unsicherheit heraus kommt das zwanghafte Bedürfnis,
an allem herumzunörgeln, anstatt es zu ändern.«

Aber beantwortet war meine Frage nach den Ursprüngen des

Nörgelns damit noch lange nicht. Historische Prägung, schön und gut, aber die Deutschen, die ich kenne, sind nicht halb so stark von Zwängen, Pflichten und Sorgen getrieben, wie sie sich gerne geben. Viel eher davon, worauf sie Lust haben.

Marco Rauland ist Chemiker und Autor von *Feuerwerk der Hormone – Warum Liebe blind macht und Schmerzen weh tun müssen*. Als ich ihn in Köln erreichte, fragte ich ihn geradeheraus, ob es ein Nörgelhormon gibt. Ich war nicht wenig überrascht, als er sagte: »Im Grunde schon.« Es heißt Serotonin und funktioniert vor allem durch seine Abwesenheit: Je weniger Serotonin durch unsere Adern fließt, desto mehr nörgeln wir.

»Serotonin wird durch Sonnenlicht freigesetzt«, erklärte er. »Deswegen werden wir im Sommer in der Sonne glücklich. In normaler Konzentration führt es dazu, dass wir rundum zufrieden sind. Wenn man Nörgeln als eine Folge von Unzufriedenheit begreift, dann kann man sagen, dass Nörgeln mit einem Serotoninmangel zusammenhängt. Wenn man gestresst oder genervt ist, sinkt das Serotonin, man wird unausgeglichen, und das kann dazu führen, dass man nörgelt.«

Auch andere Hormone spielen eine Rolle. Adrenalin und Noradrenalin durchfluten uns in akuten Gefahrensituationen und versetzen den Körper in Millisekunden in Alarmzustand. Für langfristige Konflikte gibt es Cortisol. Während es bei Adrenalin rein darum geht, den Moment zu überleben, hilft uns Cortisol, längere Krisen durchzustehen, zum Beispiel die Doktorarbeit in Quantenphysik endlich zu beenden oder gar den Dauerstreit mit dem Idioten von Nachbarn endlich zu gewinnen, der immer auf meinem Parkplatz parkt. »Wenn man vier Wochen Stress vor der Abgabe eines Manuskriptes hat«, sagte Rauland, der gerade an seinem neuen Buch arbeitete, »ist das Cortisol. Wenn dann aber das Telefon klingelt und der Redakteur will die ersten Kapitel, die noch gar nicht fertig sind, schon in vier Stunden, dann kommt Adrenalin hinzu.«

»Was haben denn Cortisol und Adrenalin mit Nörgeln zu tun?«

»Es ist immer ein Zusammenspiel. Die Glückshormone sind an die Stresshormone gekoppelt. Steigen die einen, fallen die anderen.«

Aus der Perspektive der Hormone hat die Beziehung zwischen Zufriedenheit und Stress eine gewisse Ähnlichkeit mit einer Wippe: Solange wir verärgert sind, können wir nicht glücklich sein. Wieso war mir das nicht schon früher aufgefallen?

Schlimm genug, dass es in unserem Hormonhaushalt zugeht wie auf einem Kinderspielplatz. Es ist noch nicht mal sicher, ob wir die ganze Sache überhaupt selbst in der Hand haben! Es bleibt die Frage: Ist man unzufrieden, weil der Serotoninspiegel sinkt, oder sinkt der Serotoninspiegel, weil wir unzufrieden sind?

»Man weiß nicht, was zuerst da ist: der Hormonspiegel oder der Ärger«, bestätigte Marco Rauland. »Wenn ein Auto auf uns zurast, kann man schon sagen, da kommt erst die Situation und dann die Stresshormone. Aber wenn jemand schlechte Laune hat, entstand diese aufgrund von Hormonmangel, oder war die schlechte Laune zuerst da? Bei Depressiven zum Beispiel kann durch bestimmte Lebenserfahrungen der Glückshormonspiegel sinken. Also scheint die schlechte Erfahrung die Hormone zu beeinflussen. Andererseits wird beileibe nicht jeder depressiv, nur weil er schlechte Erfahrungen macht.«

Interessanterweise ist auch die Liebe eine dieser schlechten Erfahrungen, die unseren Hormonspiegel beeinflusst und zu erhöhtem Nörgeln führt.

Bei frisch Verliebten sinkt der Serotoninspiegel, so die Feststellung von Rauland. »Deswegen verhalten sich Verliebte manchmal verrückt. Verliebt sein ist ein derart hormoneller Ausnahmezustand, dass man es fast nicht glauben mag. Vor allem zu Beginn verhalten sich Verliebte so zwanghaft wie Menschen mit Zwangsstörungen, die sich fünfzigmal am Tag die Hände waschen müssen. Verliebte denken die ganze Zeit an ihren Schwarm und rufen ständig an. Auch die Angst, den Partner zu verlieren, ist eine Art von Neurose. Am Anfang einer Beziehung ist man sehr eifersüchtig und will ständig wissen, wo der andere war. Diese Zwanghaftigkeit schreibt man dem Serotoninmangel zu.«

Für besondere Glücksmomente dagegen ist Dopamin zuständig: Es besorgt uns die schnelle, heftige Belohnung und macht uns beim Drogenrausch, beim Orgasmus und bei jeder Art von Erfolg vorübergehend high.

»Dopamin wird immer dann ausgeschüttet, wenn man ein Erfolgserlebnis hatte, beim Sport gewonnen hat oder bei einem Streit den anderen überzeugen konnte«, erläuterte Rauland (dessen neues Buch, *Orgasmen stärken die Abwehr: Die kuriose Welt der Sexperimente und ihre Erkenntnisse*, übrigens inzwischen erschienen ist). »Wir streben ja immer nach Glück, nach einem Erfolg, der uns glücklich macht. Dopamin ist das, was das Leben lebenswert macht. Es ist ein Kick, und den wollen wir immer wieder.«

Und Dopamin macht keinen Unterschied zwischen lächerlichen und großartigen Erfolgen. So ist es nur logisch, dass es auch dann ausgeschüttet wird, wenn man wieder mal ein Nörgelerfolgserlebnis hatte.

»Wenn man nörgelt und das Gefühl hat, dass man recht hat, ist zu vermuten, dass auch dann Dopamin ausgeschüttet wird«, bestätigte Marco Rauland. »Das ist ein Erfolgskick. So funktioniert auch der Orgasmus. Da wird ganz viel Dopamin ausgeschüttet und das passiert, damit man den Drang hat, es noch einmal zu machen. Dopamin macht uns zu Wiederholungstätern.«

»Dann ist Nörgeln doch der Schlüssel zum Glück!«, sagte ich, froh ob meiner Entdeckung. »Es liegt auf der Hand: Als Dopaminquelle ist Nörgeln sogar besser als Sex und Drogen. Sex ist aufwendig – mit dem ganzen Kerzenlicht und Komplimenten und so – und man hält es sowieso nicht den ganzen Tag durch. Drogen sind teuer und hindern einen daran, seiner Arbeit nachzugehen. Nörgeln kostet nichts, und man kann es den ganzen Tag machen, ganz nebenbei, am Frühstückstisch, während der Arbeit, beim Fernsehgucken oder mit jedem x-Beliebigen auf der Straße. Und man fängt sich keine seltsamen Krankheiten dabei ein.«

»Das Problem mit Dopamin ist, der Körper gewöhnt sich daran«, seufzte Rauland. »Deswegen braucht man auch bei Drogen eine immer stärkere Dosis. Als ich mein erstes Buch frisch aus der Druckerei bekam, war ich so glücklich, dass ich es mit ins Bett nehmen wollte. Beim zweiten Buch war das Gefühl schon nicht mehr so stark. Die Dopamin-Rezeptoren im Hirn stumpfen ab. Andere Erlebnisse machen einen schon noch glücklich, nur nicht immer wieder dieselben. Es steckt ein Sinn dahinter: Dopamin will uns immer antreiben, unsere Leistung zu steigern. Das gilt auch fürs Nörgeln. Wenn Sie sich mit Ihrer Freundin streiten, und sie sagt, ›du hast recht‹, dann erleben Sie ein Glücksgefühl: ›Ich habe gewonnen.‹ Beim zweiten und dritten Mal ist das immer noch toll, beim vierten Mal schon weniger.«

»Ich will aber den ganzen Tag nörgeln«, maulte ich. »Gibt es nichts, was ich dagegen tun kann? Damit ich immer ein Erfolgserlebnis habe?«

Rauland überlegte.

»Sie müssen immer neue Themen finden. Wenn Sie stets über etwas anderes nörgeln, egal was, dann einfach drauf.«

»›He! Was ist mit diesem Schuhgeschäft? Wer hat das hier hingestellt? Sieht er nicht, dass ich schon Schuhe habe? Was für ein Idiot!‹ So?«

»Genauso«, meinte Rauland, »immer weiter, nur drauf! Allerdings müssen Sie auch Erfolg dabei haben. Jemand muss Ihnen beipflichten: ›Ja, stimmt, das war vielleicht ein Idiot, der das Schuhgeschäft hier platziert hat‹. Dann ist das Gefühl immer wieder stark.«

»Das kriege ich schon hin«, versicherte ich.

»Da bleibt nur die Frage, was Ihnen lieber ist«, war Raulands Antwort. »Laufen Sie grundunzufrieden durchs Leben und kompensieren das mit kurzen Glücksmomenten, die Sie sich durchs Nörgeln verschaffen? Meckern Sie den lieben langen Tag: ›Ich hab's doch gesagt, ich hab's doch gesagt‹? Oder laufen Sie lieber zufrieden durchs Leben und verschaffen sich Ihre Glücksgefühle durch etwas anderes? Egal, wie oft Sie sich den kleinen Dopamin-Kick holen, das Serotonin bleibt ja weiterhin niedrig. Sie sind immer wieder high, aber grundunzufrieden.«

»Lassen Sie das meine Sorge sein«, sagte ich.

Ich war geplättet, von Stolz und Bewunderung erfüllt ob meiner Entdeckung, wieviele gute Gründe es gibt, zu nörgeln – von primitivem Überlebenswillen über nationale Traditionen bis hin zum orgasmusähnlichen Kick. Zum Vergleich: Wie viele Gründe gibt es für Sex? Einen.

Nur eine Frage blieb noch offen: Waren die Deutschen, so wie ich vermute und viele andere auch, wirklich die besten Nörgler der Welt?

18. Nobody nörgels better

Wie gut können's die Deutschen wirklich?

Was macht Deutschland zur perfekten Demokratie? Nur hier meckert der Bundespolitiker auf Augenhöhe mit dem Mann auf der Straße. Was macht es zum Land des Überflusses? Nur hier lamentiert man selbst dann, wenn es einem gut geht. Was macht die Deutschen so kultiviert? Dass sie auf sämtliche Nachrichten grundsätzlich mit spontanem Bedenkentragen reagieren. Was macht Deutschland zum Musterbeispiel Europas? Dass nur hier der Besserwisser den Respekt bekommt, der in anderen Nationen lediglich Künstlern, Wirtschaftsgiganten und Friedensnobelpreisträgern vorbehalten ist.

Nur die Deutschen haben es geschafft, die Nörgelei zu einem zentralen und beliebten Bestandteil eines jeden Aspekts des gesellschaftlichen Lebens zu erheben. Im internationalen Vergleich kann da niemand mithalten.

Es fängt schon im Sandkasten an.

Konsequent und effizient wird der Nachwuchs von klein auf zu Menschlein erzogen, die Anstoß nehmen. Deutsche Mütter wissen, dass dies ein wichtiger Teil des Lebens ist, und schieben es nicht vor sich her, das ihren Kindern einzuprägen.

Die kanadische Journalistin Carrie D. berichtete von den Nörgelerziehungsmethoden auf Berliner Spielplätzen: »Seit ich selbst ein Kind habe, fällt mir auf, wie anderen kleinen Kindern schon auf dem Spielplatz beigebracht wird, klar und deutlich zu sagen, was ihnen nicht passt. In Nordamerika weist man Kinder an, höflich zu sein, sich zurückzuhalten, wenn ihnen etwas nicht gefällt. Eines Tages saß ich am Sandkasten und ein Junge hat einem anderen Jungen eine Schaufel weggenommen. Eine amerikanische Mutter hätte gesagt: ›Lass ihn doch eine Weile damit spielen, wenn er das will, und dann bitte ihn, dir die Schaufel zurückzugeben, wenn er fertig ist.‹ Sie würde denken, ihr Kind soll erstens teilen üben, und zweitens könnten die beiden auf diese Weise auch lernen, zusammen zu spielen. Außerdem würde das andere Kind sowieso wahrscheinlich bald das Interesse an der Schaufel verlieren. Die deutsche Mutter, deren Sohn die Schaufel gehörte, reagierte völlig anders. Sie wird gedacht haben, dass der Junge lernen muss, seinen Besitz zu verteidigen, und wenn er es nicht jetzt trainiert, würden künftig alle auf ihm rumtrampeln. Sie machte ihm ganz klar, dass er zurückgehen und dem Jungen deutlich sagen muss, dass das nicht okay war, und dass er seine Schaufel wiederhaben will. Natürlich tat er das dann auch.«

Vor nicht allzu langer Zeit hatte ich die große Ehre, leibhaftig ein solches Beispiel gezielter Nörgelerziehung mitzubekommen.

Nicht weit von meiner Wohnung liegt ein altes Schöneberger Brachgelände, das wegen einer angrenzenden Firma einen durch Chemikalien verseuchten Boden hat, wodurch so gut wie nichts wächst – ein bisschen Gras, ein oder zwei Sträucher, aber keine Bäume. Das Gelände ist eingezäunt, doch daneben liegt ein kleiner Park mit viel Grün, und an dem Zaun führt ein Pfad entlang, wo man joggen kann, und eben das mache ich ab und zu.

Kürzlich hat man begonnen, dieses Brachgelände nutzbar zu machen. Man hat die Erde ausgehoben und ausgetauscht. Wochenlang wurde gebaggert und planiert. Danach hat man ein Basketballfeld, Tische und Bänke installiert sowie ein paar Dutzend Bäume gepflanzt und Wege angelegt. Vor den Hügeln aus neuer, frischer Erde stand ein riesiges Schild, das erklärte, was hier vor sich ging. Eines morgens stoppte ich beim Joggen vor der Tafel, um sie zu lesen, und just in dem Moment radelte eine Mutter mit einem Kind hintendrauf vorbei, und ich hörte, wie das Kind fragte: »Mama, was machen die da?«

Ich konnte mir die Vorfreude des Jungen vorstellen. Er muss geahnt haben, dass hier etwas Neues kommt, und es wäre nicht weit gefehlt, anzunehmen, dass ihm schon Visionen im Kopf herumspukten: von Picknicks mit der Familie, von Ballspielen, Grillen und Drachensteigen mit dem Papa und von einem Hund, der einem immer zwischen den Beinen herumrennt. Eine wunderbare Vision, da muss man einfach nachfragen: »Mama, was machen die da?«

Was ich hörte, als die Mutter eine Antwort gab, ohne auf die Tafel zu gucken, machte mich stolz auf die deutsche Nörgelkultur:

»Wird zugebaut, allet.«

So wie Kinder auf Spielplätzen mit Gleichaltrigen ihre gesellschaftlichen Fähigkeiten erproben, gibt es auch für Heranwachsende öffentliche Orte, wo sie ihre Nörgelfähigkeiten verfeinern können. Das nennt man die deutsche Gastronomie.

Eine Dokumentarfilmerin, die ich kenne, beschwerte sich einmal darüber, dass die Kids heute nur noch bei McDonald's rumhängen. »Das ist schlimm«, klagte sie, »als ich jung war, traf man sich im Café, das hatte noch was von Kultur, man setzte sich ordentlich hin und hatte richtige Teller, und man schrie nicht durch die Gegend, weil die Atmosphäre das nicht erlaubte. Heute gehen die Kids zu McDonald's, wo sie rumlümmeln und laut durcheinanderquatschen können, dazu noch hektisch hin und her laufen und dabei telefonieren – sie haben keine Kultur mehr.«

Es stimmt schon, dass Kids eine gewisse Neigung zum laut Durcheinanderquatschen und Rumlümmeln haben, dennoch war ich nicht restlos davon überzeugt, dass ein Treffen bei McDonald's, wo sie endlich mal frei von der erdrückenden Aufsicht der Erwachsenen wären, grundsätzlich eine Verlotterung der Gesellschaft darstellte. Sie klärte mich auf:

»Es geht um die Beziehung zur Kellnerin«, murrte sie. »Bei McDonald's gibt es keine Kellnerin. Man bestellt an der Theke. Man lernt nicht, mit einer Bedienung umzugehen.«

Das ist in der Tat für die weitere Entwicklung eines Jugendlichen äußerst wichtig. Allein das stundenlange Anstehen vor einer Theke in einer überfüllten *In-Location* in einer Großstadt, ohne vom Barkeeper beachtet zu werden, stärkt den Charakter. Erst im Umgang mit der Bedienung lernt man in Deutschland das gepflegte Maßregeln und Beanstanden auf höchstem Niveau.

Die in München lebende Neuseeländerin Victoria Johnson hat viel Erfahrung mit Kellnern.

»Die Kneipe gibt es nicht mehr«, sagte sie, als ich sie anrief und nach Beispielen fragte. »Es war das Scheidegger in München. Das Schnitzel und die Pasta waren gut, und die Kellner kannten mich. Eines Tages bestellte ich ein Gericht, ich bekam mein Bier, ich trank mein Bier aus, ich wollte nichts sagen, aber mittlerweile saß ich schon eine ganze Weile herum. Als ich es nicht mehr aushalten konnte, fragte ich freundlich, ob man vielleicht meine Bestellung vergessen hätte. Ich weiß natürlich, dass ein deutscher Kellner sowas niemals zugeben würde, aber was er darauf sagte, war selbst für mich überraschend: ›Wenn du schnell essen willst, geh zu McDonald's.‹ Er hatte es geschafft, in einem Satz zu verneinen, dass er die Bestellung vergessen hatte, und mir auch noch das Gefühl zu geben, dass ich ein blöder Proll bin, der nicht hierher gehört. Alle Achtung.«

Ich habe einen guten Freund in Berlin, Ralf I., der sich aus Prinzip weigert, Hefeweizenbier zu trinken. Er behauptet, das sei kein Bier, sondern eine ekelhafte Suppe, doch ich ahne, dass es einen anderen Grund gibt: Er weiß nicht, wie man ein Hefeweizen zurückschickt. Ich war nämlich noch nie mit ihm in einer Kneipe, ohne dass er mindestens ein Bier zurückgehen ließ. Es tut ihm einfach gut. Ich fragte ihn einmal, wie er das immer schafft. Er sagte, er hat zehn Gründe, die er abwechselnd benutzt. Vermutlich funktionieren diese aber nur bei Pils. Hiermit teile ich sein Geheimnis der Öffentlichkeit mit:

1. Das Pils schmeckt schal – es stand zu lange im Hahn.
2. Das Pils hat keine Krone.
3. Das Pils wurde unter sieben Minuten gezapft.
4. Das Pils wurde über sieben Minuten gezapft.
5. Das Pils ist warm.
6. Das Pilsglas hat Fingerabdrücke drauf.
7. Das Pils ist aus der Flasche.
8. Das Pils ist aus der Dose.
9. Das Pils ist ein Warsteiner.
10. Ich habe schlechte Laune, und man merkt mir das so sehr an, dass ich keinen Grund anzugeben brauche.

Ich beneide den Deutschen um sein Gastronomie-Gemoser. Das hat mir tatsächlich in meiner amerikanischen Erziehung gefehlt, und ich gebe zu, das hat gewisse Nachteile.

»Als ich für eine amerikanische Firma arbeitete«, erzählte Victoria, »wurden zwei deutsche Kollegen und ich zu einem Kongress nach Pittsburgh geschickt. Wir gingen in ein Steak-Restaurant. Die Kellnerin kam an den Tisch und stellte sich mit Namen vor. Sie war sehr freundlich und fragte uns mehrmals, ob unsere Drinks okay waren und so. All das war für die Deutschen etwas Neues. Als die Steaks kamen, stimmte irgendwas nicht. Sie waren nicht gut. Die Kellnerin tauchte auf und fragte, ob alles okay sei. Meine Reaktion als Neuseeländerin war: ›Alles wunderbar‹, obwohl ich die ganze Zeit darüber gemeckert hatte. Aber die Deutschen sagten: ›Nein, es ist nicht alles in Ordnung, das Steak ist zäh‹. Sie waren sachlich, aber sehr genau. Die

Kellnerin antwortete: ›Das ist schrecklich, ich rede mit der Küche und schau, was ich tun kann.‹ Und wir sahen sie nie wieder. Sie tauchte erst wieder auf, nachdem unsere Teller leer waren, legte uns die Rechnung hin und fragte freundlich: ›Alles in Ordnung?‹ Zu diesem Zeitpunkt hatten meine Kollegen bereits aufgegeben. Sie seufzten nur: ›Ja, alles in Ordnung.‹«

Der wichtigste Übungs- und Tummelplatz für die Nörgelei ist die Sprache selbst. Früher haben Dichter die Sprache nach ihren ästhetischen Standards geformt. Heute wird die Sprache den Standards der Bedenkenträger angepasst.

Nur Deutschland feiert jedes Jahr ein neues »Unwort«. Meine Heimat zelebriert ein »Wort des Jahres«, die Deutschen übrigens auch, und das seit 1977, allerdings hat es hier niemanden je wirklich interessiert. Da kam man 1991 auf die Idee, ein »Unwort« ins Leben zu rufen – und hatte einen Hit gelandet. Heute fiebert die ganze Presse dem neuesten Unwort entgegen, die wenigsten aber wissen noch, dass irgendwo auch sein positives Gegenstück existiert.

Die deutsche Sprache ist ohnehin geprägt von einer ganzen Reihe von Begriffen, die man *verdrehte Euphemismen* nennen muss.

Ein Euphemismus ist ein Begriff, der einen unangenehmen Sachverhalt beschönigt, zum Beispiel »Rubensfigur« statt »Übergewicht«, »Telekommunikationsdienstleister« statt »inkompetente, impertinente Versager« oder »Papa, er hat sich echt geändert, seitdem er aus dem Knast ist«, für »Papa, ich bin schwanger«.

Der *verdrehte Euphemismus* dagegen ist ein Ausdruck, der einen an sich angenehmen Sachverhalt auf den Kopf stellt.

Es fällt zum Beispiel schwer, etwas gegen *Harmonie* zu haben. Dann kamen die Psychiater, für die Harmonie einfach zu einfach war, und sie erfanden das Wort *harmoniesüchtig*. Das änderte alles.

Harmoniesucht stellt eine Krankheit dar, bei der eine Frau sich nicht wehrt, wenn ihr Mann ständig auf ihr rumtrampelt, weil sie sonst die Harmonie gefährdet. Auf Englisch haben wir auch Bezeichnungen für dieses Phänomen: Die Frau habe *kein Rückgrat* oder gar *keine Selbstachtung*, zum Beispiel. Wir Amis machen es uns aber ziemlich einfach, indem wir bereits bestehende Begriffe benutzen. Mit der Erfindung der *Harmoniesucht* hat es die deutsche Psychiatrie dagegen geschafft, das Wort *Harmonie* für immer mit Gewalt an und Verachtung für Frauen zu verbinden. Heute ist das Wort kontaminiert. Wenn ein Single-Mann jetzt zu einer Single-Frau sagt, er suche »eine harmonische Beziehung«, läuft es ihr kalt über den Rücken.

Langsam, aber sicher schaffen es die Nörgler auf diese Art und Weise, immer mehr Wörter, die bislang als angenehm galten, zu verdrehen.

Eine *Spaßgesellschaft* ist die schlimmste Form der Gesellschaft, die man sich vorstellen kann: Oberflächlich, konsumorientiert, nicht um die Zukunft besorgt …, mit anderen Worten, eine Gesellschaft, der es gut geht. Es gab einmal eine Zeit, als es in Ordnung, ja sogar begehrenswert war, *Spaß* zu haben. Wer alles immer nur ernst nahm, war ein Miesepeter und genoss das Leben nicht. Wer *Spaß* hatte, wusste zu leben. Das ist vorbei: Wer heute *Spaß* hat, verdirbt die ganze Gesellschaft.

Doch mein Lieblingsnörgelbegriff ist *Schönreden*. Es gab mal eine Zeit, als *schön* schön war. Was war das für eine naive Epoche! Wenn etwas – zum Beispiel die Wirtschaft – *schöngeredet* wird, ist sie in Wahrheit ein hässliches Geschäft. Aber wie soll man unterscheiden, was wirklich *schön* ist und was nur *schöngeredet* wird? Immerhin spricht man ja über beides. Das Beste ist, man geht einfach davon aus, dass gar nichts schön ist. Dann ist man auf der sicheren Seite.

Wir in Amerika erleben vielleicht eine Menge verrückter Zivilprozesse, aber kaum ein anderes Land hat so viel Spaß daran, seine Behörden fertigzumachen wie Deutschland. Hier ist Querulantentum nicht nur eine Unterhaltungsform, es kann als Berufsersatz funktionieren.

Richard D., der Jurist und Nörgelconnoisseur aus Nordrhein-Westfalen, teilt seine Kunden grundsätzlich in zwei Gruppen ein: die ganz normalen Spinner und die richtigen Querulanten. Hier ein Beispiel für die ganz normalen Spinner:

»Jeder Mitarbeiter im Haus hat fünf- bis siebenhundert Prozessverfahren gleichzeitig laufen, und jeder hat ein paar spezielle Kandidaten dabei, die sich als Prozesshanseln entpuppen, die uns ständig mit Klagen und Beschwerden lahmlegen«, sagte er am Telefon in der Zigarettenpause. »Eine Kundin, die bei uns versichert ist, legte zum Beispiel Widerspruch ein, weil ein anderes Bearbeitungskennzeichen über ihrer Mitteilung stand als vorher. Keine Ahnung, wie ihr so was auffallen konnte. Daraus entwickelte sich eine ganze Reihe von Prozessen.«

Der Unterschied zwischen »ganz gewöhnlichen Spinnern« und »richtigen Querulanten« ist der Ehrgeiz, den die Kundinnen und Kunden an den Tag legen.

»Da war diese Frau, die Frührente beantragte«, erinnerte er sich und nahm einen tiefen Zug. »Der Antrag wurde abgelehnt, denn es stellte sich heraus, dass ihre Rückenbeschwerden nicht so doll waren, dass sie eine Frührente rechtfertigten. Dagegen klagte sie. Daraus wurde ein umfangreiches Verfahren bis in die zweite Instanz, inklusive Befangenheitsanträgen gegen bestimmte Richter. Das zog sich hin. Schließlich hat das Landessozialgericht gesagt, wir müssen hier was tun, das wird nie enden. Im Grunde hat man einfach einen Weg gesucht, ihr das zu geben, was sie wollte, damit endlich Ruhe ist. Also wurde ein psychiatrisches Gutachten über sie eingeholt, das aussagte, die Frau leide unter ›mangelndem sozialen Verhalten und mangelnder Impulskontrolle‹ – ergo unter Querulantentum. Mit einem zugedrückten Auge wurde das dann als Berentungsgrund akzeptiert, und man glaubte, es sei endlich vorbei. Aber dann ging es von vorne los. Die Frau protestierte: ›Ich möchte aber lieber aufgrund meiner orthopädischen Beeinträchtigung berentet werden, statt aus psychischen Gründen‹ und zog erneut vor Gericht.«

Man muss schon zugeben: Dieses Land hat einfach alles, was ein Nörglerherz begehrt.

Trotzdem fehlt eine endgültige Antwort auf die zentrale Frage, die jeder Mensch mit einem kritischen Bewusstsein mit sich herumträgt: Sind die Deutschen wirklich die besten Nörgler der Welt?

Also entschloss ich mich auf eigene Faust zu einem Experiment, das die letzten Zweifel ausräumen sollte.

Es ging darum, zu zeigen, dass die Deutschen selbst da nörgeln können, wo andere Völker schweigen. Können sie das tatsächlich, dann muss man logischerweise anerkennen, dass sie in dieser Disziplin weltweit die Besten sind.

Als Erstes stellte ich mir eine Liste von menschlichen Höchstleistungen, historischen Persönlichkeiten und erhabenen Weisheiten aus der ganzen Welt zusammen, die in anderen Ländern niemand in Frage stellen würde.

Nun habe ich das große Glück, dass sich in meinem Freundeskreis einige der besten Nörgler Deutschlands befinden. Moserer vom Feinsten sind das, wahre Giganten des Krittelhandwerks, und ich genieße das große Vorrecht, wann immer wir uns sehen, einiges von ihrer Kunstfertigkeit abzubekommen. Diese lud ich zu einem Gipfeltreffen der Nörgelei ein und legte ihnen nach und nach meine Top-Zeugnisse der Spitzenleistungen, Weisheiten und Künste der menschlichen Rasse vor.

Ralf I. stellte sein Altbauwohnzimmer mit Holzdielen und hoher Decke sowie seinen riesigen gemütlichen Holztisch zu Verfügung. Auf seiner akustisch wie optisch perfekten Stereoanlage spielte eine Abfolge der besten Popsongs, die je komponiert wurden, und die alle dem hohen Standard seines kritischen Ohrs standgehalten hatten. Tanja S. brachte die Kinder ins Bett, Bier und Wein wurden auf den Tisch gestellt, und langsam fand sich die Crème de la Crème der Berliner Nörgler ein.

Schon bei der ersten Frage drohte die Runde zu scheitern.

Ich hatte mir gedacht, ich fange mit meiner Heimat an und legte ihnen eine Wahrheit vor, die kein Hawaiianer je in Frage stellen würde: »Die Taro-Wurzel ist eine nahrhafte Speise.«

Sie blickten mich besorgt an.

»Eric, du weißt, dass wir alle bereit sind, dir bei deinen Nachforschungen zu helfen«, sagte Ralf und schenkte sich Wein ein. »Aber erstens redest du wirres Zeug, und zweitens weiß keiner hier, was eine Taro-Wurzel ist.«

»Ein richtiger Nörgler muss keine Ahnung haben«, gab ich zurück.

Die Gipfelnörgler schauten sich fragend an. Zum ersten Mal ahnten sie, wie hoch die Messlatte überhaupt lag. Ich wartete. Und wartete. Dann, endlich, nahm die schöne Tanja die Herausforderung an:

»Wenn sie so toll ist, warum haben wir nie davon gehört?«

Es war die perfekte Nörgelei, exakt, wahr und vernichtend. Die anderen Nörgler nickend zustimmend: Jetzt hatten sie verstanden.

»In Ordnung«, sagte Tim H. »Es kann losgehen.«

Die Vielfalt an leidenschaftlichen Beschimpfungen, herablassenden In-Frage-Stellungen, verächtlichen Ironisierungen, sarkastischen Beiseite-Schiebereien und harten intellektuellen Auseinander-Pflückungen, die mir in den nächsten Stunden nur so um die Ohren flogen, war erstaunlich.

»Alexander der Große eroberte die halbe Welt«, sagte ich als Nächstes.

»Na sicher, die Ferienorte der Welt hat er erobert!« Andi R. hatte sich die Strategie *Der irrelevante Vergleich* ausgesucht:

Man vergleicht das Thema mit irgendwas, das gar nichts damit zu tun hat, und reitet darauf herum, bis es irgendwie doch einen Sinn ergibt. »Im Robinson Club habe ich auch schon einige Eroberungen gemacht. Der Herr hat sich an die warmen Regionen gehalten, im Gegensatz zu Napoleon, der sich echten Herausforderungen wie Russland gestellt hat. Ich hätte Alexander den Großen gern im Winter in Stalingrad gesehen, in seiner komischen Rüstung da, halbnackt, mal sehen, ob er da noch so groß gewesen wäre.«

Na gut. Aber gegen die Grundlage des westlichen Rechtssystems kann wohl niemand was sagen. »Der babylonische König Hammurabi erfand das schriftlich niedergelegte Gesetz«, sagte ich.

»Mag sein«, meinte Ralf, und holte dabei sein erprobtes *Moralisches-Schlag-Mich-Tot*-Argument mit einer Prise *Damit-Ist-Es-Nicht-Getan*-Vorwurf hervor: »Aber was waren das für Gesetze? Etwa: ›Ich, Hammurabi, bin hier der Chef und jeder, der mir in die Quere kommt, bekommt eins auf die Nuss, und außerdem kann ich schreiben und ihr nicht, ihr Dumpfbacken!‹ Was glaubst du, was das für ein Typ war damals? Ein Faschist war das, ein Sadist, ein echtes Arschloch, seien wir doch ehrlich.«

Tim spielte als Erster die Besserwisser-Karte. Zu der weltbewegenden Tatsache, dass wir den Juden die Tradition des Monotheismus zu verdanken haben, und das war weltgeschichtlich gesehen keine Kleinigkeit: ohne Monotheismus kein Christentum, ohne Christentum kein protestantisches Arbeitsethos, ohne protestantisches Arbeitsethos kein Flachbildschirmfernseher, meinte er ruhig: »Tun wir gar nicht. Das ist ein weit verbreiteter Irrtum. Das war Echnaton, der ägyptische Pharao. Siebzehn Jahre lang hat er alle anderen Götter verbannt, und es gab nur einen Sonnengott. Das war früher als die Juden. Es wurde lange diskutiert, ob die Juden diese Idee nicht von ihm hatten.«

Als ich schon glaubte, alle mir bekannten Nörgeltechniken seien verbraucht, belehrte mich die skeptisch dreinblickende Tanja eines Besseren: Die ganz persönliche Nörgelei fehlte noch. Es gelang ihr sogar, diese Technik auf eine der schönsten Zeilen anzuwenden, die je geschrieben wurden:

»Und jetzt Shakespeare«, sagte ich. »Aus *Romeo und Julia*: ›Was ist ein Name? Das, was wir eine Rose nennen, würde unter jedem anderen Namen ebenso lieblich duften.‹«

»Mein Chef in der Werbeagentur«, sagte Tanja, »hatte mal von der Logik her einen sehr ähnlichen Spruch: ›Einer guten Idee ist es egal, wer sie hat!‹ Mit dieser Begründung hat er unsere Ideen als seine eigenen ausgegeben. Schon damals dachte ich: Wenn Shakespeare diesen blöden Satz nie geschrieben hätte, wäre mein Chef wahrscheinlich nie auf seine Rechtfertigung gekommen.«

Im Vorfeld hatte ich mit mir gerungen, ob ich ein bestimmtes Beispiel zur Diskussion stellen sollte oder nicht. Es gibt Dinge in meinem Land, die mich so sehr berühren, dass ich mir einfach nicht vorstellen kann, dass man fähig ist, daran Anstoß zu nehmen.

»Aus der Unabhängigkeitserklärung«, meine Stimme nahm einen feierlichen Klang an: »*Alle Menschen sind gleich.*«

Ralf schnaubte nur.

»Nun, dieser Spruch ist vor allem interessant im Zusammenhang mit den Indianern …«, fing Tim an.

»Also, ich krieg mich nicht mehr ein!«, schnaubte Ralf weiter.

»Guantanamo!«, rief Frederick C.

»Also Eric, man braucht nur auf die lange Geschichte eurer Sklaverei zu gucken …«, hob Tanja an, wurde aber unterbrochen.

»Hiroshima!« Das war wieder Frederick. »Schon bevor die Tinte trocken war, war das eine Lüge.«

Ralf kriegte sich tatsächlich nicht mehr ein. »Also das … das …«, spuckte er, »das geht gar nicht! Als Amerikaner hat man nicht mal das Recht, diesen Satz in den Mund nehmen.«

Diese meine Freunde wären empört, würde man sie als Patrioten bezeichnen. Hätte ich sie gebeten, über Deutschland herzuziehen, wären sie dem mit Lust und Leidenschaft nachgekommen. Doch weil alle Themen auf meiner Liste aus dem Ausland stammten, konnten sie nicht widerstehen, sie mit ihrer Heimat zu vergleichen, die dabei meist erstaunlich gut wegkam.

Zum Flug der Brüder Wright behauptete Tanja stolz, »ohne die Vorarbeit von Lilienthal und Benz hätten sie das nie geschafft. Das ist eigentlich unser Verdienst.« Und auf den Spruch des französischen Philosophen Albert Camus, »Die Freiheit besteht in erster Linie nicht aus Privilegien, sondern aus Pflichten«, reagierte Andi mit Erstaunen: »Das klingt eher nach Bismarck als nach einem frivolen Franzosen. Er muss einen schlechten Tag gehabt haben.«

Ich hakte nach: »Ist das eine Nörgelei über die Franzosen oder über die Deutschen?«

»Über beide, natürlich!«

Es war faszinierend zu beobachten, wie im Gemäkel ihre Persönlichkeiten erblühten. Tim war mit Leib und Seele Journalist, und so nörgelte er auch.

»Russland«, fuhr ich fort. »Tolstoi: ›Alle glücklichen Familien gleichen einander. Jede unglückliche Familie ist auf ihre eigene Art unglücklich.‹«

»Schon möglich, dass es verschiedene Arten von Unglück gibt«, meinte er, und die anderen verstummten, denn es lag Aufrichtigkeit in seiner Stimme. »Aber auch das Glücklichsein nimmt viele verschiedenen Formen an. Es gibt Familien, die sagen, Sex, Liebe und Ehe sind verschiedene Dinge und man muss sie voneinander getrennt betrachten. Ich kannte eine glückliche Familie, das Paar lernte sich in den vierziger oder fünfziger Jahren kennen. Er war schwul, und sie war lesbisch, aber sie wollten Kinder, also haben sie geheiratet und Kinder bekommen. Sie hatten ihr Leben lang andere Liebhaber, aber sie waren unglaublich glücklich und sind bis zu ihrem Tod zusammengeblieben. Was man alles tut, um das Glück zu erlangen, ist erstaunlich.« Das war ein Mann, der an Information glaubte und Information liebte.

Ralf war ein Mann, der an eine brachiale Sprache glaubte und eine brachiale Sprache liebte.

»Hier ein chinesisches Sprichwort.« Ich blickte auf meine Liste: »›Mögest du in interessanten Zeiten leben.‹«

»Was für eine gequirlte Scheiße«, entfuhr es ihm. »Wenn einer auf seiner Pritsche in Auschwitz dieses Sprichwort gehört hätte, hätte er gedacht, ›klar, interessante Zeiten sind das schon, aber ich weiß nicht, ob ich dieses Sprichwort jetzt so toll finde.‹ Die interessantesten Orte und Zeiten sind doch immer für irgendjemanden die unangenehmsten. Denk an Vietnam, an Tibet. Also diese Chinesen mit ihren Sprichwörtern, echte Sadisten sind das, Faschisten, richtige Arschlöcher.« Angewidert stürzte er seinen Wein hinunter.

Andi dagegen, der dezente Anarchist, liebte es, von einer Frage abzulenken und stattdessen die Grundlagen des Gesprächs an sich in Frage zu stellen. Ich glaube, während unserer langjährigen Freundschaft ist es mir nicht einmal gelungen, aus ihm eine Antwort auf eine Frage herauszubekommen, stattdessen habe ich mit seiner Hilfe die Frage so oft umformuliert, bis es nicht mehr möglich war, dadurch die Antwort zu bekommen, die ich ursprünglich gesucht hatte.

»Magellan umsegelt als Erster die Welt«.

»Das muss man differenziert sehen«, sagte Andi. »Du musst die Hintergründe kennen. Das hängt von vielen verschiedenen Faktoren ab.«

»Die Pyramiden«, warf ich in die Runde.

»Ich frage mich, ob du die richtige Frage stellst«, bemängelte er. »Und wie du überhaupt auf diese Auswahl kommst. Diese völlig konzeptlose Zusammenstellung von Shakespeare bis Tolstoi mit irgendwelchen verrückten Eroberern und ein paar pseudo-wissenschaftlichen Einstreuungen – ich nehme an, es entstand aus Verzweiflung. Oder Zeitnot.«

»Mögest du in interessanten Zeiten leben«, wiederholte ich.

»Ich befürchte, wenn das Buch fertig ist und in der Buchhandlung liegt, wirst du feststellen, dass du eine Auswahl getroffen hast, die ihren Zweck verfehlt.«

Ich versuchte es ein letztes Mal: »Hier ein Spruch von Dante«, sagte ich: »›Der eine wartet, dass die Zeit sich wandelt, der andere packt sie kräftig an und handelt.‹«

»Ah ja«, meinte Andi süffisant, »da schlägt das Herz des Amerikaners höher, was?«

Frederick war vom Gemüt her seelenverwandt, aber er wählte lieber den Frontalangriff.

»Indien erfand die Null«, probierte ich es bei ihm.

»Woher soll ich überhaupt wissen, dass das stimmt?«, wandte er ein, lässig zurückgelehnt, sein Pilsglas vor sich auf dem Tisch wie einen kleinen Leuchtturm. »Du lügst mir schon wieder irgendwas vor. Man muss bei dir davon ausgehen, dass alles, was du sagst, manipulierte Informationen sind. Sag mal, Eric, wieso kommst du überhaupt immer wieder mit so einem Schwachsinn an? Und warum schreibst du das jetzt mit?«

»Weil das auch eine Art zu nörgeln ist. Du vermeidest das eigentliche Thema, indem du über etwas anders nörgelst.«

»Das ist kein Nörgeln, das ist Schimpfen«, differenzierte Frederick.

»Der Unterschied ist nicht wichtig für dieses Experiment.«

»Er ist wohl wichtig«, protestierte er empört. »Unterschiede sind immer wichtig. Das ist das Problem mit dir, du bist zur Differenzierung nicht fähig, wie alle Amis, weil du die Nuancen einer Argumentation nicht verstehst und als Ami auch gar nicht dazu in der Lage bist. Und das alles hier will ich nicht irgendwo unter meinem Namen gedruckt lesen.«

Die ganze Zeit über machte ich mir Sorgen um Carl S. Er machte und machte den Mund nicht auf. Vielleicht war es ein Fehler gewesen, ihn einzuladen. Er ist viel zu locker für das anstrengende Geschäft des Nörgelns und eigentlich auch, das muss man sagen, ein grundlegend positiver Mensch. Dann, als ich schon aufgegeben hatte, bekam ich endlich eine Beschwerde aus ihm heraus. Es war keine besserwisserische, keine pseudo-intellektuelle oder gar brachiale Nörgelei – es war eine ganz persönliche.

»Marilyn Monroe«, sagte ich.

»Oh Mann«, brach es aus ihm heraus, »warum kriege ich nie eine solche Frau ab?«

Wir waren mit der Liste fast durch. Bis jetzt hatten sich meine Meisternörgler wacker geschlagen, aber für das Ende des Experiments hatte ich mir die ganz besonderen Themen aufgespart.

»Ihr habt schon bewiesen, dass ihr besser nörgeln könnt als die Amerikaner, als die Engländer und Franzosen, die Russen und Chinesen«, sagte ich. »Wenn ihr jetzt kapituliert, bei diesen letzten Themen, das wäre keine Schande. Ich würde es verstehen. Es geht los: ›Liebe deinen Nächsten wie dich selbst‹.«

Es war Ralf, der die Herausforderung annahm.

»Das ist total doof«, maulte er.

»Ralf!« explodierte ich. »Das war Jesus Christus, der das gesagt hat«.

»Das war eine andere Zeit. Es ist alles heute nicht mehr so einfach wie damals. Jesus ist von ganz intakten Menschen ausgegangen. Heute gibt's Bipolare Störungen und ADHS und Sado-Masochismus und posttraumatischen Stress. Geh mal in eine psychiatrische Klinik, wo die Menschen depressiv und selbstmordgefährdet sind. Wer sich selbst hasst, für den ist dieser Spruch geradezu eine Einladung zum Hass anderen gegenüber. So ein Spruch ist gefährlich. Das ist fast eine Art Volksverhetzung. Sowas gehört verboten. Was, wenn ein Mörder den Spruch vor Gericht als seine Verteidigung anbringt? Ich kenne sehr viele Menschen, denen ich unter dieser Prämisse nicht unter die Augen treten möchte.«

Ralf hatte es tatsächlich geschafft, Jesus Christus wie einen Idioten dastehen zu lassen.

»Ein Letztes«, krächzte ich. »Gott sagt: ›Es werde Licht‹.«

Alle fingen sofort und gleichzeitig an zu reden. Ich unterbrach sie, bevor sie einen vollständigen Satz herausbringen konnten. »Leute!«, brüllte ich mit letzter Kraft. »Wir reden hier von der Schöpfung. Egal, ob Gott oder die Evolution – es geht um die Welt an sich, um das Leben, um alles, was wir sind, was um uns herum ist. Ihr könnt doch nicht das Leben an sich kritisieren.«

Einen Moment lang waren sie still. Dann lehnte sich Frederick vor und sagte: »Doch. Können wir.«

Dann ging es los.

»Ich halte Heisenberg dagegen«, sagte Tim fröhlich. »Er hat gezeigt, dass Gott tatsächlich gewürfelt hat.«

»Komm mir nicht mit der Erschaffung der Welt«, schimpfte Andi. »Du glaubst nicht allen Ernstes, da könnten nur wir Deutschen darüber nörgeln, oder? Wenn ja, dann hast du dich geschnitten. Da kannst du jedes Insekt fragen, was es von der Erschaffung der Welt hält.«

»Hat Gott jetzt ›Es werde Licht‹ gesagt?«, fragte Tanja. »Oder sagte er: ›Mach den Teilchenbeschleuniger an, wir starten den Urknall‹?«

Damit waren sie noch lange nicht fertig, aber was sie danach noch zu bemängeln hatten, ist unwichtig. Der Wein war sowieso alle. Wichtig ist nur, dass sie den Beweis erbracht haben:

Die Deutschen nörgeln nicht nur besser als alle anderen, sie können sogar über Dinge nörgeln, über die nicht mal Gott nörgeln würde.

Und wissen Sie was? Im Raum hing – wie soll ich es sagen? – es war fast mit den Händen zu greifen – ein gewisser Stolz.

Danksagung

Da die Nörgel-Analyse eine recht junge Wissenschaft ist, bedarf es noch einer Menge Feldforschung. Für dieses Buch habe ich mich weniger in Bibliotheken als vielmehr am Telefon aufgehalten, um das wahre Nörgelleben quer durch alle Regionen Deutschlands in zahlreichen Interviews zu protokollieren.

Die riesige Vielfalt von Nörgelinteressierten, die mit mir reden wollten, hat mich erstaunt: Sie reichte von Sekretärinnen über Juristen bis hin zum Astronauten. Berufsmäßige Besserwisser haben ihr Wissen mit mir geteilt, darunter Wirtschaftsexperten, Wissenschaftler und Historiker. Während einige Nörgler frisch drauf los nörgelten, fühlten sich andere, die sonst kein Problem damit haben, plötzlich befangen – ihnen kam das Mäkeln auf Befehl unnatürlich vor. Für mich aber gaben sie sich einen Ruck. Einige waren stolz, namentlich zu erscheinen, andere baten darum, unter einem Pseudonym im Buch aufzutreten, denn ihre Nörgeleien könnten Folgen haben.

Dieses Buch zu schreiben, war ein Erlebnis – nicht nur, weil es mir einen Einblick in die deutsche Seele gab, sondern auch, weil es unerwarteterweise ebenso einen Einblick in meine eigene Seele bot. Zu bemängeln wäre bloß, dass ich leider nicht alle dieser großartigen, offenherzigen Interviews verwenden konnte – der Umfang des Buches ist leider begrenzt (sorry, Zwillinge)!

Mein herzlicher Dank gilt all diesen mutigen Streitern, kritischen Geistern, furchtlosen Anprangerern, launigen Grantlern, gepflegten Lästermäulchen und charmanten Querulanten für ihre Informationen sowie für ihre Begeisterung, ihre Geduld und Offenheit. Ich verneige mich auch vor all den Nörglern und Nörglerinnen dieses Landes, die mir auf meiner Reise zu meinem Nörgelselbst mit einfallsreichem Beispiel vorangegangen sind (inklusive all jener, die ich hier aus Versehen nicht nenne):

Wilfried Albeck, Schwabe und Mundartautor (*Guat gmoint und saudumm gloffa*); Alexa, Beret und Karen, für ihre mutigen und offenherzigen paarinternen Enthüllungen; Sascha Alter, Kreativdirektor und Agenturbesitzer (raum-fuer-medien.de); Alex Ardelean, Werbetexter in Berlin; Ilhan Atasoy, Dortmunder Komiker und der »König vom Borsigplatz«; Ulrike B., Kindergärtnerin; Winfried Berner, Unternehmensberater, Inhaber der Change Management-Beratung Die Umsetzungsberatung und Autor von *Change!*; Britta Blume-Werry, Sonderpädagogin; Dr. Elmar Brähler, Psychologe und Soziologe, Universität Leipzig und Autor von *Einheitslust und Einheitsfrust* (zusammen mit Hendrik Berth, Peter Förster und Yve Stöbel-Richter); Dora Bravin, Brasilianerin und Sambatänzerin (samba-anaconda.de); Drehbuchautor Frederick C.; Käthe C., Zeitungsredakteurin in Hamburg; Lily C., Purser bei Lufthansa; Hu-Ping Chen, Weihnachtsmann und Pressesprecher der Weihnachtsmänner der Berliner Heinzelmännchen; Dr. Nicholas J. Conard, Professor der älteren Urgeschichte, Universität Tübingen (*Eiszeit – Kunst und Kultur*; Katalog zur Ausstellung im Archäologischen Landesmuseum, Stuttgart); Deanne Corbett, Journalistin; Erkan D., Kabarettist; Richard D., Jurist; Carrie D., Journalistin in Berlin; Francesco D'Angelo, schwäbischer Italiener und Cafébesitzer in Berlin; Jochen Denzler, TV-Journalist; Marko Differenz in Frankfurt am Main; Stefan Eber, Mundartlexikograf (eber-online.de/lexikon); Rupert Frank und Barbara Lexa, Kabarettisten und Mundartlexikografen (bayrisches-woerterbuch.de); Adele G., freie Designerin; Alex Gibbons, Arzt und Rocksänger in der Dr. Hank & the Bada Bing Band; Paul Glass, Saarländer und Mundartlexikograf (ensheim-saar.de); Tim H., TV-Journalist; Joachim Haß, Leiter Versammlungsbehörde Polizeipräsidium in Berlin; Thomas Hauer, Journalist, und Ariane Votteler, Künstlerin; Tobias R. Henle, Computer-Programmierer; Alice Herrwegen, Akademie för uns kölsche

Sproch in Köln und Autorin von *Am schönste es et, wann et schön es*; Manfred Heyder, Mundartexperte, Heimatverein Benneckenstein; Dr. Eleonore (genannt Noni) Höfner von dem Deutschen Institut für Provokative Therapie in München (provokativ.com, *Das wäre doch gelacht!*); Trend- und Zukunftsforscher Matthias Horx, Zukunftsinstitut Horx in Wien (*Anleitung zum Zukunftsoptimismus*); Dr. Gerald Hüther, Leiter der Zentralstelle für Neurobiologische Präventionsforschung der Universität Göttingen, (*Biologie der Angst*); Ralf Ilgenfritz, Kameramann, Schnittplatz Berlin; Eva Jaeggi, Psychoanalytikerin (*Und wer therapiert die Therapeuten?; Tritt einen Schritt zurück und du siehst mehr*); Anne Jägersberg, Diplom-Geografin; Victoria Johnson, Neuseeländerin und Projektmanagerin; Babsi K., Psychotherapeutin; Jörn Kalkbrenner, Journalist; Georg J. Kleinegees, Journalist und Filmregisseur; Cuma Kazanci, Lektor für Türkisch, Universität Göttingen; Hartmut Keil, Mundartlexikograf (*Rheinhessisches Mundart-Lexikon*); Elisabete Köninger, Brasilianerin, Übersetzerin und Dolmetscherin in Stuttgart (ek-uebersetzungen.de); Hajo Köster, Bund der Versicherten; Conny Kretzschmar, Sächsin und Mundartlexikografin (echteleipziger.de); Dr. Jens Peter Laut, Lehrstuhl für Turkologie und Zentralasienkunde an der Universität Göttingen; Brigitte Le Gouez, Französin und Maitre de Conference an der Sorbonne; Damian M., Steuerberater in Karlsruhe; Ulrike A., Dokumentarfilmerin; Sabine M., Sekretärin aus Mecklenburg-Vorpommern; René Maak, Koch und Schlagzeuger in der Dr. Hank & the Bada Bing Band; Christian Männchen, IT-Beratungs-Unternehmer in Frankfurt am Main; Dr. Jörn Münkner, Institut für deutsche Literatur, Humboldt-Universität zu Berlin; Sachiko N., Japanerin und Künstlerin; Cornelia Niklas, Controllerin und Taucherin in Regensburg; Marco Nink, Unternehmensberater, Gallup Deutschland; Ricardo Goncalves Santos Oliveira, IT-Programmierer bei einer Bank in Frankfurt am

Main; Onkel Alexander und Tante Barbara für lateinische und etymologische Nörgelstellungshilfe;

David P., Referent und Lästermäulchen; Al Page, Singer/Songwriter und Autor (*Türkisch slang*); Barbara Petzold, Leiterin des Leipziger Mundart-Kabaretts *De Fischelanden Gaffeedanden*; Oliver Polak, Comedian; Dr. Marco Rauland, Chemiker, (*Feuerwerk der Hormone* und *Orgasmen stärken die Abwehr*); Thomas Reiter, Astronaut, Deutsches Zentrum für Luft- und Raumfahrt, Köln; Dr. Gerhard Roth, Leiter des Instituts für Hirnforschung an der Universität Bremen (*Persönlichkeit, Entscheidung und Verhalten: Warum es so schwierig ist, sich und andere zu ändern*); Scott und Andrea Roxborough; kanadischer Journalist und deutsche Buchhändlerin;

Andi Rupprecht, Grafikdesigner; Carl S., alter Freund und leider grundlegend positiver Mensch; Sebastian S., Radio- und Fernsehautor mit flottem Mundwerk; Werner S., Musiker in Luzern; Willi S., IT-Manager in Süddeutschland; Dr. Christoph Scheding; Anästhesist, Vater und Gitarrist/Rocksänger in der Dr. Hank & the Bada Bing Band, sowie Susanne Scheding, Werbefachfrau, Mutter und Fan von Dr. Hank & the Bada Bing Band, und Oskar und Moritz Scheding, beide Nachkommen im Hauptberuf; Simone Schmitt, Psychotherapeutin in Aschaffenburg (paarprobleme.de); Tanja Schotola, Kamerafrau, Schnittplatz Berlin; Petra Schubert, Unternehmensberaterin, Kienbaum Consultants International; Klaus Schurig, DDR-Nörgler und Freizeitsatiriker; Harald Schwamm, Theaterschauspieler; Stefan Schwarz, Satiriker (*Hüftkreisen mit Nancy, Ich kann nicht, wenn die Katze zuschaut* und viele schöne Bücher mehr); Dr. Fritz B. Simon, Paartherapeut in Berlin (*Tödliche Konflikte*, fritz-simon.de); Petra Sorg, Pfarrerin und Freundin; Gerd Spiekermann, Mundartautor (*Alles Logen*); Dr. Jochen Staadt, Freie Universität Berlin (*Teurer Genosse*); Dr. Monika Stützle-Hebel, Psychotherapeutin und Vorsitzende der Deutschen Gesellschaft für Gruppendynamik und Organisationsdynamik (DGGO) in Freising; Journalistin und Tiertrainerin Amy Sutherland (*Die Männerbändigerin*); Arzu Toker, Journalistin und Autorin; Nimet Tomac, freiberufliche Journalistin in Köln; Teresa U., Pfarrerin aus Gelsenkirchen; Sonia Vea, Tonganerin und Künstlerin; Ellen Völkske, Krankenschwester; Astrid von Friesen, Psychotherapeutin in Dresden und Freiberg (*Schuld sind immer die anderen!*, astrid-von-friesen.de); Felix W., Dolmetscher bei der Europäischen Union; Heinz Webers, Krefelder und Mundartlexikograf (krieewelsch.de); Charly Weibel, Kurpfälzer und Mundartlexikograf (reilinger.de); Margarete Wohlan, Journalistin; Stefan Wolle, DDR-Museum Berlin (*Die Heile Welt der Diktatur*); und Ramona Wonneberger vom Anti-Ärger-Institut in Leipzig und Berlin (freuteuch.de).

Dank auch an all diejenigen, deren Bücher wir konsultiert haben, auch wenn die Autoren selbst nicht als Interviewpartner in Erscheinung getreten sind, unter ihnen *Lexikon der kuriosen Rechtsfälle* von Ralf Höcker; *Kulturkritik – Reflexionen in der veränderten Welt* von Ralf Konersmann; *Eine Geschichte der Kulturkritik* von Georg Bollenbeck; *Einwandfrei* von Will Bowen und einige mehr.

Dank auch an Toys"R"Us, Apollo Optik, Deutsche Bundesbahn, Deutsche Bundespost, Postbank, 1&1, H & M, Lufthansa, Verbraucherzentrale (Bundesverband), Stiftung Warentest und das Ministerium für Ernährung, Landwirtschaft und Verbraucherschutz für ihre interessanten und zum Teil charmanten Antworten auf meine äußerst provokanten und völlig aus der Luft gegriffenen Beschwerdebriefe mit der Bitte um Entschuldigung: das geplante Kapitel über Querulantentum, für das jene Beschwerdeaktion bestimmt war, kam aus Platzgründen leider nicht mehr ins Buch. McDonald's, Deutsche Telekom, Burger King, Karstadt, RTL und ZDF, sowie dem Büro von Bundeskanzlerin Angela Merkel hätten wir auch gedankt, sofern sie sich die Mühe gemacht hätten, auf meine provokanten und völlig aus der Luft gegriffenen Beschwerdebriefen zu antworten.

Ein besonderer Dank gilt Felix Rudloff für die Idee zu diesem Buch, die 2007 spontan nach meiner Nörgelvorlesung an der Johann-Wolfgang-Goethe-Universität in Frankfurt am Main entstand, sowie an unsere Lektorinnen Karin Herber-Schlapp und Angelika Schwarz. Und natürlich Dank wie immer auch an meine Mitstreiterin Astrid Ule, für ihre Ideen, Gags, Texte, Recherche, Interviews, brutalen Kürzungen und ihr Durchhaltevermögen.

Eric T. Hansen
Planet Germany
Eine Expedition in die Heimat des Hawaii-Toasts
Band 17324

Willkommen auf Planet Germany!

Warum tun sich die Deutschen so schwer mit ihrer Identität?
Weil sie sonst keine Deutschen wären, meint der Amerikaner
Eric T. Hansen, der seit nunmehr zwanzig Jahren das nass-
kalte Deutschland dem sonnigen Hawaii vorzieht. Was er in
diesen Jahren über uns Deutsche herausgefunden hat, ist oft
komisch, gelegentlich verblüffend, aber immer erhellend,
klug und vor allem unterhaltsam.

Fischer Taschenbuch Verlag

Eric T. Hansen
Deutschland-Quiz
Alles, was Sie über dieses Land wissen sollten
und nie zu fragen wagten
Band 17684

Deutschland-Quiz spielt mit Fragen, die in Schulen garantiert nie thematisiert werden: Ist Deutschland Ausgangspunkt einer geheimen Weltverschwörung? Gibt es ein Nazi-Gen? War Shakespeare besser als Goethe? Kommt die Weißwurst wirklich aus Bayern?

66 ungewöhnliche Fragen und Antworten überraschen als kleine, feine Mini-Reportagen – mal politisch brisant, mal skurril, stets jedoch verblüffend. Hansen hebelt typisch deutsche Klischees aus, enthüllt bizarre Geheimnisse und erschließt neue, aufregende Blickwinkel auf unsere exotische Heimat.

Fischer Taschenbuch Verlag